本書有系統地梳理了相關的法律詞彙與概念，輔以具體案例作進一步解釋，為從事相關法律工作尤其是法律翻譯的人士提供了一部非常有用的工具書。同時，本書還關注不同術語體系所牽涉的歷史演變、社會形態和價值觀念等方面的異同，足以成為法律研究的參考書和法律翻譯教學的教材。

朱純深
香港城市大學翻譯學教授

法律翻譯貴在精準，而法律概念的轉換更取決於譯者對其意義及適用語境的準確把握。本書詳細對比分析中、港、台公司法關鍵概念和詞彙，並輔以譯例說明。無論是法律翻譯員，還是法律專業人士，認真研讀，必然大有裨益。

李德鳳
澳門大學翻譯傳譯認知研究中心主任、翻譯學教授
世界翻譯教育聯盟理事長

本書構思別樹一格，不單臚列公司法詞彙，更附以案例、報刊等資料，詳述詞彙的歷史及內容，既是工具書，又可用作法律課本，對翻譯及法律人員非常有用。

李劍雄
香港恒生管理學院翻譯文學碩士（商務與法律）課程總監

本書對不同繼受法系和同一語言的異地演化所致之法學翻譯困擾，提供了解決的指南；是實用的工具書，亦為入門的科普書籍。

陳毓奇
台灣高等法院特約通譯
美國賓夕凡尼亞州大學比較法學碩士

兩岸三地公司法主要詞彙

兩岸三地公司法主要詞彙

陳可欣

CITY UNIVERSITY OF
HONG KONG PRESS
香港城市大學出版社

編　　輯	陳家揚
實習編輯	吳穎琛（香港城市大學翻譯及語言學系四年級）
書籍設計	劉偉進
排　　版	蘇少嫻

Création
城大創意製作

國際統一書號：978-962-937-285-9

出版

香港城市大學出版社
香港九龍達之路
香港城市大學
網址：www.cityu.edu.hk/upress
電郵：upress@cityu.edu.hk

Key Terms in Company Law of Hong Kong, Mainland China and Taiwan
(in traditional Chinese characters)

ISBN: 978-962-937-285-9

First published 2017
Second printing 2019

Published by

City University of Hong Kong Press
Tat Chee Avenue
Kowloon, Hong Kong
Website: www.cityu.edu.hk/upress
E-mail: upress@cityu.edu.hk

Printed in Hong Kong

目錄

第二章　公司成立

第三章　公司內部管理

第六章　公司未來趨勢

總序

在翻譯業界，翻譯研究之發展，迄今已歷數十載。然而，一般人對翻譯仍有誤解，以為只需懂得兩種語文，轉換而述，便能勝任。法律翻譯之情況，則剛剛相反，不少人認為難度很大。既然連原文都讀不太通、看不太懂，則最佳對策只能訴之於直譯。冰封三尺非一日之寒，此類認識誤區在業界之形成，究其原因是眾人不知翻譯的作用和目的，質言之，即譯者應擔當作者與讀者之橋樑，讓讀者明白原文的真意所在。《法律翻譯系列》於 2014 年開始，至今已出版三本著作，包括《兩岸三地合約法主要詞彙》（2014）、《兩岸三地侵權法主要詞彙》（2015）和《兩岸三地公司法主要詞彙》（2017），受到各界讀者歡迎。本研究及工具書系列之出版，旨在為法律翻譯人員闡釋兩岸三地之法律詞彙及概念，分析其中歷史文化因素之異同，並寄望於在此基礎上深入理論探討，為發展法律翻譯專業創造條件。為此，三部著作在編撰時均附有多個中文翻譯案例及英漢法律詞彙表（包括拉丁語及法語詞彙），冀能提高法律中文之水準，加強三地法律交流，普及法律知識，進而加深對法律翻譯的文化學術研究。

當代中文法律詞彙，大都源自外文翻譯。然而，在香港以至大中華地區，甚少有語言和比較法學視野之研究，探索三地法律詞彙的異同，從而協助三地實際地溝通交流。本系列選擇合約法及侵權法的詞彙作為首兩部作品的主題，乃因其為兩大基礎民事法科目，與所有人之生活工作息息相關，近年來兩岸三地相關之法律實例與實務，亦日見繁雜。公司法是

民事法中專門的領域，公司法的中文詞彙，對三地以至世界各地從事商務的華人極為重要，希望今年出版的《兩岸三地公司法主要詞彙》能有助他們掌握有關概念和知識。對於沒有法律背景的翻譯學生和實務工作者，則宜先了解合約法與侵權法以奠定基礎，再閱讀公司法。對於全以英文修讀普通法的香港法律學生，本系列亦為十分實用的參考書籍，定有助他們了解普通法之中文詞彙及陸台相關法律。

台灣書林出版社於去年及今年在台北再度出版首兩部作品，即《兩岸三地合約法主要詞彙 —— 譯學叢書51》（2016）及《兩岸三地侵權法主要詞彙 —— 譯學叢書56》（2017）。對此，筆者誠摯感謝書林董事長及台灣翻譯學學會常務理事蘇正隆教授、編輯李慧虹小姐及張碩平先生，其敬業精神及一絲不苟之工作態度，令筆者非常敬佩。期望在不久將來，整套《法律翻譯系列》能在中國大陸以及海外地區發行簡體字版，令更多華人認識不同的法律制度、詞滙使用之異同，同時必然惠及法律翻譯專業之發展。

前言

《兩岸三地公司法主要詞彙》是筆者所編著「法律翻譯系列」之第三部著作。能於短短三年半內為「法律翻譯系列」出版三部民事法的著作，筆者深感欣慰。在2014及2015年，該系列之第一部《兩岸三地合約法主要詞彙》與第二部《兩岸三地侵權法主要詞彙》分別於兩屆香港書展上推出，讀者反應理想。筆者亦於過去兩年應香港翻譯學會之邀請，在商務印書館舉辦的講座講解二書之內容，出席的讀者有翻譯界和法律界的專業人員，以及各行各業的人士。《兩岸三地公司法主要詞彙》繼承前兩本著作之特色，理論與實用並重，以淺白流暢的文字介紹公司法概念，尤其是普通法的概念，期望能協助業界之翻譯及起草工作，加強中港台之法律及商業交流。在三地商務往來頻繁的今天，本書闡釋三地主要公司法詞彙，以至兩大法系之主要原則，作用尤為重要。書中列舉相關法條及案例，並輔以媒體及新聞稿等例句，一以解疑，二以辨異，三以致用，四以明理，亦求趣味盎然。書中第二部分收集並整理了三地共130個中文譯詞，為實務翻譯工作提供參考。本書無論對法律界人士、法律翻譯人員乃至各界的專業研究人士，皆能在實際工作中發揮積極的啟迪和參考作用。

本書分為甲、乙兩大部分。甲部以香港普通法概念為基礎，重點分析中港台共11個公司法詞彙，並按三地現行公司法

之歷史來源、成立、管理、融資及社會責任各方面，分為六章。第一章〈導言〉界定「公司」("Company")一詞之涵義，論述中國古代商業法律之歷史、現代中國引進西方公司法之背景、三地法律差異及近年發展趨勢等。第二章〈公司成立〉介紹兩個詞彙，即「獨立法律實體」("Separate Legal Entity")及「公司成立為法團前訂立的合約」("Contracts Made before Company's Incorporation")。第三章〈公司內部管理〉有「董事局／董事會」("Board of Directors")一詞。第四章〈公司融資〉共涵蓋三個詞彙，即「股本融資」("Equity Financing")、「信貸通融」("Debt Financing")及「上市發行人披露責任」("Listed Issuer's Obligations to Disclose")。第五章〈公司外部管理〉亦涵蓋三個詞彙，分別為「接管」("Receivership")、「企業拯救」("Corporate Rescue")及「清盤」("Liquidation/Winding Up")。最後一章〈公司未來趨勢〉，則詳述三地之「企業社會責任」("Corporate Social Responsibility")。以上各章之中文翻譯皆源自香港，至於中國及台灣之翻譯及用語，各章內文會逐一羅列並舉。

第二部分是英漢詞彙對照表，共收錄了130條中港台英漢公司法的詞彙，較以往兩書收錄者為多，引用的法例及詞典資料亦更為豐富，俾便讀者更多了解詞彙之不同來源及相關譯詞。詞彙表為法律起草和翻譯實務工作提供參考，以香港普通法之公司法概念為基礎，據雙語法例及字典共列出130條中英對照的詞條，再加入中國與台灣相關的詞彙整合而成。詞彙表旨在提供三地公司法之中文翻譯「功能對等詞」(functional equivalents)，亦涵蓋部分詞彙在公司法範疇以外之翻譯，由於三地詞彙在法理及一般意義上皆有差別，讀者必須慎加選擇、精準使用。

筆者特別鳴謝香港城市大學多位同學熱心協助，使本書順利出版，其中主要包括麥俊強、李懿律、潘穎強、莫家榮、蔡安兒、王一、魏帥、溫喆恒、畢思明、鄭靖思、黎凱鈴、鍾韻盈、林詩虹、李一喬、李亞男及許若薇。此外，十分感謝香港城市大學出版社副社長陳家揚先生、編輯陳明慧小姐、編輯助理吳穎琛同學（香港城市大學翻譯及傳譯主修），以及市務及宣傳主任郭惠菁小姐為本書設計、排版及推廣。

回顧過去一年，法律翻譯在香港持續發展。香港恒生管理學院於去年九月開辦全新的「商業及法律翻譯碩士課程」，實屬香港工商管理教學之創舉。感謝恒生管理學院翻譯學院的方梓勳教授、冼景炬教授及李劍雄教授邀請筆者擔任校外評審，讓本人了解該課程部分學科之嶄新內容，並有機會提供意見。去年十一月中旬，香港翻譯學會假香港大學舉辦題為「翻譯與專業」研討會，慶祝學會成立45周年，律政司司長袁國強在致辭時說明，近年雙語法例起草工作採取淺白語文風格 (plain language drafting style)，務求達致「清晰簡潔、明白易懂」之目標。此乃香港法律界近年採納的語言新風格，值得關注。語言與語用必須與時俱進，實為時代大勢所趨。展望香港雙語法制的未來，筆者十分期待李劍雄教授編著的《香港雙語法制的現況與前瞻》（A Review of the Hong Kong Bilingual Legal System and the Way Forward）快將出版，該書集結多位業內專家最新的研究成果。

此外，筆者感謝香港翻譯學會的陳德鴻教授及李允熹先生去年三月邀請作專題講座演講，講述《兩岸三地侵權法主要詞彙》一書的內容。感謝謝聰教授的邀請，於去年五月在香港城市大學專上學院作公開講座，惜當日因校內有天花倒塌事件而取消，講座改於今年五月舉行。感謝金聖華教授邀請出

席去年八月之新書發布會，讓筆者明白做翻譯的人知性特別敏銳，能把生命中看似簡單的事請一一記錄下來，化作感人的作品、生命的智慧。在本書出版之際，筆者剛剛在神州大地展開新工作，在教學過程中認識到內地科技和專利翻譯的實務工作，大開眼界視野，並結合理論與實踐，在此感謝香港中文大學（深圳）人文社科學院院長顧陽教授和副院長王立弟教授積極開拓專業口筆譯課程，在經濟高速發展的深圳特區，讓內地同學和三地老師與社會一同成長。三年半內出版三本專著，過程雖然非常艱巨，但主恩格外豐富，特別感謝家人和摯友支持，以及陳平教授、劉宓慶教授、陳善偉教授、鄒嘉彥教授、冼景炬教授、朱純深教授、潘海華教授、劉美君教授、李弘祺教授、李德鳳教授、魏慶瑜小姐所給予的協助和鼓勵。

《聖經‧傳道書》第 7 章第 8 節言道：「事情的終局強如事情的起頭；存心忍耐的，勝過居心驕傲的」。在大中華地區，法律翻譯只是剛剛起步，有諸多問題尚待解決，未來發展如何，取決於我們今天注入的正能量和專注度，並且努力不懈。

本書如有疏解、錯漏等不足之處，懇請各界專家人士賜教指正。

01 Company

香港：公司
內地：公司
台灣：公司、企業

英文"**Company**"一詞，在香港《公司條例》（第622章）(Companies Ordinance, Cap. 622) 第2條，翻譯為「**公司**」。內地（《公司法》第3條）及台灣（《公司法》第1條）亦翻譯為「公司」。

廣義而言，「公司」即世人為營商而設立之組織，包括合夥企業及所有非個體商户營運之組織 (all types of businesses other than sole traders) (薛波，2013:267；Law and Martin, 2009:113; Lo and Qu, 2013:5–7)。狹義而言，「公司」乃「**具獨立法人地位之註冊團體**」(**an incorporated company with separate legal personality**)，自擁資產，自負責任 (Lo and Qu, 2013:107; Woodley, 2009:100)。

時至今日，「公司」一般指「**法團組織**」(**incorporated association**)，廣義解釋日漸不用 (Lo and Qu, 2013:6–7)。在香港，根據《公司條例》第2條，「公司 (company) 指「(a) 根據本條例組成及註冊的公司；或 (b) 原有公司；」，而條例第1部分則定明，公司包括「有限公司」(limited company) 及「無限公司」(unlimited company)。「有限」及「無限」公司之分別，乃股東 (shareholders) 因公司無力償債而須承擔之法律責任 (liability)。由此可見，在香港，「責任自負原則」不一定適用於所有註冊公司，而公司之定義並非完全狹義（詳見第二章 01 "Separate Legal Entity"）。

就此而言，台灣之法律觀點與香港相似。台灣《公司法》第1條列明，公司是按該法「組織、登記、成立之社團法人」，第2條則將公司劃分四類，即「無限公

司」、「有限公司」、「兩合公司」及「股份有限公司」。「無限公司」及「兩合公司」之無限責任股東「對公司債務負連帶無限清償責任」。內地則偏向狹義解釋，其《公司法》第2條定明，「公司是指依照本法在中國境內設立的有限責任公司和股份有限公司」，但沒有「無限公司」。

三地公司法例中均有「企業」此近義詞。「企業」在香港及內地法例之涵義較「公司」為廣。根據香港《公司條例》第367(5)條，「企業」(undertaking) 包括法人團體、合夥及經營某行業或業務未成為法團的組織，不論其是否為牟利目的，而據第2(a)(i)條，「公司」乃法人團體。故此，在香港公司法，「企業」包含公司及公司以外之經營模式。

至於內地，根據《民法通則》第51及第52條，「企業」一詞涵蓋「具備法人條件」及「不具備法人條件」之不同情況，而據《公司法》第3條，「公司」為「企業法人，有獨立的法人財產，享有法人財產權」。由此觀之，內地「企業」可不具備法人條件，其涵蓋範圍亦較「公司」為廣。台灣《公司法》第369(1)條，界定「關係企業」(enterprise) 為獨立存在而「相互有控制與從屬關係或相互投資之公司」。由此推論，「企業」一詞在台灣法之定義等同「公司」。

本文共有三部分。第一部分論述中國古代商業法律之發展及衰落原因；第二部分概述近代中港台三地吸納西方公司法之背景，以及當代公司法功用；第三部分則闡述三地公司法之差異及近年發展趨勢。

1. 中國古代公司商業法律

1.1 法律概念與發展

在中國傳統社會，百姓開店經商貿易，多以家庭為建構基礎，而極少與非親屬合作。即使有之，其權利義務多以宣誓

訂立，而非以書契訂立（葉林，2008:27）。故商業制度不為政權和社會所重視。

然而，古代中國並非全無商業概念。周代（公元前1122－前256年）雖則重農，卻不輕商。《國語‧周語上》云：「庶人工商各守其業以共其上」（周自強，2006:153）。平王東遷（公元前771年）後，諸侯列國互相兼併，人民往來日益頻繁，原有封建體系之經濟概念如井田制等，遂日漸式微（許兆昌，2002:242）。各國為求富國強兵，逐漸加強商業發展。社會階級之劃分，亦隨列國改革，慢慢演變成「**四民社會**」。《春秋穀梁傳‧成公元年》言：「**古者有四民：有士民，有商民，有農民，有工民**」。

春秋五霸之一齊桓公，其得力助手管仲（公元前719－前645年）認為，欲霸天下，必先富國安民。據其論著，「士農工商四民者，國之石，民也」（《管子‧小匡》）。士農工商，皆為國家基石，理無高低。英明君主，應使「四民交能易作，終歲之利，無道相過也。是以民作一而得均」（《管子‧治國》），即四民合作，交換技能及產品，才能對社會發展產生最大作用。所言絕無抑商之意，反而強調「無市則民乏」，提倡商品流通及市場發展，「而市者，天地之財具也，而萬人之所和而利也，正是道也」（《管子‧問》），「以其所有，易其所無」（《管子‧小匡》），以及「市者，貨之準也」（《管子‧乘馬》）。

由此可見，管仲認為市場能累積財富，決定價格（陳升，1997:22-24, 150-157）。此與當代西方經濟學之「市場經濟」(market economy)、「分工」(division of labour) 等理論思維，實有異曲同工之妙。其後列國變法，無不參考齊國（許兆昌，2002:243）；例如在春秋（公元前770－前403年）末年，越國謀臣計然（生卒年不詳）重視市場交換，主張貿易致富（周自

強，2006:173-178）。可見當時之商業活動頗受重視，社會亦漸漸出現個人和合夥之「企業」組織（葉林，1997:64-65）。

公元前221年，秦始皇統一天下，建立秦朝（公元前221－前206年）。自此，商業活動對國家而言，漸不重要，甚至因為以法家思想治國，受到抑制（林劍鳴、趙宏，1995:54-55）。中國古代商業活動，由始進入黑暗時期。後來在漢武帝執政年間（公元前157－前87年），國家表面「廢黜百家，獨尊儒術」，實則「儒表法裏」，控制臣民思想，以達成「維穩」之終極目標。社會倫理，皆頗受儒家思想影響，推崇「無訟」。古人普遍認為「生不入官門，死不入地獄」，訴訟難免造成情財損失；與其興訟，倒不如透過「人際關係」(human relationships, *renji guanxi*)，解決問題 (Chen, 2011:18; Li and Li, 2013:25-26)。

主宰中國古代法學之法家學說 (Legalism)，分為「法」、「術」、「勢」三派。李悝（前455年－前395年）與商鞅（前390年－前338年）派重「法」，強調「治國必須立法，立法必須嚴格執行」，以重刑威懾臣民；「術」派以申不害（前420年－前337年）為代表，提倡君主以權術駕馭臣下，使其無法猜透君主心意；「勢」派慎到（約前395年－前315年）主張重威勢、講權力之主張，認為君主必須掌握至高無上之權力。韓非（約公元前280－前233年）集三派之大成，倡議「以法治人」，一切律例皆旨在擁護君權，推崇專制（陳龍海，1998:9-13, 93-95）。漢武帝以後之君主，多用此理念施政（李孔懷，2009:138-139）。

古代民事法律受法家思想影響，難以系統發展。法家更認為，商人巧取豪奪，非以自身勞力賺取金錢，有違道德，故抑壓商業制度發展（周自強，2006:154-157）。**秦漢以後，歷朝均「重農輕商」，提高賦稅，貶低商賈地位，抑制商業**

發展（唐德剛，1998:100-104）。以上歷史發展，皆令當今不少法律學者認為中國古代[1]之法律體系側重刑事範疇，忽視民事領域，缺乏完善法制規管營商組織運作 (Chen, 2011:18)。

總的而言，究中國古代重刑法輕民法之因，與傳統文化發展關係殊深。然而，春秋時期以後，中國商業實質發展之勢，逐漸形成。唐朝（公元618－907年）可謂古中國之「黃金時代」。儘管官府有賤商意志，商業活動卻受惠於輕徭薄賦，日漸逢勃（呂思勉，1984:675, 759）。而且，唐律較歷朝更為完備，為商業活動提供發展基礎。唐律將產權分為「動產物權」及「不動產物權」；亦細分不同之「債」，如買賣、賒賣、定金、擔保、互易、租賃、保證等，若「諸負債，違契不償，各令備償」，「不告官司而強牽財物，過本契者，坐贓論」（《唐雜律》）。僱傭法與侵權法亦頗為完善（陳可欣，2015:5-6；戴炎輝，1995:274, 285, 324-345）。由此可論，**古代中國雖無公司法，但商人可依循民例，營運生意並維護自身權益**。民法制度頗具規模，無疑有助商業發展。

宋（公元960－1279年）元（公元1271－1368年）以後，縱使中國閉關自守，國內商業活動因得益於龐大內需，依然繁盛；商人與官方關係亦頗為密切（邱樹森、陳振江，1993:1-5）。整體而言，古代中央政府以重農輕商為國策，地方行政卻非全然貶抑商業。官商關係非常複雜，可謂愛恨交纏，若即若離。古代中國有以法治商之概念與實踐，殊非今人一般之想像。

1　歷史學家一般以「第一次鴉片戰爭」（1839-1842年）為分水嶺；在此之前為古代中國，與西方世界接觸有限，其後則為近代中國，不能再閉關自守（徐中約，2008:2-5）。

其實，「公司」及「企業」兩詞，俱皆為泊來品。西方所稱「公司」一詞，源於拉丁詞 *societas*，意思為「人合組織」，但未有現代「公司」之含意。在 17 世紀，「公司」一詞已在中國南方使用，指各種社會及經濟組織，包括三合會及宗教會社。至 19 世紀上半葉，中西交易漸趨頻繁，中國開始翻譯包含英文詞 "company" 及荷蘭文詞 *compagnie* 等之外來商事組織名稱，產生音譯詞如「公班衙」、「公班牙」和「甘巴尼」等，以及意譯詞如「公司」。至 1903 年，清政府在《大清公司律》正式開始使用「公司」一詞，專指法人企業（李建偉，2008:4）。至於「企業」一詞，則由日語翻譯過來，源自英文詞 "enterprise"，指有規模經營生產之實體組織（甘培忠，2000:3–5）。

1.2 舊制不敷應用

今天，兩岸三地之公司法概念皆源自西方，傳統法規不復使用。箇中遠近原因，皆令西方之公司法逐步移植中國。

1.2.1 遠因──先天不足難以發展

如前所論，中國傳統法律體制本有缺憾，具體而言有以下三方面（陳可欣，2015:7–9）：

(1) 中國歷朝「刑民不分」，「民事附屬刑事」（陳濤、高在敏，1995:53；楊竹喧，2008:307–308；羅明舉、李仁真，1989:4）；

(2) 審判程序過於簡化，主要實行「一審終審制」，易生不公；及

(3) 賠償制度標準劃一，然而物主身分影響償額。

再者，古代法制受「儒家簡單粗淺而又無法固定的原則所限制」，欠缺創造力，以致整個制度抱殘守缺，不合現代需求，可謂其沒落之遠因（黃仁宇，2006:205）。

1.2.2　近因——自強不息學習西方

中國在「第二次鴉片戰爭」（1856－1860年），再次被西方擊敗。清（1644－1911年）朝廷有識之士終於醒覺到，西方軍事力量強大，值得學習（徐中約，2008:266-267, 277-279；邱樹森、陳振江，1993:110）。於是，「師夷長技以制夷」之主張，漸漸產生迴響之聲。1861年起，政府展開「洋務運動」（又稱「自強運動」，Self-Strengthening Movement）（徐中約，2008:280-282；陳旭麓，2009:127-128；關捷、唐功春、郭富純及劉恩格，2005b:144-148）。運動之「第一階段」（1861－1872年）以強軍外交為主，創立官辦軍工企業如江南製造局（1865年）、福州船政（1866年）及天津機器局（1870年）等。企業運作依賴洋人，而公司法制仍未獲國家注重（徐中約，2008:280-282）。

隨着改革推行，朝廷了解到「無財力則無改革」、「必先富而後能強」的道理。運動之「第二階段」（1872－1885年），以「官督商辦」模式，創立以追求利潤為目標之企業，例如輪船招商局（1872年）、開平礦務局（1877年）等，商業活動日益興盛（徐中約，2008:282-284）。至1885年前後，政府發現國庫不足以應付深入改革之開銷，故在運動之「第三階段」（1885－1895年）提倡「官商合辦」，開拓財源。然而當時商業法則尚未完善，商辦實業力量薄弱，成效不大。洋務運動無法挽回中國在「甲午戰爭」（1894－1895年）之敗局，警示中國領導層及社會名流，改革不能流於片面；制度變革，實屬必要（徐中約，2008:284-285, 261-262；邱樹森、陳振江，1993:130-153）。

甲午戰敗其一惡果，乃中國被逼開放重慶等內陸港口，致外資全面入侵全國各地。中國為抗衡日本「西進」勢力，而與沙俄（Czarist Russia）簽訂《中俄密約》（又稱《防禦同盟條約》或《李－羅拔諾甫條約》，Li-Lobanov Treaty）（1896

年）。西方列強卻以此為契機，「和平滲透」中國各層面。國家淪為半殖民地，大大刺激清廷及人民仿效東瀛小國，改革法律制度，加強農業工商發展，摒棄過去數千年「重農輕商」之觀念（徐中約，2008:352-355, 376-378；邱樹森、陳振江，1993:224-226；關捷、唐功春、郭富純及劉恩格，2005a:521-544, 572-574；關捷、唐功春、郭富純及劉恩格，2005b:159-164, 191-192）。「百日維新」（1898年）展開，正正反映國人思想之轉變。維新雖然歷時只有103天，但其後發生「八國聯軍之役」（1900－1901年），終令滿清政府與知識分子意識到，秉持「公正不偏」(impartial justice) 之法律理念，乃列強成功之一大要素（徐中約，2008:425-428）。另一方面，經濟發展和人民流動，均使原來約束民間行為之「人際關係」逐漸失效（陳可欣，2014:4; Li and Li, 2013:25-26）。法律改革，遂成維持新社會秩序必經之路。

此外，在洋務運動期間，不少知識分子撰寫文章，探討西方之公司制度（王保樹、崔勤之，1998:7）。例如，馬建忠及薛福成提出：「商者，國家之元氣，課稅所從出，百姓之莞庫，日用所取資」，又論「歐洲之立國，以商務為本，富國強兵，全藉圖商」，提倡重商興國（林發新，1997:15-16）。與此同時，八國聯軍一役，揭露沙俄吞併中國，統治東方之野心。西方列強為抗衡俄國南下形勢，萌生改造中國之念頭。1902年，英美等國許諾，如中國司法改良，或可換取列強放棄在華之「治外法權」(extra-territoriality)〔2〕（蔡曉榮，2009:100）。

---

2 「治外法權」指某一國家對其身處另一國之人民行使專有審判權 (Kayaoğlu, 2010:2)。外國在中國享有「治外法權」，始於1843至1844年，與英、法及美三國分別簽訂《虎門條約》、《黃埔條約》及《望廈條約》之時，終於1943年抗日戰爭期間，各國通報國民政府取消所有不平等權利為止。

由此可見，**國內外各種「威逼利誘」，推動清政府以西洋法律為藍本，改革自身體制**（陳可欣，2015:10-11）。其後滿清引入西方公司制度，更成為中國日後吸納相關法律之契機。

1.3 改革嘗試

八國聯軍戰役後兩年，清政府頒布《獎勵公司章程》，呼籲民眾創立公司（顧功耘，2004:43）。同年，清政府設立商部，並下令載振、袁世凱及伍廷芳起草商法。**1904年，《公司律》正式頒布** (Wang, 2014:3)。《公司律》有11節，共131條，約五分之三條文參照日本法，五分之二參照英國法，其中日本法主要承襲自德國，可謂集英德日三家之大成（賴英照，1986:9）。根據該律，公司分為四類：合資公司、合資有限公司、股份公司，以及股份有限公司。全律範圍廣泛，涵蓋公司分類及創辦方法、股份、股東權利各事宜、查賬人、董事會議、眾股東會議、帳目、更改公司章程、停閉及罰例等（林發新，1997:17; Shi, 2012:92）。然而，截至1908年，中國只有227間公司註冊，其中僅得22間頗具規模 (Kirby, 1995:48)。故此，清政府又擬《大清商律草案》（1910年），便利營商，然而在議決之前，清政府已為革命推翻覆亡。

1912年1月1日，民國成立。然而，中國隨即陷入內戰，「二次革命」（1913年）、「袁世凱稱帝」（1916年）、「清帝復辟」（1917年）及「軍閥混戰」（1916－1928年）等事件，不斷阻礙中國改革制度，如擬定公司商業法則等重要工作。直至1928年，奉系軍閥張學良效忠國民政府，北伐戰爭（1926－1928年）結束，國家始歸一統。雖然此後國府仍然內鬥不斷，一統只流於片面，但此後10年，至1937年日本全面侵華為止，政府官員把握機遇，積極改革。**1929年制定《公司法》**，是此「黃金十年」 (The Golden Ten Years) 期間一重要成果。台灣現行之《公司法》即承襲該法（顧經儀、黃來紀，1998:13）。

2. 兩岸三地與西方公司法

今日兩岸三地之公司法例，基於歷史原因來自不同源流。

2.1 緣起

2.1.1 香港法

香港為英國前殖民地，大部分法例皆自英國引入。香港最初實行之《公司條例》，源於英國 1862 年之《公司法》。隨着英國實施新的《公司法》(The Companies Act 1907 and The Companies Act 1928)，香港亦於 1911 年及 1932 年通過新的《公司條例》（顧經儀、黃來紀，1998:12）。1960 年代，香港政府有意再修訂《公司條例》，並於 1962 年成立「公司法例修訂委員會」。然而，當時英國新的《公司法》(The Companies Act 1967) 將於幾年後推出，加上有銀行和基金紛紛倒閉，令委員會無暇處理修訂事宜（吳世學，2013:8–9）。延至 1984 年，香港政府才依據英國在 1948 年通過之《公司法》(The Companies Act 1948)，大幅檢討修訂條例。故此，在 2014 年 4 月 1 日前，香港《公司條例》（第 32 章）是以英國 1948 年通過之《公司法》為基礎訂定。

《基本法》(The Basic Law of the Hong Kong Special Administrative Region of the People's Republic of China) 第 8 條定明，「香港原有法律，即普通法、衡平法、條例、附屬立法和習慣法，除同本法相抵觸或經香港特別行政區的立法機關作出修改者外，予以保留」；第 84 條則註明，「其他普通法適用地區的司法判例可作參考」。據此，香港在 1997 年回歸後，普通法將繼續實施至少 50 年，至 2047 年。所以，香港公司法之內容及實踐，結合普通法中衡平法 (equity) 及案例法 (case laws) 之理據原則（陳弘毅、陳文敏、李雪菁及陸文慧，2009:437）。

公司法已約有20年未作重大修改，漸不合時宜。政府遂於2006年重擬該法，以切合現今社會需要，提升香港國際商業金融中心之地位（香港特別行政區政府公司註冊處，2014）。2012年，立法會通過新的**《公司條例》（第622章）(Companies Ordinance, Cap. 32)**，並於2014年3月3日生效。《公司條例》（第622章）加入新條文，如「董事合理水平之謹慎、技巧和努力行事之職責」(Directors' Duty of Care, Skill and Diligence)，取代不少舊《公司條例》（第32章）原有條文。舊例並未完全廢除，並獲更名為**《公司（清盤及雜項條文）條例》（第32章）(Companies (Winding Up and Miscellaneous Provisions) Ordinance), Cap. 32)**，保留有關清盤、公眾發行股份及取消董事資格等條文。現時，舊《公司條例》與新《公司條例》並行，共同規範公司在香港營運之事宜（Lo and Qu, 2013:12）。

2.1.2　內地法

1949年，中華人民共和國成立，新政府頒布《私營企業暫行條例》，規範私營企業。私營企業僅可以獨資、合夥或公司方式創辦（第3條（甲））。公司分為五類，即無限公司、有限公司、兩合公司、股份有限公司及股份兩合公司（第3條（乙））。1951年，政府推出《私營企業暫行條例暫行辦法》，明確規定私營企業之經商方式。三年後，政務院再通過《公私合營企業暫行條例》，規定股份，股東會議及董事會等事宜（顧功耘，2004:44）。此時中國內地尚無正式完整之公司法典。

1956年以後，政府奉行極端社會主義原則，全面實行計劃經濟(planned economy)，私營公司不復存在，取而代之為社會主義國營企業（林發新，1997:23）。「文化大革命」期間（1966－1976年），因國家政策為根本權力來源，法律只為行政工具

及手段，各類法律機構被肅清 (Shi, 2012:97–98)。故 1956 至 1978 年間可謂公司立法之真空期（林發新，1997:23）。

1978 年始，政府推行「改革開放」政策，再度重視法律發展。1985 年，政府推出《公司登記管理暫行規定》，管制開辦登記公司等事宜。三年後，政府頒布《中華人民共和國企業法人登記管理條例》，取代《公司登記管理暫行規定》。至 1992 年，再發布《股份有限公司規範意見》及《有限責任公司規範意見》，解釋與公司相關之法律問題（顧功耘，2004:44）。一年後，**《中華人民共和國公司法》正式頒布，並於 1994 年 7 月 1 日實施**，其後於 1999 年、2004 年、2005 年及 2013 年四次修訂。前兩次改動不大，第三次則首次加入公司之「社會責任」，並列明「一人有限責任公司的特別規定」，即公民可成立個人有限公司等新觀點（黃炘強，2009:2）。第四次修訂主要關乎註冊資本的條文，如取消各類公司註冊資本最低限額等。

2.1.3　台灣法

誠如前述，**台灣現行之《公司法》始於 1929 年，參照德日之公司法起草**。國府遷台後沿用該法典，故台灣法是以傳統大陸法 (continental law，又稱民法，civil law) 為基礎。台灣《公司法》在 1946 年至 2015 年間，曾多次修改（顧經儀、黃來紀，1998:13）。例如，為復甦戰爭蹂躪後之疲弱經濟，在 1946 年加入有限公司相關條文（楊威夷，1996:55）。1980 年，國府修正共 235 條條文，包括取消股份兩合公司，簡化有限公司改組股份有限公司之程序等，以促進行政監督效率及資本流動，使組織架構靈活運作（顧功耘，2004:43；熊晶晶，2006:22）。

2001 年，政府再因應地區經濟發展及市場競爭等實際情況，修訂條文共 187 條，包括放寬行政規範，簡化公司合併程序

及工商登記，改善公司重整制度，引入無實體交易制度，減少政府行政干預，加強公司自主自治權，以及保障市場交易安全等（鄭光輝、陳麗娟，2004:68–69）。

《公司法》最近於 2015 年 5 月 20 日修訂。修訂內容包括將員工酬勞納入公司章程，以及於盈餘扣除虧損後支付員工定額或一定盈餘比例之酬勞等。修訂亦廢除外國公司認許制度，吸引外國投資（中華民國行政院法制三科，2014）；此外，閉鎖性股份有限公司之入股權安排及運作更具彈性，可鼓勵科技創新事業及中小型企業發展（中華民國經濟部商業司第五科，2015）。

2.2 當代公司法功用

公司法不斷演變，時至今日，主要具有以下功用：

(1) **創建新型市場經濟主體。**公司獲賦予獨立法人之地位和權利，能擁有財產，自主自決。法人制度引入之後，出資人財產歸屬法人，不再屬於其他人；債務亦由法人獨立承擔，與出資人無關（王紅一，2002:49；陳健，1995:15；張舫，2012:10）；

(2) **維護公司社團法人利益。**公司法可謂「組織法」，旨在保護社團法人利益（陳健，1995:15）；

(3) **保護股東利益。**誠如學者郭富青（2006:96）所言，保護中小股東利益，不僅可以體現公司能否規範運作，更能反映資本市場是否發達，以及公司法制是否健全。因此，公司立法須保護中小股東之利益，以平衡大股東、中小股東以及經營管理者三者間之關係（陳健，1995:15）；

(4) **促進交易。**不少投資者以公司名義擁有實業或物業。轉讓業權只需售賣公司，無疑較為方便。在香港，更因

公司轉股印花稅 (stamp duty) 較樓宇銷售印花稅為低，吸引不少投資者選擇成立公司，購置物業 (Lo and Qu, 2013:5)；

(5) **成為集體投資載具 (vehicle for collective investment)**。眾多投資者集資成立公司，投資各項金融產品或實業。公司股份即反映各投資者之投資及回報份額 (Lo and Qu, 2013:6)；

(6) **政府以公司名義，經營公共事業**。香港按揭證券有限公司 (Hong Kong Mortgage Corporation Limited) 即為一例 (Lo and Qu, 2013:6)；

(7) **以受託人 (trustee) 身分營商**。公司為獨立法人，不如自然人般經歷生老病死，實有先天優勢 (Lo and Qu, 2013:5)；及

(8) **經營非牟利業務**。例如，香港不少政黨以公司名義註冊成立 (Lo and Qu, 2013:6)。

3. 兩岸三地公司法比較

3.1 整體原則

兩岸三地經貿往來愈趨頻繁，比較三地公司法之發展，對學術研究及實務工作，均有裨益。

在法學理論層面，內地學者李平 (1997:92) 認為，內地公司法以安全價值為主，兼顧效益、公平和自由；香港公司法則注重自由價值，兼顧效益、公平和安全。箇中不同理念，與兩地公司法歷史背景有關。

以股東權益之補償救濟制度 (remedies) 為例，香港《公司條例》僅闡明原訟法庭可頒布之命令，並無詳細列明應用原

則，法官須結合衡平法及案例法二者之原則，決定頒布何種命令。相對而言，內地法典清晰整理各項救濟制度，並闡明其適用情形（溫嘉明、梁凱恩及蔡佩瑤，2014:40）。

在內地，公司法是新政策，立法過程曾借鑒台灣。雖然兩地經濟基礎及環境不盡相同，法制存有差異，但均受大陸法系思想影響，立法層面有頗多共同特點（潘嘉瑋，1996:39）。譬如在政府管制方面，兩地法律不謀而合之處甚多。台灣公司法有關政府管制之條文，可謂內地參考的先例。現今內地公司法轉投資限制條款、禁止公司為保證人條款、禁止公司超越經營範圍條款等限制，無不來自台灣法（方流芳，2003:77）。

有學者認為，台灣公司法博採眾長，既以德國與日本公司法為藍本，借鑒普通法法系之授權資本、公司重整等原則，且立足實際應用需要，不斷完善。今日台灣公司法已較為完備，大大促進經濟發展（熊晶晶，2006:21）。因此，中國內地不妨借鑒台灣立法經驗，建立良好之公司重整制度，以保護股東利益，維護社會穩定，並促進經濟發展。再者，近年兩岸經貿往來日益頻繁，法律紛爭在所難免，兩岸公司法之比較研究工作，實可解決潛在之衝突矛盾（周江洪，2000:105）。

3.2 兩岸新趨勢 ──「一人公司」(One-man Company)

近年，海峽兩岸興起創立「一人公司」之熱潮，研究風氣亦甚盛。中國內地於 2005 年修訂《公司法》，引入「一人公司」制度。該法第 57(2) 條定明，一人有限責任公司「**只有一個自然人股東或者一個法人股東**」。有學者認為，新一人公司之相關規範，突破內地傳統觀念，可謂順應公司法之發展趨勢，又豐富其內涵。然而，新例存有「欣喜中的遺憾」。例如，第 58 條規定「一個自然人只能投資設立一個一人有限責

任公司。該一人有限責任公司不能投資設立新的一人有限責任公司」，實不利投資者投資不同經營項目，違背公司法之基本功能及概念（沈貴明，2006:45–49）。

學者張兵（2007:143）亦認為，新例一人公司之規定，比一般有限責任公司限制更為嚴格，致令一人公司之實踐操作，與其立法初衷難以保持一致，造成困惑。譬如第63條規定，「一人有限責任公司的股東不能證明公司財產獨立於股東自己的財產的，應當對公司債務承擔連帶責任」。法律承認一人公司，本意是協助投資者即使沒有合作夥伴，也能設立公司，使用公司之獨立人格和股東有限責任制度（毛衛民，2008:165）。然而，一人公司「法人格濫用推定」制度，原旨在保護債權人利益，但動輒要股東承擔連帶責任，令投資者望而生畏，不願投資或設立一人公司（毛衛民，2008:165）。由此論之，內地一人公司有關規定，實有不足之處。

在台灣，《公司法》於2001年11月改革前曾規定，無限公司、兩合公司之股東人數至少兩人以上、有限公司五人以上、股份有限公司七人以上，且人數不足會成為解散事由。因此，不少獨資經營之商人，邀集掛名股東成立公司，以符合當時法定要求。此舉不但增加交易成本，且易引起掛名股東與實質股東權益責任歸屬爭議（洪秀芬，2003:169）。「一人公司」法則，既解決掛名股東帶來之問題，又能應企業經營需求，吸引外商進入台灣，促進市場國際化（洪秀芬，2003:169）。一人公司亦能使由同一商人經營之各家企業，獨立經營，不致某一企業所生之危險，連累其他營業財產（柯菊，1993:313）。然而，在法律正式承認「一人公司」之前，台灣學者普遍認為，只要「實質一人公司」不危害社會，尤其股份有限公司不注重股東個人條件，理可存在（林國全，1999:440）。

2001年11月，《公司法》第11次修正案通過，正式允許設立「一人有限公司」，以及政府或法人為股東之一人股份有限公司。該法第128條規定，「股份有限公司應有二人以上為發起人」，第128(1)條則規定**「政府或法人股東一人所組織之股份有限公司，不受前條第一項之限制」**。學者林國全（1999:445）認為，設立股份有限公司和有限公司制度之重大意義，在於藉股東有限責任，將特定財產抽離於其他財產，予以管理運用。承認一人公司形式之目的亦在於此。

因此，如《公司法》得以嚴格執行，「一人有限公司」應不會成為控制公司資本，謀取不當利益之工具（趙德樞，2004:207）。《公司法》有各項規定：第9條第1和第2項，定明有限公司及股份公司最低資本額限制；第13條規定，公司轉換投資，投資資本不得超過實收資本總額40%；第15條則註明，除因公司間或與行號間業務交易行為，或有融通資金之必要，公司不得借貸予股東或他人，否則公司負責人與借用人連帶負返還責任，並應對公司負返還賠償責任。

在香港，一人公司久已存在。舊《公司條例》規定股東(shareholder)人數下限為一人；新《公司條例》第67(1)條則規定，公司可由「**任何一人或多於一人**」組成。第455條詳細規定，如私人公司只有一名成員，而該成員是該公司的唯一董事，則不論公司章程細則有何規定，該公司可在成員大會通過決議，提名一人為其備任董事。

4. 結論

儘管公司法原為促進公司業務發展，在歷史上卻有相反例子，如英國1720年之《泡沫法案》(English Bubble Act 1720)。法案收緊股份公司成立條件，定明所有未得皇家特許狀或國會法案許可成立之股份公司，均為非法無效，窒礙了股

份有限公司近一個世紀之發展（王紅一，2002:50）(Harris, 2000:60–61, 67)。

故有學者認為，公司法未來方向應包括：公開信息以促進營業自由、減少代理成本保護債權人利益，以及防止濫用有限責任等（張舫，2012:156）。公司由創立至結束，均受法律監管。本書旨在闡述兩岸三地公司法法則，分成六章，探討其中多個詞彙之基本概念。

以下為「公司」及「企業」在三地媒體新聞使用之實例：

香港	「針對近年不少上市**公司**被指涉及詐騙、嚴重的會計或企業管治失當行為，令其成為市場評論或傳聞對像，繼而令股價受壓；港交所（0388）發出文件，為上市**公司**在應對相關指控及處理有關事宜的責任提供指引。 港交所認為，若指控有可能影響相關上市**公司**的股價，該上市**公司**須即時刊發澄清公告，否則須申請停牌，以防止出現虛假市場或市場混亂。港交所強調，澄清公告的作用是向市場發布訊息，故當中應在每項指控表達**公司**的立場，若在可能情況下，更應詳列資料回應或反駁指控；**公司**亦應在發出澄清公告後盡快復牌。」 《明報新聞網》〈港交所發指引　**公司**遇傳聞或消息需發澄清或停牌〉（2016年4月8日）http://news.mingpao.com/ins/instantnews/web_tc/article/20160408/s00002/1460117924716（檢索日期：2016年8月16日）

內地	「進入4月份後，上市**公司**2015年的年報披露進入密集發布期，四季度股東進出情況愈見清晰。不過，相較2016年一季報而言（本周五2016年一季報的帷幕正式揭開，有8家**公司**本周率先『亮相』），年報數據的滯後性已較為明顯，但好在部分**公司**已提前公布了2016年以來的股東變化，投資者由此可及時地看到資金在今年以來對相關**公司**的態度變化。」
	《證券市場紅周刊》〈公告『劇透』股東戶數 8家**公司**持籌快速集中〉（2016年4月8日）http://news.hongzhoukan.com/16/0408/hl231817.html（檢索日期：2016年12月19日）
台灣	「台灣證券交易所**公司**治理中心第二屆**公司**治理評鑑名單出爐，本次上市、櫃排名前5%級距，皆以電子業比重最高，近期剛入股夏普的鴻海進入前5%，排名躍進，但股王大立光多項指標未達標，連續兩年都未入榜。
	證交所副總經理簡立忠表示，今年評鑑結果的亮點之一，是金融業整體表現傑出。上市金融股共33家，就有12家躋身前5%，比重超過三分之一；上櫃共八家**公司**，也有二家獲選，佔比四分之一。」
	《聯合新聞網》〈**公司**治理評鑑 躍5%領先群〉（2016年4月8日）http://udn.com/news/story/7243/1617730-公司治理評鑑-躍5%領先群（檢索日期：2016年8月16日）

台灣	「行政院會今(12)日通過經濟部擬具的『中小**企業**發展條例』第36條之二修正草案,將函請立法院審議。
	行政院長江宜樺表示,外界關注的加薪課題,除了道德勸說,如何透過政策工具加強誘因非常重要。目前台灣中小**企業**家數約130萬家,佔全體**企業**家數97.67%;中小**企業**的就業人數近850萬人,佔全國就業人數約78%,中小企業對台灣經濟的發展,向來有很大的貢獻。
	江院長強調,促進就業與提升薪資所得都是當前政府重要的施政,本次『中小**企業**發展條例』第36條之2修正草案,透過租稅優惠措施,鼓勵中小**企業**積極提高基層員工薪資給付,對於改善員工所得有相當助益。江院長對經濟部、財政部等部會能於最短時間內提出修正草案表示感謝,他並責成經濟部加強與相關業者或產業團體溝通,積極爭取立法委員支持,盼能在最短的時間內順利完成修法程序。」
	《行政院發言人辦公室》〈行政院會通過『中小**企業**發展條例』第36條之2修正草案〉(2014年6月12日) http://www.ey.gov.tw/News_Content.aspx?n=F8BAEBE9491FC830&s=97EE593DCBFC43F3(檢索日期:2016年8月12日)

參考文獻

中華民國行政院法制三科 (2014)。《公司法部分條文修正草案總說明》。取自 http://www.ey.gov.tw/Upload/RelFile/2016/707173/5a90102d-f879-40a4-b517-30885d5996fa.pdf（檢索日期：2015年8月29日）。

中華民國經濟部商業司第五科 (2015)。《公司法部分條文修正草案》。取自 https://gcis.nat.gov.tw/main/publicContentAction.do?method=showFile&pkGcisPublicAttach=1320（檢索日期：2015年9月13日）。

方流芳 (2003)。〈試解薛福成和柯比的中國公司之謎 —— 兼評賴源河教授『台灣公司法之沿革與課題』〉。江平、賴源河編，《兩岸公司法研討》，頁82–122。北京：中國政法大學出版社。

毛衛民 (2008)。〈一人公司『法人格濫用推定』制度的法理評析 —— 兼論公司立法的價值抉擇〉。《現代法學》，第30卷，第3期，頁162–166。

王保樹、崔勤之 (1998)。《中國公司法原理》。北京：社會科學文獻出版社。

王紅一 (2002)。《公司法功能與結構法社會學分析 —— 公司立法問題研究》。北京：北京大學出版社。

甘培忠 (2000)。《企業法新論》。北京：北京大學出版社。

吳世學 (2013)。《香港公司註冊的歷史 —— 研究報告》。取自 http://www.cr.gov.hk/tc/publications/docs/studyreport-part1-c.pdf（檢索日期：2015年9月13日）。

呂思勉 (1984)。《隋唐五代史》（下冊）。上海：上海古籍出版社。

李孔懷 (2009)。《漢書（二十五史新編）》。香港：中華書局（香港）有限公司。

李平 (1997)。〈中國內地與香港公司法比較研究〉。《四川大學學報 (哲學社會科學版)》，第 3 期，頁 91–101。

李建偉 (2008)。《公司法學》。北京：中國人民大學出版社。

沈貴明 (2006)。〈模式、理念與規範 —— 新評《公司法》對一人公司的規制〉。《法學》，第 11 期，頁 45–50。

周江洪 (2000)。〈台灣公司法與內地公司法之比較研究〉。《蘭州大學學報 (社會科學版)》，第 3 期，頁 101–105。

周自強 (2006)。《中國古代思想史 • 先秦卷》。南寧：廣西人民出版社。

林國全（1999）〈一人公司立法之研究〉。《政大法學評論》，第 62 期，頁 367–388。

林發新 (1997)。《海峽兩岸公司制度之比較》。北京：人民法院出版社。

林劍鳴、趙宏 (1995)。《秦漢簡史》。福州：福建人民出版社。

邱樹森、陳振江編 (1993)。《新編中國通史》（第三冊）。福州：福建人民出版社。

柯菊 (1993)。〈一人公司〉。《台大法學論叢》，第 22 卷，第 2 期，頁 307–535。

洪秀芬 (2003)。〈一人公司法制之探討〉。《台大法學論叢》，第 32 卷，第 2 期，頁 167–218。

香港特別行政區政府公司註冊處 (2014)。《新公司條例概覽》。取自 http://www.cr.gov.hk/tc/companies_ordinance/overview.htm （檢索日期：2015 年 9 月 10 日）。

唐德剛 (1998)。《晚清七十年》（壹）。台北：遠流出版事業股份有限公司。

徐中約 (2008)。《中國近代史》(上冊) (計秋楓、朱慶葆譯)。香港：中文大學出版社。

張兵 (2007)。〈一人公司 —— 效率與公平價值目標的艱難選擇〉。《河北法學》，第 25 卷，第 12 期，頁 141–143。

張舫 (2012)。《公司法的制度解析》。重慶：重慶大學出版社。

許兆昌 (2002)。《夏商周簡史》。福州：福建人民出版社。

郭富青 (2006)。〈新《公司法》的價值取向、調整功能與制度設計〉。《法治論叢》，第 21 卷，第 1 期，頁 93–98。

陳升 (1997)。《管仲評傳 —— 中國改革第一人》。南寧：廣西教育出版社。

陳可欣 (2014)。《兩岸三地合約法主要詞彙》 *(Key terms in Contract Law of Hong Kong, Mainland China and Taiwan)*。香港：香港城市大學出版社。

陳可欣 (2015)。《兩岸三地侵權法主要詞彙》 *(Key Terms in Tort Law of Hong Kong, Mainland China and Taiwan)*。香港：香港城市大學出版社。

陳弘毅、陳文敏、李雪菁及陸文慧編 (2009)。《香港法概論》。香港：三聯書店 (香港) 有限公司。

陳旭麓 (2009)。《中國近代史十五講》。香港：三聯書店 (香港) 有限公司。

陳健 (1995)。〈論公司法的三大功能〉。《研究生法學》，第 2 期，頁 15–18。

陳龍海 (1998)。《法家智謀》。武漢：武漢測繪科技大學出版社。

陳濤、高在敏 (1995)。〈中國古代侵權行為法例論要〉。《法學研究》，第 2 期，頁 48–54。

黃仁宇 (2006)。《萬曆十五年》(增訂本)。北京：中華書局。

黃炘強 (2009)。《中國新《公司法》和新《證券法》的啟示》。香港：明報出版社有限公司。

楊竹喧 (2008)。〈復仇在古代中國〉。《法制與社會》，第30期，頁307–308。

楊威夷 (1996)。〈台灣公司法的歷史沿革及其特點〉。《台灣研究•法律》，第4期，頁55–57，68。

溫嘉明、梁凱恩及蔡佩瑤 (2014)。〈在中港公司法下股東權益救濟制度比較〉。《中國法律》，第5期，頁37–40。

葉林 (1997)。《中國公司法》。北京：中國審計出版社。

葉林 (2008)。《公司法研究》。北京：中國人民大學出版社。

熊晶晶 (2006)。〈祖國大陸與台灣地區公司法比較研究〉。《上海大學學報 (社會科學版)》，第13卷，第2期，頁21–25。

趙德樞 (2004)〈一人公司詳論〉。北京：中國人民大學出版社。

潘嘉瑋 (1996)。〈海峽兩岸公司法之比較〉。《台灣研究集刊》，第2期，頁39–44。

蔡曉榮 (2009)。〈文本嬗遞與『法意』薪傳: 中國近代侵權行為立法的一般脈絡〉。《政法論壇》，第27卷，第6期，頁100–110。

鄭光輝、陳麗娟 (2004)。〈台灣地區『公司法』的修改及對大陸公司立法之借鑒〉。《河南司法警官職業學院學報》，第2卷，第2期，頁68–71。

賴英照 (1986)。《公司法論文集》(增訂再版)。台北：財團法人中華民國證券市場發展基金會。

戴炎輝 (1995)。《中國法制史》。台北：三民書局股份有限公司。

薛波編 (2013)。《元照英美法詞典》 (*English-Chinese Dictionary of Anglo-American Law*)。北京：北京大學出版社。

羅明舉、李仁真 (1989)。《民法要義》。武漢：武漢出版社。

關捷、唐功春、郭富純及劉恩格編 (2005a)。《中日甲午戰爭全史 —— 戰後篇》（第四卷）。長春：吉林人民出版社。

關捷、唐功春、郭富純及劉恩格編 (2005b)。《中日甲午戰爭全史 —— 思潮篇》（第五卷）。長春：吉林人民出版社。

顧功耘編 (2004)。《公司法》（第三版）。北京：北京大學出版社。

顧經儀、黃來紀 (1998)。《公司法比較研究》。澳門：澳門基金會。

Chen, A.H.Y. (2011). *An Introduction to the Legal System of the People's Republic of China* (4th Ed.). Hong Kong: LexisNexis.

Harris, R. (2000). *Industrializing English Law.* Cambridge: Cambridge University Press.

Kayaoğlu, T. (2010) *Legal Imperialism: Sovereignty and Extraterritoriality in Japan, the Ottoman Empire, and China.* Cambridge: Cambridge University Press.

Kirby, W.C. (1995). "China Unincorporated: Company Law and Business Enterprise in Twentieth-Century China", *The Journal of Asian Studies, 54*(1):43–63.

Law, J., and Martin, A.E. (Eds.) (2009). *Oxford Dictionary of Law* (7th Ed.). Oxford: Oxford University Press.

Li, Y.M., and Li, Y.L. (2013). "Is There a Positive Relationship between Law and Economic Growth? A Paradox in China", *Asian Social Science, 9*:19–30.

Lo, S.H.C., and Qu, C.Z. (2013). *Law of Companies in Hong Kong.* Hong Kong: Sweet & Maxwell.

Shi, C.X. (2012). *Political Determinants of Corporate Governance in China.* London: Routledge.

Wang, J.Y. (2014). *Company Law in China: Regulation of Business Organizations in a Socialist Market Economy.* Cheltenham, U.K.: Edward Elgar Publishing Limited.

Woodley, M. (Ed.) (2009). *Osborn's Concise Law Dictionary* (11th Ed.). London: Sweet & Maxwell.

01 Separate Legal Entity

香港：獨立法律實體、公司具有成年自然人的身分、權利、
　　　權力及特權
內地：公司法人獨立地位、
　　　企業法人……有獨立的法人財產……享有……財產權
台灣：公司之法人地位、法人……有享受權利負擔義務之能力

在香港法，"Legal Entity" 一般譯作「法律實體」（《香港中華煤氣公司（法團轉移）條例》（第1022章），The Hong Kong and China Gas Company (Transfer of Incorporation) Ordinance (Cap 1022) 第4(3)(a)條）。根據《香港英漢雙語法律詞典》（2006:437），"**Separate Legal Entity**" 之中文譯詞為「**獨立法律實體**」。香港法例有不同條文表達「獨立法律實體」之概念，例如法團屬「人」（《釋義及通則條例》（第1章），Interpretation and General Clauses Ordinance (Cap 1) 第3條）、「**公司具有成年自然人的身分、權利、權力及特權**」（《公司條例》（第622章），Companies Ordinance (Cap 622) 第115(1)條），以及「法人團體……永久延續」等（《公司條例》第73(2)條）。

在內地法，相關之術語為「**公司法人獨立地位**」（《公司法》第20條第1款）。以下條文亦表達此概念：「法人……獨立享有民事權和……義務……」（《民法通則》第36條），「**企業法人……有獨立的法人財產……享有……財產權**」（《公司法》第3條），英文版本為 "A company is an enterprise legal person, which has independent corporate property and enjoys corporate property rights"（《中國人大網》）。台灣法之術語為「**公司之法人地位**」（《公司法》第154條第2款）。《民法》第26條則定明「**法人……有享受權利負擔義務之能力**」，其中「法人」一詞之英譯是 "juridical person"（《全國法規資料庫英譯法規查詢系統》）。

1. 香港法

1.1 定義

公司乃獨立法人，有權訂立合約，並以公司個人名義承擔債務。故此，倘若公司負債，債主不能向股東追討欠款 (Lo and Qu, 2013:109)。

Lee v Lee's Air Farming Ltd [1961] AC 12

Lee 先生自立公司，亦擔任公司之董事及股東，以及受薪之主機師。他在一次駕駛飛機時不幸發生意外，飛機墜毀身亡。當時之法例規定，公司須賠償因工受傷員工，其遺孀遂據此向公司追討賠償。

樞密院 (Privy Council) 裁定，公司屬獨立法人，Lee 先生可以員工身分與公司建立僱傭關係，符合法例中員工之定義。最終，其遺孀獲得賠償。

公司經註冊 (incorporation) 後，即成法人，能獨立擁有物業。股東 (shareholder) 雖然持有股票，對公司享「擁有權」(ownership)，但不代表可擁有公司名下物業。

Macaura v Northern Assurance Co Ltd [1925] AC 619

某公司擁有某地之木材，以一股東名義投保。其後該地發生山火，損毀木材，該股東向保險公司索賠但不果。

法庭認為，公司乃獨立法人，木材屬其所有；因此，股東對木材並無「所有權權益」(proprietary interest)，亦無「可保權益」(insurable interest)。

然而,「獨立法人」之法律原則或會造成不公,以下案件為一例 (Talbot, 2008:25)。

> **Salomon v Salomon & Co [1897] AC 22**
>
> Salomon 先生將其生意正式註冊為公司經營。公司為收購 Salomon 先生的業務,向 Salomon 先生發債權證 (debenture),作為部分收購代價。該債權證以公司資產作抵押,他遂成為「有抵押債權人」(secured creditor)。公司亦向 Salomon 先生及其家屬發行股份。
>
> 其後公司清盤 (liquidation),資不抵債。根據法律規定,有抵押債權人較無抵押債權人優先獲得彌償。因此,擁有債權證的 Salomon 先生,便較「無抵押債權人」 (unsecured creditor) 優先獲得彌償;至於他本人控制該公司與否,並無關係。

1.2 揭開公司面紗 (Piercing Corporate Veil)

學者 (Lo and Qu, 2013:117–132) 說明,因「獨立法人」之法律原則或會造成不公,法庭會考慮公司獨立法人身分有否被濫用。若公司虛有其表 (facade),被利用作以下不當用途,法庭可「揭開公司面紗」,使在幕後控制公司之人如股東、董事等,承擔責任:

(1) **逃避 (evade) 現在及「或有的法律責任」(contingent liabilities)**,而非避免 (avoid) 尚未產生之法律責任 (liabilities which have not yet arisen);或

(2) **欺詐 (fraud) 或其他犯法事情。**

China Ocean Shipping Co v Mitrans Shipping Co [1995] 3 HKC 123

原告租賃船隻予Mitrans Panama公司，雙方後來發生糾紛。經仲裁裁決，Mitrans Panama公司須賠償原告，然而Mitrans Panama公司並無賠償。原告轉向其母公司Mitrans Shipping Co追討，指其利用Mitrans Panama公司逃避法律責任。

法庭拒絕揭開Mitrans Shipping Co與Mitrans Panama間之公司面紗，因為該母公司並無利用成立Mitrans Panama公司，以逃避後來租船協議所產生之法律責任。

HKSAR v Leung Yat Ming & Anor [1999] 2 HKLRD 402

被告夫婦領取僱主的租金津貼，租金津貼設有規定，限制被告及其親屬不得持有被告租賃之物業及相關利益。然而，被告所租賃物業，正由被告透過指定董事及股東擁有並控制的公司所持有。

被告被控違反《防止賄賂條例》（第201章）(Prevention of Bribery Ordinance, Cap 201)，一審裁定罪名成立，上訴庭亦維持原判。法庭裁定，其有權在此情況揭開公司面紗，查明幕後控制公司之人。因被告故意隱瞞公司之擁有權 (ownership)，藉股份間接持有物業利益，欺詐罪成。

Secretary for Justice v Lee Chau Ping & Anor [2000] 1 HKLRD 49

在本案，多名被告販毒，受到政府通緝。一名被告擁有多間公司，其中一間主要用作購買製毒工具和材料，部分販毒利潤用以支付該公司開銷，並作其他公司資金。該被告在逃期間，法庭頒令沒收其所有控制公司擁有之財產。

法庭認為，被告利用名下公司作犯罪用途，故揭開公司之面紗，並裁定公司財產乃被告財產，可予充公。

1.3 企業集團 (Corporate Groups)

許多大企業集團結構複雜，擁有不同的「附屬公司」(subsidiaries)。香港上訴庭遵從 *Adams v Cape Industries plc* [1990] Ch 433 案件所定之原則，視企業集團內各公司為獨立法人 (Lo and Qu, 2013:134–136)。

Adams v Cape Industries plc [1990] Ch 433

原告在美國法院審理之案件取得判決，準備向被告之英國公司執行判決。美國法院能否執行判決，視乎其有無司法管轄權 (jurisdiction)，向英國的公司頒令。然而，原告提出，被告雖然在美國沒有設立辦公室或經營生意，但全權擁有一家子公司，屬美國司法管轄區管轄，可向其執行判決。

上訴庭不接納此觀點，因集團內各公司，包括子公司，均屬獨立法人。

1.4 有限責任原則 (Doctrine of Limited Liability)

獨立法人並不等同「有限責任原則」，二者不應混淆。「有限責任原則」乃指，公司成員 (members) 之法律責任有限，假若股份有限公司 (company limited by shares) 無力償債 (insolvent)，股東的損失僅限於其所持有股份；若股份無限公司 (unlimited company) 無力償債，即使公司為獨立法人，但股東仍須償還所有債務，其損失可遠超其所持股份價值 (Lo and Qu, 2013:110)。

2. 內地法

2.1 企業法人

內地《公司法》第3條定明：「**公司是企業法人，有獨立的法人財產，享有法人財產權。公司以其全部財產對公司的債務承擔責任。**」該條亦規定，「有限責任公司股東」的責任「以其認繳的出資額為限」，而「股份有限公司股東」的責任「以其認購的股份為限」。

張龍先訴安陽市紫通裝飾有限公司等裝飾裝修合同糾紛案

河南省安陽縣人民法院民事判決書
(2013) 安民初字第01236號

2011年，原告與被告安陽市紫通裝飾有限公司簽訂《家庭居室裝飾裝修工程施工合同》。其後，原告將第一批工程款項直接轉入被告公司之股東李國旗提供的賬戶，然而被告公司由簽訂合同至解散，一直未按合同施工。原告要求李國旗與被告公司共同償還裝飾工程款項7萬元及相關損失。

根據《公司法》，有限責任公司股東對公司承擔之責任，以其出資為限；公司則以其全部資產承擔公司債務。有限責任公司股東如因怠於履行義務，致公司之主要財產、賬冊或重要文件等滅失，無法清算，才連帶承擔公司債務。因裝飾公司並未進行破產清算及註銷，故應由公司本身承擔債務，而非由股東李國旗承擔。

法院最終裁定，該工程合同有效。被告應依照合同約定施工，但卻從未施工，構成根本違約。

2.2 分公司及子公司

根據《公司法》第14條，公司可設立「分公司」及「子公司」。分公司不具法人資格，其民事責任由公司承擔；子公司則具法人資格，須「依法獨立承擔民事責任」。

李海華訴朱建軍等民間借貸糾紛案

廣東省韶關市湞江區人民法院民事判決書
（2013）韶湞法民一初字第839號

原告從事貨物運輸，在2012年初至5月期間，一直依照合同為被告朱建軍運送石料，然而被告並未依照合同清付運費。

經原告多番催促，被告終向原告出具借條，條款列明：「今借到李海華人民幣123,900元正，用於投資樂輝建材廠生產石料，月息1.5%，期限為一個月，借款日期2012年5月7日至2012年6月7日……」借條上有被告之「通海輝深圳分公司」簽蓋公章，表示願意承擔連帶償還責任。然而，歸還期限已過，被告依然分文不還。

法院查明，被告通海輝深圳分公司乃另一被告「廣西通海輝綠岩礦業發展有限責任公司」之分支機構，在2011年2月獲核准登記，其負責人為被告朱建軍。通海輝深圳分公司具有經核準登記之經營資格和相應法律地位，可以作為合同主體和民事訴訟主體，但其民事責任能力不完全，故裁定其債務由廣西通海輝綠岩礦業發展有限責任公司連帶承擔。

2.3 濫用法人地位

《公司法》第20條規定「公司股東應當遵守法律、行政法規和公司章程，依法行使股東權利」，而且「**公司股東濫用公司法人獨立地位和股東有限責任，逃避債務，嚴重損害公司債權人利益的，應當對公司債務承擔連帶責任。**」此規定具有普通法「揭開公司面紗」之精粹。

汪玉峰與河南水立方商貿有限公司、武志平合同糾紛案

河南省登封市人民法院民事判決書
（2013）登民二初字第156號

原告乃登封市「順順名煙名酒」店舖之負責人。2010年9月，被告武志平經第三方認識原告。被告自稱是「河南水立方投資有限公司」之股東，受該公司委託邀請原告與其合作，簽訂《河南名優特產（加盟）市專賣協議書》，入股被告即將成立之水立方公司。原告最終分別簽訂了《河南名優特產（加盟）市專賣協議書》及《合作協議》，並支付被告25萬元作為入股資金。後來，原告發現，被告乃借河南千年酒業有限公司等名義私自行事。

法院查明，被告武志平確為水立方公司之股東，持40%股份，但水立方公司根本未持有原告股份。

法院裁定，本案事實清楚，證據充分。被告武志平作為被告水立方公司股東，受其委託與原告簽訂協議書，卻未實際履行，是欺詐行為，故水立方公司從原告所取之25萬元屬不當得利，應予返還。被告武志平乃水立方公司股東，濫用其法人人格，應對該25萬元負連帶責任。

---

3. 台灣法

3.1 公司種類

台灣《公司法》第1條，界定「公司」為「**以營利為目的，依照本法組織、登記、成立之社團法人**」。《民法》第25條則規定，不依《民法》或其他法律規定之法人，不得成立。

法人可「於法令限制內」，「**享受權利**」並「**承擔義務**」（《民法》第26條）。

《公司法》第2條將公司分為四類：「無限公司」、「有限公司」、「兩合公司」及「股份有限公司」。無限公司「由二人以上股東所組織，對公司債務負連帶無限清償責任」；有限公司「由一人以上股東所組織，就其出資額為限，對公司負其責任」。

兩合公司由「一人以上無限責任股東」及「一人以上有限責任股東」所組織，其中，「無限責任股東對公司債務負連帶無限清償責任」，而「有限責任股東就其出資額為限，對公司負其責任」。股份有限公司則由「二人以上股東或政府、法人股東一人所組織，全部資本分為股份」，「股東就其所認股份，對公司負其責任」。

3.2 股東責任

《公司法》第154條規定，股東對公司之責「以繳清其股份之金額為限」。該條文近年修訂如下：「**股東濫用公司之法人地位，致公司負擔特定債務且清償顯有困難，其情節重大而有必要者，該股東應負清償之責**。」如第2.3節所述，內地《公司法》第20條亦有類似規定。

以下為有關第154條之案例，節錄自一則法院新聞稿：

有關被告台灣美國無線電股份公司95年度重訴更（一）字第4號侵權行為損害賠償法事件新聞稿

「被告RCA公司於87年7月及88年1月間，先後將公司巨額資金達32億餘元匯至法國之國外銀行，已生《公司法》第154條第2項所載情況，即股東濫權，使公司資本顯著不足而可能承擔生成之債務。而且被告RCA公司及其控制公司顯有惡意脫產、逃避債務等情事。其控制公司被告Technicolor、Thomson Consumer Electronics (Bermuda) Ltd. 應依「揭穿公司面紗」原則，與被告RCA公司連帶負侵權行為損害賠償責任。至於被告Technicolor USA, Inc.、GE公司，就無須依「揭穿公司面紗」原則，與被告RCA公司連帶負侵權行為損害賠償責任。

⋯⋯⋯

七、綜上所述，原告本於侵權行為之法則，請求被告RCA公司應給付如附表一之「選定人」如附表一之「應給付金額」欄所示之金額及自98年9月10日起至清償日止，按每年5%計算之利息，及依《公司法》第154條第2項「揭穿公司面紗原則」之規定，請求被告Technicolor、Thomson Consumer Electronics (Bermuda) Ltd. 應給付如附表一之「選定人」如附表一之「應給付金額」欄所示之金額及自98年9月10日起至清償日止，按每年5%計算之利息，為有理由，應予准許，逾此範圍之請求，即無理由，應予駁回。⋯⋯」

《公司法》第六章之一，詳列「關係企業」之法律責任。「關係企業」指獨立存在之企業有「相互投資」及「控制與從屬關係」（第369之一條）。那如何界定「從屬公司」？第369之二條規定：

公司持有他公司有表決權之股份或出資額，超過他公司已發行有表決權之股份總數或資本總額半數者為控制公司，該他公司為從屬公司。

除前項外，公司直接或間接控制他公司之人事、財務或業務經營者亦為控制公司，該他公司為從屬公司。

根據第369之三條，若屬以下情況，則推定為「有控制與從屬關係」：

一、公司與他公司之執行業務股東或董事有半數以上相同者。

二、公司與他公司之已發行有表決權之股份總數或資本總額有半數以上為相同之股東持有或出資者。

化帆 (2013:15) 認為，《公司法》第154條未修訂之前，第369之四條可「作為揭開公司面紗的法規範」：

控制公司直接或間接使從屬公司為不合營業常規或其他不利益之經營，而未於會計年度終了時為適當補償，致從屬公司受有損害者，應負賠償責任。

控制公司負責人使從屬公司為前項之經營者，應與控制公司就前項損害負連帶賠償責任。

控制公司未為第一項之賠償，從屬公司之債權人或繼續一年以上持有從屬公司已發行有表決權股份總數或資本總額百分之一以上之股東，得以自己名義行使前二項從屬公司之權利，請求對從屬公司為給付。

前項權利之行使，不因從屬公司就該請求賠償權利所為之和解或拋棄而受影響。

4. 總結

兩岸三地之法律，均賦予公司獨立法人地位及相關權利，亦嚴格規定濫用法人地位之後果和責任，可見三地公司法在此重要原則上觀點一致。

以下為本文多個法律詞彙在三地政府公文及媒體新聞之使用實例：

香港	「諮詢結果顯示公眾廣泛支持在香港推行存保計劃。59位提交意見書或與金管局會談的回應者中，有41位表示支持存保計劃。此外，立法會在二零零零年十二月十三日通過動議，促請政府在香港推行設計完善的存保計劃。
	考慮過公開諮詢收到的意見後，政府對存保計劃的初步意見如下：

- 所有持牌銀行均包括在計劃內；
- 強制銀行參與；
- 承保上限初期定為10萬港元，以減低道德風險及保險成本；
- 事先籌集資金的計劃較可取；
- 應進一步研究風險為本的保費釐定方法；
- 應成立**獨立法律實體**管理存保計劃，但其管理結構必須保持精簡。」

《政府資訊中心》〈加強香港的存款保障〉（2001年4月24日）http://www.info.gov.hk/gia/general/200104/24/0424178.htm（檢索日期：2016年8月1日）

內地	「業內人士分析，頻繁發生的『跑路門』『倒閉門』背後，折射出教育培訓市場行業的諸多亂像。 …… 亂像四：培訓班成『斂財』班。一些培訓機構開辦者抱著牟利斂財的動機，一旦經營不善，必然導致關門歇業的後果。『加盟培訓機構是一個短時間內聚財的好途徑。各地分公司都是**獨立法人**，出了問題宣布破產就可以一走了之。』一名知情者説。」 《新京報》〈天價學費『打水漂』培訓機構頻陷『跑路門』〉（2014年12月7日）http://edu.people.com.cn/n/2014/1207/c1006-26162210.html（檢索日期：2016年8月1日）
台灣	「桃園市葉姓市民以他是『祭祀公業法人桃園縣諸梁公』祠堂房地產所有權人，向桃市稅務局申請改用自用住宅稅率被駁回，改提行政訴訟。法官指出祭祀公業是法人非自然人，且葉的戶籍不在祠堂，不符合土地稅法、祭祀業條例規定，判葉敗訴。 葉姓市民提出告訴主張，祭祀公業條例規定，『祭祀公業**法人享有權利及負擔義務之能力**』，因此其權利義務和自然人一樣；其次，該棟建物裡除了祠堂以外從未出租或供營業用，符優惠稅率規定。」 《中時電子報》〈非自然人 祠堂不適用自用住宅地價稅〉（2016年2月16日）http://www.chinatimes.com/cn/newspapers/20160216000144-260205（檢索日期：2016年9月1日）

參考文獻

《中國人大網》。取自 www.npc.gov.cn/englishnpc/Law/2007-12/13/content_1384124.htm（檢索日期：2016年8月1日）。

《全國法規資料庫英譯法規查詢系統》。取自 http://law.moj.gov.tw/Eng/LawClass/LawAll.aspx?PCode=B0000001（檢索日期：2016年8月1日）。

化帆（2013）。〈掀起你的蓋頭來 —— 新修正公司法第154條與揭穿公司面紗原則〉,《法律新聞雜誌》,第140期,頁14–23。

Lo, S.H.C., and Qu, C.Z. (2013). *Law of Companies in Hong Kong*. Hong Kong: Sweet & Maxwell.

Talbot, L.E. (2008). *Critical Company Law*. Abingdon, Oxon: Routledge–Cavendish.

02 Contracts Made before Company's Incorporation

香港：公司成立為法團前訂立的合約
內地：為設立公司……對外簽訂合同／
　　　　以設立中公司名……對外簽訂合同
台灣：未經設立登記……以公司名義經營業務或
　　　　其他法律行為／公司註冊前訂立的契約

在香港法，"**Contracts Made before Company's Incorporation**" 譯作「公司成立為法團前訂立的合約」（《公司條例》（第622章），Companies Ordinance (Cap 622) 第122條）。

內地並無直接對應的術語，但有法律條文含相關概念。《最高人民法院關於適用〈中華人民共和國公司法〉若干問題的規定（三）》規定：「**為設立公司……對外簽訂合同**」（第2條）、「**以設立中公司名義……對外簽訂合同**」（第3條）。至於台灣，《公司法》第19條規定「**未經設立登記……以公司名義經營業務或為其他法律行為**」。台北出版之《法律漢英辭典》（薛波、徐兆宏，2009:73）有 "Preincorporation Contract" 一詞，其中文翻譯為「**公司註冊前訂立的契約**」。

1. 香港法

顧名思義，「公司成立為法團前訂立的合約」，乃**公司成為法團 (incorporation) 前，看來是 (purportedly) 以公司名義 (in the name of a company) 或代公司訂立之合約 (on behalf of a company)**（《公司條例》第122條）。

1.1 普通法

根據普通法，公司成為法團前藉「**發起人**」(**promoter**) 所簽訂之合約，並不能約束 (bind) 該公司。公司亦不能「追認」

(ratify) 該合約，以獲取利益 (*Kelner v Baxter* (1866) LR 2 CP 174)。故此，只有發起人才能因該合約起訴或被訴。

發起人乃採取一切必要措施協助公司成為法團之人。措施包括：為擬建公司集資、委任主要行政人員 (executives)、與第三方商討簽約等 (Kwan, 2010:145)。

Kelner v Baxter (1866) LR 2 CP 174

甲、乙、丙三人為一家未成立的酒店向原告購貨，並簽訂合約。他們取貨後，酒店成立但不久便倒閉，未能如期付貨款。

法庭裁定，甲、乙、丙簽約時，該酒店尚未成立，三人須負責全數支付已取貨物。

公司註冊成為法團後，可藉「**約務更替**」(**novation**) 方式履行合約。此乃指公司成立前，發起人代公司與第三方訂約，然而公司尚未為合約方；至公司成立後，即可代發起人與第三方簽訂新合約，條款不變，替代 (replace) 原先之合約 (Kwan, 2010: 551–552)。

1.2 公司條例

在 2014 年《公司條例》實施前，舊《公司條例》（第 32 章）第 32A 條適用於公司成為法團前，看似以公司名義或代公司訂立之合約。新《公司條例》實施後，其第 122 條取代第 32A 條，舊《公司條例》亦改稱為《公司（清盤及雜項條文）條例》（第 32 章）(Companies (Winding Up and Miscellaneous Provisions) Ordinance, Cap 32)。

根據《公司條例》第 122(2) 條，除協議明文相反規定 (subject to any express agreement to the contrary)，合約如同由本意代表

公司之人或公司代理人訂立，具有法律效力。此等代表或代理為合約承擔個人法律責任，並有權強制執行合約。

公司成為法團後可追認合約，猶如公司訂約時已成法團，由未授權之代理人代公司訂立（《公司條例》第122(3)條）。董事局通常可藉通過決議，追認合約。法例並無定明追認方式，故以明示 (express) 或默示 (implied) 之方式皆可 (Lo and Qu, 2013:153)。

Aztech Science Pty Ltd v Atlanta Aerospace (Woy Woy) Pty Ltd (2005) 55 ACSR 1

某公司成為法團後，其董事按之前所訂合約付款。法庭裁定，此舉已有效表明公司「追認」有關合約。

Poon Yee Kan v New Paradigm E-Technology Ltd (unrep., CACV 325 and 326/2004, [2006] HKEC 2222)

原告在被告公司在尚未成為法團時獲聘用，其與被告公司當時之發起人簽訂僱傭合約。發起人是另一家 IVRS 公司的股東，而 IVRS 公司在被告公司成立法團後將會成為其大股東 (majority shareholder)。根據僱傭合約，原告擔任被告公司之高級職員，有權於公司日後發行股份時，認購 (option) 其中之 8%。原告後來適當行使認購權，被告公司卻拒絕履行合約。

根據案情，被告公司之行政總裁 (managing director) 及 IVRS 公司某股東，在被告公司成為法團後，曾致函原告確認該認購合約。法庭據此裁定，被告已「默示追認」該合約，合約須履行。

必須注意，新《公司條例》第122條不適用於「**空殼公司**」(**shelf companies**)。空殼公司乃經律師行或會計師行註冊成法團之公司。買家收購此類公司，只需根據自身需要更改公司之名

稱、大綱等，可省略註冊及成立法團的程序，快捷方便。然而，空殼公司如於發起人與第三方簽約時已成立為法團 (incorporated)，發起人簽約後才收購之，該合約便不是「看來是在公司成立為法團前」簽訂 (Lo and Qu, 2013:150)。

最後，新《公司條例》第 122(4) 條規定合約之法律責任範圍：假若公司成為法團後追認合約，簽約之代理人所承擔的責任，不會較其於公司成立後未獲授權而簽約所承擔的更大。

2. 內地法

內地《公司法》第 94 條，清楚規定公司發起人之多項責任：

> 股份有限公司的發起人應當承擔下列責任：
>
> （一） 公司不能成立時，**對設立行為所產生的債務和費用負連帶責任**；
>
> （二） 公司不能成立時，**對認股人已繳納的股款，負返還股款並加算銀行同期存款利息的連帶責任**；
>
> （三） 在公司設立過程中，**由於發起人的過失致使公司利益受到損害的，應當對公司承擔賠償責任**。

《最高人民法院關於適用〈中華人民共和國公司法〉若干問題的規定（三）》於 2011 年 2 月 16 日實行，有助闡明發起人之法律責任。第 1 條是「發起人」之定義，即「為設立公司而簽署公司章程、向公司認購出資或者股份並履行公司設立職責，應當認定為公司的發起人」。而且，「有限責任公司設立時的股東」亦屬發起人。

該規定第 2 條亦定明，「**發起人為設立公司以自己名義對外簽訂合同，合同相對人請求該發起人承擔合同責任的，人民法院應予支持**」。如公司成立後確認合同，或已實際享合同權利或履行其義務，合同另一方請求公司承擔責任的，人民法院亦應予支持。

根據第3條，若發起人以設立中公司之名簽約，公司成立後合同另一方請求公司承擔責任，人民法院應予支持。若公司成立後，有証據證明發起人以公司名義，為其利益與善意之他方簽約，公司據此不承擔責任，人民法院亦應予支持。

若公司終未成立，「債權人請求全體或部分發起人就設立公司所產生之費用和債務負連帶清償責任的，人民法院應予支持」（第4條）。

上海金緯管道設備製造有限公司訴蘇州愛知管業有限公司定作合同糾紛案

上海市嘉定區人民法院民事判決書
（2013）嘉民二（商）初字第2069號

2007年4月4日，被告尚未成立，其法定代表人陳慶道與原告簽訂兩份《加工承攬合同》。根據合同，原告須按陳先生要求，定作管材線。後來原告定作此等設備，被告亦驗收合格，卻未繳付款項。

上海市嘉定區人民法院認為，2007年4月4日的《加工承攬合同》雖由原告與被告法定代表人陳慶道所簽訂，但根據種種情況，如被告成立時間遲於合同簽訂時間、設備由被告驗收確認、被告成立後所有貨款均由被告支付等，可知被告已實際享有合同權利，並履行合同義務。

法院結合原告所作陳述，裁定兩份《加工承攬合同》均有效約束原告及被告，故雙方均應完全按照約定履行各自之義務。被告已妥收貨物，且合同約定的付款條件皆已滿足，被告理應向原告支付相應價款。被告拖欠原告價款30,000元未付，行為顯屬違約，故原告要求被告支付價款30,000元，於法有據，應予支持。

3. 台灣法

根據《公司法》第1條，公司之定義為「以營利為目的，依照本法組織、登記、成立之社團法人」。第19條規定：

> 未經設立登記，不得以公司名義經營業務或為其他法律行為。
>
> 違反前項規定者，行為人處一年以下有期徒刑、拘役或科或併科新台幣十五萬元以下罰金，並自負民事責任；行為人有二人以上者，連帶負民事責任，並由主管機關禁止其使用公司名稱。

有執業律師亦認為，「公司尚未成立，並無法人人格，無法享受權利、負擔義務，並無任何民事責任，而應由……個人自負民事責任」（簡維能、沈玉燕，2005:23）。

第150條則關乎發起人於公司未能成立時所負之責：

> **公司不能成立時，發起人關於公司設立所為之行為，及設立所需之費用，均應負連帶責任，其因冒濫經裁減者亦同。**

如發起人怠忽公司設立事項之任務，令公司受損，應對之負連帶賠償責任。「**發起人對於公司在設立登記前所負債務，在登記後亦負連帶責任**」（第155條）。以上規定與內地法十分相似。

若公司成立之前已研發產品，與他人交易，或會違反「競業禁止」或「專利法」（簡維能、沈玉燕，2005:22）。

學者邵慶平（2009:2）則認為，若「在公司設立登記之前但章程已訂立之後，即屬設立中公司，設立中公司之權利義務當然移轉於設立後之公司」。近年亦有學說主張，發起人設立公司之必要行為，權利義務當然轉移至該公司；至於開業準備行為，發起人無權代理，由該公司決定是否承受。

最高法院93年度台上字第2188號判決

本上訴案件有關被告幾家公司簽訂契約，擬合資成立「禾保樂國際股份有限公司」，經營啤酒屋業務。禾保樂公司未完成設立登記前，原告已開始為其裝潢啤酒屋。公司最終並未完成登記，原告要求幾位被告依約繳付工程費。

根據高等法院九十年度重上字第五八六號判決，原告勝訴。高等法院認為，被告曾否於公司章程簽名、蓋章，並非判定其是否發起人之唯一標準，而「仍應參酌實際上有無參與公司之設立之情事以為斷」。公司業務乃經營啤酒屋，其裝潢啤酒屋之支出，自然是設立公司之行為及所需費用。為保障交易之第三方，即使裝潢乃開業準備行為，只要與設立公司之業務相關，《公司法》第150條仍適用。

禾保樂公司之發起人上訴至最高法院。最高法院認為，設立公司之費用，乃發起人於籌備間所產生之費用；而為營業準備之費用，則指「公司設立登記前以公司名義所負之債務」。兩者有所不同。裝潢啤酒屋之工程款項，乃屬後者。雖公司未經登記，尚未成為法人，但仍可成為訴訟當事人；公司未經核准登記，即無獨立人格，故各股東應按照合夥之比例，償還債務。

4. 總結

學者周遊（2013:110）對兩大法系如何處理公司成立前之法律責任，總結如下：

> 無論規則有多大程度的差異抑或交合，兩大法系在處理發起人連帶責任問題上，**其商事思維的變遷呈現出趨同的傾向**，即充分關注發起人和公司各自的地位以及兩者在滿足社會需求方面的作用。

以下為本文多個法律詞彙在三地政府公文及媒體新聞之使用實例：

香港	「條例草案訂明，某人如在擬成立的開放式基金**型公司成立為法團前代其訂立合約**，該人須為該合約承擔個人法律責任，情況與一般公司無異。申請人應一如代一般**公司**在其註冊**成立為法團前簽訂合約**的人那樣，尋求這方面的專業意見，以確保就開放式基金型公司訂立的合約安排妥當，並不違法。」 《財經事務及庫務局》〈開放式基金型公司諮詢總結〉（2016 年 1 月）http://www.fstb.gov.hk/fsb/chinese/ppr/consult/doc/ofc_conclu_c.pdf（檢索日期：2016 年 8 月 1 日）
內地	「從理論上，公司在完成登記之前並不具有法律人格，不能以公司名義與外界進行交易。發起人**在公司設立過程中以公司名義訂立的**與設立公司無關的交易**合同**是否有效，其責任歸屬如何，我國公司法並未明確規定，但此類情況卻在現實中屢有發生。因此，明確此種交易行為的效力及其責任歸屬實有必要。本文通過對國內外相關立法的分析比較，建議我國應完善此問題的立法，以確保市場交易安全。」 《中國法院網》〈論設立中公司非必要行為的法律效力〉（2012 年 11 月 12 日）http://www.chinacourt.org/article/detail/2012/11/id/786014.shtml（檢索日期：2016 年 8 月 1 日）

台灣

「Uber 在台灣以網路資訊業登記，卻從事車輛派遣業務，計程車司機們批評，政府 3 年多來無法保障擁有合法執業登記的司機權益，任由 Uber 派遣自用車、租賃車以低於交通部頒布之計程車計費標準搶客，導致影響到計程車司機的業績減少 2 至 3 成。

鄭力嘉控告 Uber 台灣區總經理顧立楷，違反《公司法》規定的『外國公司非在其本國設立登記營業者，不得申請認許，非經認許，並辦理分公司登記者，不得在中華民國境內營業』、『**未經設立登記，不得以公司名義經營業務或為其他法律行為**』，依法最重可處 1 年徒刑。鄭力嘉表示，政府沒有作為讓我們很失望，今天尋求法院、司法機關是希望能給業者與消費者一個保障。鄭力嘉也直言，讓不合法的公司滾出台灣。

針對 Uber 違法在台營業，7 月份計程車司機才包圍立法院施壓，經濟部日前也表示最快於下周對 Uber 祭出撤資令，但行政院 3 日又宣稱暫緩 Uber 撤資案，對此，鄭力嘉批評，『公部門打自己人！』揚言若在 8 月 11 日以前未將 Uber 撤資，『我們馬上就行動！再上街頭抗爭，甚至很多司機也說會去癱瘓重要的交通道路！』」

《風傳媒》〈政院暫緩 Uber 撤資案 小黃司機揚言上街癱瘓道路〉（2016 年 8 月 4 日）http://www.storm.mg/article/150084（檢索日期：2016 年 9 月 2 日）

參考文獻

周遊（2013）。〈驅散公司發起人連帶責任制度的迷霧〉，《暨南學報（哲學社會科學版）》，第9期，頁110–118。

邵慶平（2009）。〈論公司發起人的權限與責任 —— 從實務判決的分析反省理論的選擇〉，取自 http://ccu.lawbank.com.tw/file/公司發起人的權限與責任.pdf （檢索日期：2016年2月17日）。

薛波、徐兆宏、牛風國及沈泓編（2009）。《法律漢英辭典》。台北：五南圖書出版股份有限公司。

簡維能、沈玉燕編（2005）《法律常識入門系列 —— 公司法與你》。台北：永然文化出版股份有限公司。

Kwan, P. (2010). *Hong Kong Corporate Law* (Vol. 1). Hong Kong: LexisNexis.

Lo, S.H.C., and Qu, C.Z. (2013). *Law of Companies in Hong Kong*. Hong Kong: Sweet & Maxwell.

"**Board of Directors**" 一詞，在香港之《公司（清盤及雜項條文）條例》（第32章）(Companies (Winding Up and Miscellaneous Provisions) Ordinance, Cap 32) 第2(4)(a)(i)條，翻譯為「**董事局**」，在《保良局條例》（第1040章）(Po Leung Kuk Ordinance, Cap 1040) 第2條，則譯為「**董事會**」。內地（《公司法》148條）及台灣（《公司法》第193條），均使用「**董事會**」一詞。

"**Directors**" 在香港之中文翻譯遂為「**董事**」，即「任何職稱擔任董事職位的人」（《公司（清盤及雜項條文）條例》第2條），或「擔任董事職位的人（不論該人是以何職稱擔任該職位）」（《公司條例》（第622章），Companies Ordinance, Cap 622），包括實際執行董事職務之「**實質董事**」(*de facto* director) (Lo and Qu, 2013:226)。內地亦使用「**董事**」一詞，（《公司法》第11條）。台灣之有限公司或股份有限公司，其「公司負責人」亦稱為「**董事**」（《公司法》第8條）。

1. 香港法

1.1 董事類別

根據普通法學者 (Lo and Qu, 2013:225–229) 的說明，在法人團體，某人獲委任或選舉為董事局成員，便成為「**法律上董事**」(*de jure* director)，受普通法和成文法所約束，而未經正

式委任但實際執行董事職務之人，則為「**實質董事**」(*de facto director*)。如前所述，在《公司（清盤及雜項條文）條例》第 2 條，「董事」之定義為擔任董事職位之人，不論職稱，亦包括實質董事。此外，若全體或過半數董事習慣遵從某人之指示（不包括以專業身分所提供意見）而行事，該人即為「**影子董事**」或「**幕後董事**」(shadow director)。

按職能論，「**執行董事**」(executive director) 乃公司之全職僱員，「**非執行董事**」(**non-executive director**) 乃非全職僱員。非執行董事又稱為「**獨立董事**」(**independent director**)。據《上市規定》(Listing Rules) 第 3.10 條，上市公司須委任至少三位獨立非執行董事，並佔董事局三分一之比例。

如某董事未能出席會議或執行董事職務，而委任另一人代行，此人稱為「**代理董事**」(alternate director)。

1.2 董事資格 (Director's Qualifications)

根據《公司條例》第 459(1) 條，董事須年滿 18 歲，但法例並無定明上限年齡。第 456 條列明私人公司可委任另一公司為董事。第 480 條則規定，未解除破產之人士 (a person who is an undischarged bankrupt) 如無法庭許可，不得出任董事或直接或間接管理公司 (Lo and Qu, 2013:231–232)。

1.3 董事權力 (Director's Powers)

根據普通法，董事有權力借貸並抵押公司資產 (*Gibbs and West's Case* (1870) LR 10 Eq 312)。

《公司（章程細則範本）公告》（第 622H 章）(Companies (Model Articles) Notice, Cap 622H) 之附表 1 至 3，分別載有三類公司之章程細則範本：公眾股份有限公司（第 2 條）、私人

股份有限公司（第3條），及擔保有限公司（第4條）。三個範本均清楚列明董事之權力。

以公眾股份有限公司之章程範本為例，附表1第2(1)條定明：「在《條例》及本《章程細則》的規限下，本公司的業務及事務均由董事管理，董事可行使本公司的一切權力」。而據附表1第4(1)(a)條，董事可將其權力授予任何人或委員會。

決策權力方面，所有董事皆可召開董事會議（附表1第7(1)條），亦可委任一位董事以主席身分主持會議（附表1第11(1)條）。若董事會議上贊成和反對票數目相同，主席有權投決定票（附表1第13(1)條）。在某些情況，董事有權沒收（附表1第76條）或拒絕轉讓股份（附表1第81條）。

此外，董事可賦予公司成員權力，查閱公司任何賬目或其他紀錄文件（附表1第103條）；亦可為公司核數師為某些法律責任投保，並使其保險保障持續有效，保費由公司承擔（附表1第104(1)條）。

1.4 董事責任 (Director's Duties)

董事責任主要源自衡平法 (Equity)，包括：避免利益衝突，不挪用公司財產，以及不私自賺取利益等 (Lo and Qu, 2013:270)。

根據《公司條例》第465條，公司董事須以「**合理水平的謹慎、技巧及努力**」(**reasonable care, skill and diligence**) 行事。此即指「任何合理努力並具備以下條件的人在行事時會有的謹慎、技巧以及努力」：

(1) 可合理預期任何人在公司執行董事職能時具備之一般知識、技巧及經驗；及

(2) 該董事本身具備的一般知識、技巧以及經驗。

第465條亦適用於幕後董事。

1.4.1 避免利益衝突 (Conflict of Interests)

以下三個案例，説明董事須避免之利益衝突 (Lo and Qu, 2013:290–294)：

***Transvaal Lands Co v New Belgium (Transvaal) Land and Development Co* [1914] 2 Ch 488**

Samuel 先生是原告公司的董事，亦是被告公司的董事及股東，持有5%股權。Harvey 先生亦是兩家公司的董事，並以信託形式持有被告公司之1,000股股份。案件涉及兩宗交易：原告公司購買被告公司的股份，並向被告公司出售股份。

原告公司董事局開會通過該兩項交易，然而 Samuel 先生並無投票，亦未披露其持有被告公司的股份；另一方面，Harvey 先生雖在會上投贊成票，但同樣未披露其持有被告公司的股份。原告公司認為上述情形會導致董事局之決議 (resolution) 無效，遂向被告公司興訟，要求撤銷 (rescind) 兩項交易。

***Belgian Bank v Sino Global Intl Ltd* (Unrep, HCMP 4950/2001, [2005] HKEC 1414)**

根據普通法，公司可賦予董事權力，將公司財產按揭予銀行。在本案，某人同時擔任甲公司和乙公司之董事，並持有乙公司50%的股份。他將甲公司的財產按揭給某銀行，使該銀行向公司乙貸款。

法庭認為，該董事之行為涉及利益衝突，其不披露有關利益衝突，亦違反信託責任 (fiduciary duty)。

董事如於普通股東大會披露其與公司有利益衝突，並獲大會同意，亦已盡董事責任。

Man Luen Corp v Sun King Electronic Printed Circuit Board Factory Ltd [1981] HKC 407

原告公司有三位董事合夥成立另一企業，原告公司從該合夥企業購買貨品。之前，三董事在董事局會議曾表明會合夥成立企業，並藉其出售貨品予公司。

然而，法庭裁定三人須於普通股東大會披露此事，並頒獲大會批准，否則仍未盡董事避免利益衝突之責。

1.4.2　行事以達正當目的 (Acting with a Proper Purpose)

法庭一般根據《公司條例》第465條，判斷董事曾否行使權力以達不當目的；即使董事誠實 (honest) 或真誠 (*bona fide*) 行事，仍可違反責任 (breach of duty) (Lo and Qu, 2013:289)。以下為兩個行事有不當目的之例 (Lo and Qu, 2013:283)：

(1)　為個人利益使用公司財產，而非為公司利益 (*Primlake Ltd v Matthews Associates* [2007] 1 BCLC 666)；

(2)　分發股份以改變股東大會 (general meeting) 現有之多數比例，或創造新多數比例，而非為增加公司之股本 (*Howard Smith Ltd v Ampol Petroleum Ltd* [1974] AC 821)。

Wong Kam San v Yeung Wing Keung [2007] 2 HKLRD 267

被告董事欲分發9,900股予一股東，每股面值 (par value) $1，以減低某大股東100%之實質權益 (beneficial ownership) 至1%。

該董事辯稱，分發股份是為公司籌募資金，然而原訟庭 (Court of First Instance) 不接納此解釋，因為公司資產市值達九億三千八百萬元，籌集9,900元欠缺商業理由。

1.4.3　補救方法 (Remedies)

如董事違反信託責任，而從中獲得利益或公司財產，公司有權要求其歸還 (restitution) (*J J Harrison (Properties) Ltd v Harrison* [2002] 1 BCLC 162) (Lo and Qu, 2013:326)。

董事代表公司與第三方交易，但違反信託責任，該交易即無效 (void) 或可無效 (voidable)；董事無權代表公司簽署交易合約，合約即告無效；董事經授權簽約，但未披露利益衝突，該交易可無效。如第三方並不知悉其中利益衝突，付價取得物業權益 (acquired proprietary rights for value without notice)，董事所屬公司可撤銷合約 (Lo and Qu, 2013:328)。

2.　內地法

2.1　董事資格

《公司法》第146條詳列不得出任董事之資格：

> 有下列情形之一的，不得擔任董事、監事及高級管理人員：
>
> (一) 無民事行為能力或者限制民事行為能力；
>
> (二) 因貪污、賄賂、侵佔財產、挪用財產或者破壞社會主義市場經濟秩序，被判處刑罰，執行期滿未逾五年，或者因犯罪被剝奪政治權利，執行期滿未逾五年；

(三) 擔任破產清算的公司、企業的董事或者廠長、經理，對該公司、企業的破產負有個人責任的，自該公司、企業破產清算完結之日起未逾三年；

(四) 擔任因違法被吊銷營業執照、責令關閉的公司、企業的法定代表人，並負有個人責任的，自該公司、企業被吊銷營業執照之日起未逾三年；

(五) 個人所負數額較大的債務到期未清償。

違反此條之董事選舉、委派或聘任均屬無效；若任職期間出現上述情況，公司應當解除職務。

第一款所提及之「無民事行為能力」或「限制民事行為能力」，《民法通則》第12條規定如下：

十周歲以上的未成年人是限制民事行為能力人，可以進行與他的年齡、智力相適應的民事活動；其他民事活動由他的法定代理人代理，或者徵得他的法定代理人的同意。

不滿十周歲的未成年人是無民事行為能力人，由他的法定代理人代理民事活動。

《民法通則》第11條亦規定：

十八周歲以上的公民是成年人，具有完全民事行為能力，可以獨立進行民事活動，是完全民事行為能力人。

十六周歲以上不滿十八周歲的公民，以自己的勞動收入為主要生活來源的，視為完全民事行為能力人。

可見除《民法通則》第11條所規定之特殊情況，內地與香港一樣，出任董事的合法年齡均為18歲，亦要求出任董事人士有良好財政狀況。內地尚有一些適合國情的法例，如《公司

法》第146條規定，因「破壞社會主義市場經濟秩序」或「因犯罪被剝奪政治權利」而遭判罰但相關執行期未滿五年之人，不得擔任董事。

> ### 孫某某與Ａ公司等決議撤銷糾紛上訴案
>
> 江蘇省連雲港市中級人民法院民事判決書
> （2013）連商終字第0237號
>
> 2013年1月，鹿先生、李先生及王先生簽署《關於停止履行執行董事職務並移交公司證照及相關資料的通知》。據該通知，三人在2012年12月召開臨時股東會，一致同意並決議以下事項：
>
> (1) 解除孫先生執行董事職務；
>
> (2) 孫先生不再擔任公司法定代表人；
>
> (3) 選舉鹿先生為公司執行董事，擔任公司法定代表人，任期三年。
>
> 然而，鹿先生在2000年6月曾因貪污受賄罪被判處監禁，至2008年1月刑滿釋放。故此，2012年12月他在Ａ公司股東會獲選為公司執行董事及法定代表人時，執行期滿未逾五年。依照《公司法》規定，他不得擔任公司執行董事一職，相關股東會決議內容無效。

2.2 董事責任

董事、監事及高級管理人員對公司有以下責任：「**負有忠實義務和勤勉義務**」，「**應當遵守法律、行政法規和公司章程**」，且「**不得利用職權收受賄賂或者其他非法收入，不得侵佔公司的財產**」（第147條）。倘「執行公司職務時違反法律、行政法規或者公司章程的規定，給公司造成損失的，應當承擔賠償責任」（第149條）。股東如利益受損可提訟（第152條）。

第148條亦詳列董事及高級管理人員不得作之事：

(一) 挪用公司資金；

(二) 將公司資金以其個人名義或者以其他個人名義開立賬戶存儲；

(三) 違反公司章程的規定，未經股東會、股東大會或者董事會同意，將公司資金借貸給他人或者以公司財產為他人提供擔保；

(四) 違反公司章程的規定或者未經股東會、股東大會同意，與本公司訂立合同或者進行交易；

(五) 未經股東會或者股東大會同意，利用職務便利為自己或者他人謀取屬於公司的商業機會，自營或者為他人經營與所任職公司同類的業務；

(六) 接受他人與公司交易的佣金歸為己有；

(七) 擅自披露公司秘密；

(八) 違反對公司忠實義務的其他行為。

董事、高級管理人員違反前款規定所得的收入，應當歸公司所有。

某某置業有限公司訴舒某某損害公司利益責任糾紛案

湖南省辰溪縣人民法院民事判決書
(2013) 辰民二初字第99號

原告乃一置業有限公司，在2006年8月至2011年12月底，聘請被告為經理人，全面負責公司組建及管理等工作。原告公司規定，重大決策如項目規劃、設計、招標及開支達10萬元以上等工作，必須經原告之投資母公司書面許可，方可實施。

在2009年12月至2012年2月期間，被告利用職務之便，未經原告公司之股東會或董事會同意，不斷以借款、付利息及裝修等為由，自批自借13筆款項，數額高達人民幣1,452,600元，一直未還。至2012年6月，原告公司聘請審計人員調查被告在職之財政狀況，始發現其拖欠巨額債務。原告公司為維護自身之合法權益，遂入稟法院，追討欠款及同期銀行貸款利息損失。

法院裁定，被告身為原告公司之高級管理人員，在執行職務時違反上級規定，欠下巨款，令原告公司蒙受損失，應歸還所有欠款。

3. 台灣法

台灣《公司法》第23條，明確規定「公司負責人」執行業務時應負之責：

> **公司負責人應忠實執行業務並盡善良管理人之注意義務**，如有違反致公司受有損害者，負損害賠償責任。
>
> 公司負責人對於公司業務之執行，如有違反法令致他人受有損害時，對他人應與公司負連帶賠償之責。
>
> 公司負責人對於違反第一項之規定，為自己或他人為該行為時，股東會得以決議，將該行為之所得視為公司之所得。但自所得產生後逾一年者，不在此限。

根據第8條，第23條中之「公司負責人」，在無限公司或兩合公司，乃指「執行業務或代表公司之股東」，在有限公司或股份有限公司，則指「董事」；下列人士在執行職務範圍內，亦屬「公司負責人」：「公司之經理人或清算人，股份有限公司之發起人、監察人、檢查人、重整人或重整監督人」。

不是董事但實際執行董事業務之人，有何法律責任？第8條續規定如下：

> 公開發行股票之公司之非董事，而實質上執行董事業務或實質控制公司之人事、財務或業務經營而實質指揮董事執行業務者，**與本法董事同負民事、刑事及行政罰之責任**。但政府為發展經濟、促進社會安定或其他增進公共利益等情形，對政府指派之董事所為之指揮，不適用之。

除忠實和善良管理之責外，第193條規定「董事會執行業務，應依照法令章程及股東會之決議」。若決議有違此規定而損害公司，參與決議之董事對公司負賠償之責，除非有紀錄或書面聲明可證明其曾經異議。

第214條更賦予監察人及股東起訴董事之權利：

> 繼續一年以上，持有已發行股份總數百分之三以上之股東，得以書面請求監察人為公司對董事提起訴訟。
>
> 監察人自有前項之請求日起，三十日內不提起訴訟時，前項之股東，得為公司提起訴訟；股東提起訴訟時，法院因被告之申請，得命起訴之股東，提供相當之擔保；如因敗訴，致公司受有損害，起訴之股東，對於公司負賠償之責。

如所興訟之事「顯屬虛構」，經法院終局判決確定，股東對被告董事所蒙受之損失，負賠償之責。相反，若事情屬實，被訴董事賠償對股東所造成之損失（第215條）。

4. 總結

兩岸三地之法律均要求董事對公司盡忠職守，不得損害公司利益；亦賦予董事相當權力，執行重要職務。三地公司法宜多互相借鑒，以完善董事及董事局成員有關規定。

以下為「董事局」及「董事會」在三地媒體新聞使用之實例：

香港	「嚴控開支及收入回穩下，渣打（02888）中期業績略見起色，稅前基本盈利按半年計扭虧為盈，但按年縮57.43%至8.93億美元。集團不派中期股息，該行大中華及北亞地區行政總裁洪丕正稱，現評議派息尚早，**董事局**在年末始作決定。業績重回升軌，刺激渣打倫敦股價昨早段曾升至655便士（折合約67.77元），較港收市價61.7元有9.83%升幅，但隨後升幅收窄。」 《東方日報》〈渣打扭虧　英股價曾飆9％〉（2016年8月4日）http://orientaldaily.on.cc/cnt/finance/20160804/00202_006.html（檢索日期：2016年8月11日）
香港	「亞視免費電視牌照今日屆滿，今晚『熄機』，亞視稱會發展網絡電視，前執董葉家寶在電台節目表示，不知現時進度如何，但當日在任時曾與投資者司榮彬提及，如要發展網絡電視必須要有資金投放。 葉家寶指，亞視新聞片庫是珍貴資源，如果亞視發展成網絡電視，有關片庫將有用處，但暫時未知亞視的新聞片庫日後如何處理，相信有媒體會有興趣。他稱在任時曾有多間機構洽購亞視的新聞片庫，但出價不高，加上**董事會**股東認為屬於亞視寶貴資產，因此沒有出售。」 《蘋果日報》〈〔亞視熄機〕轉做網絡電視？葉家寶：必須投放資金〉（2016年4月1日）http://hk.apple.nextmedia.com/realtime/news/20160401/54934784（檢索日期：2016年7月27日）

內地

「據國資委副主任張喜武介紹，國企改革十項試點方案中的第一項，便是落實**董事會**職權試點。據《証券日報》記者梳理，目前央企規範建設**董事會**總數已達85家，但是部分央企在運作中仍存在**董事會**形同虛設、內部人員控制不合理等現像。對此，國資委曾於2014年在中央企業範圍內開展落實**董事會**職權試點工作，並已選擇中國節能、中國建材、國藥集團、新興際華4戶企業啟動落實**董事會**職權試點。

張喜武表示，今年還將進一步完善原有試點，同時擴大試點範圍，再選擇3戶至5戶企業進行試點，同時指導推動各地開展這項試點。

『國資委今年又選擇3家至5家企業進行試點，可以說是非常謹慎的。』中國企業聯合會副研究員馮立果在接受《証券日報》記者採訪時表示，國企改革不能一刀切，要『一企一策』，謹慎是必要的。

馮立果認為，地方政府在推行試點工作時，可能會遭遇兩方面的阻礙。一是思想方面的認識。主要表現在不能及時、精準地理解國資國企改革的方向與內容；二是實際利益方面。主要在於破除各種形式的壟斷，將會影響到利益相關方的切身利益，致使改革進展緩慢。」

《人民網：證券日報》〈國企改革發力現代企業制度 **董事會**職權試點今年再添三五戶〉（2016年3月1日）http://finance.people.com.cn/BIG5/n1/2016/0301/c1004-28159988.html（檢索日期：2016年7月27日）

台灣	「南部醫療教育、研究重鎮高雄醫學大學近日將改選**董事會**，高醫大校友總會建議，董事名額應由9名擴編為15名，並採公開民主方式，推舉傑出校友或社會賢達等進入**董事會**，有助於高醫大正向發展。 高醫大創立61年，現任**董事會**任期將於7月屆滿，依私立學校法等相關規定，屆滿2個月前開會改選下任董事，並預定4月12日召開**董事會**議改選董事。 高醫大校友總會顧問，也是高雄市高醫大校友醫師協會副理事藍傳盛表示，高醫大校友總會日前召開理監事會，會中針對海內外各校友會請託總會協助董事名額由9名擴編為15名，出席的董事也表達支持。 藍傳盛說，高醫大能有今日規模，是**董事會**、學校、醫院、全體教職員及校友共同努力的結果，高醫大是公共財，**董事會**應該廣納人才，以利高醫長遠發展。」 《自由時報》〈高醫大**董事會**將改選 校友總會建議擴編〉（2016年4月8日）http://news.ltn.com.tw/news/life/breakingnews/1658699（檢索日期：2016年7月27日）

參考文獻

Lo, S.H.C., and Qu, C.Z. (2013). *Law of Companies in Hong Kong*. Hong Kong: Sweet & Maxwell.

Equity Financing

香港：股本融資
內地：增加註冊資本、股權融資
台灣：增資

根據香港證券及期貨事務監察委員會出版的《英漢證券期貨及財務用語匯編》(2006:169)，**"Equity Financing"** 一詞之中文翻譯是「**股本融資**」。內地法之相關概念為「**增加註冊資本**」（《公司法》第178條），及「**股權融資**」（《非上市公眾公司監督管理辦法》第5條第1款），台灣法之相關概念則為「**增資**」（《公司法》第106條）。

1. 香港法

1.1 定義

一般而言，有限公司以兩個方式籌集資金：「**股本融資**」(equity financing) 與「**債權融資**」(debt financing)。傳統普通法之「資本維持原則」(capital maintenance doctrine) 禁止公司在淨資產低於資本帳時發放股息，亦不允許股票之「發行面值」(issue value) 高於其「照票面值」(par value or nominal value)，以保障債權人之利益 (Brenda, 2009:513–514)。該原則是以持續經營公司為前提，在公司資金不足之情況，便可藉「股本融資」或「債權融資」增資。最近，《公司條例》（第622章）(Companies Ordinance, Cap. 622) 第135條廢除股份面值制度，規定凡於2014年3月3日條例生效後發行之股本，均只有「發行面值」，而無「照票面值」，以符合國際慣例。

***Trevor v Whitworth* (1887) 12 App Cas 409**

Whitworth 先生委託其遺囑執行人 (executor)，將遺囑內的股份售予 James Schofield & Sons Ltd。然而，該公司在交易完成前停業清盤，未有付清股份轉易款項，故遺產執行人入稟要求「清盤人」(liquidator) 繳付。

法官 Lord Watson 認為，在公司營業期間，公司已投入之資本，固然或隨公司營運增加或減少。然而，究眾人願與公司交易以至向其貸款之因，概關乎其自然深信公司本身有一定資本，且公司股東有責任在需要時提供資本予公司。("Paid-up capital may be diminished or lost in the course of the company's trading; ...but persons who deal with, and give credit to a limited company, naturally rely upon the fact that the company is trading with a certain amount of capital already paid, as well as the responsibility of its members for the capital remaining at call.")。

公司發售股本融資，指藉「股份」(shares) 買賣，出售公司股權擁有權，以籌集日常營運所需資金。股本融資之模式眾多，例如常見的股票市場交易、以股票形式回報「天使投資人」(business angel) 和「風險資本家」(venture capitalist) 投資發行的股票、「首次公開招股」(initial public offerings)，以及「私人配股」(private share placement) 等。以上所稱之「天使投資人」，一般指提供資金予新成立公司之人士，多為企業家及退休商業行政人員 (Schmidt, 2014:6)；至於「風險資本家」，其主要目標是獲得高回報，故傾向投資高風險但有可觀利潤的公司 (Kwan, 2010:7)。

股份持有人一般稱為「**股東**」(**shareholders**)，因所持股份類型而享有不同權益：

(1) 「股息」(dividends)，俗稱「花紅」；

(2) 在成員大會 (general meeting)^[1]行使表決權 (voting rights)
（《公司條例》第 566 條）；

(3) 公司清盤時可享有之權利 (liquidation rights)（《公司條
例》第 134 條）。

然而，假若公司清盤，公司股東將為最後一批獲結算 (cleared
and settled) 之持份者。清盤指公司解散必經之法律程序，
分為「強制清盤」及「自願清盤」，持份者可在「清盤人」結
算後，按既定彌償次序，向公司追討未付債項（詳見第五
章 03 "Liquidation / Winding Up"）。

1.2 發行股本

從公司及投資者角度分析，發售股本融資牽涉多項因素，包
括：公司規模、公司從事行業、信息披露成本、公司所承受
風險、公司資本負債比率等。

1.2.1 公司規模 (Size of Company)

公司發行股份，或對公司資本結構及行政控制權構成負面影
響。皆因股東之表決權可影響公司行政，發行股份或令行政
效率降低。因此，公司決策層在預備發行股份前，須衡量資
金來源與公司行政效率二者孰輕孰重，從而作出最合乎公司
整體利益之決定。規模較少之公司，為確保日常營運效率，
一般要維持較大行政控制權，所以傾向以信貸融資，較少透
過發行新股籌集資金 (Lo and Qu, 2013:583)。

---

1 根據《公司條例》第566條，「成員大會」包括由公司召開之股東成員大會，
以及至少5%有總表決權之公司成員要求召開之成員大會。

1.2.2　公司所屬行業 (Trade of Company)

公司須達到之「資本負債比率」或「資債比率」(gearing ratio or debt to equity ratio)，會因應所屬行業而有差異，此亦為公司應否發行股份之關鍵因素 (Bert, 2011:448)。「資債比率」(Debt-equity ratio) 即公司總債務與總資產的比例，用以評定公司的信貸評級。公司「資債比率」愈高，投資風險便愈大。各行業風險不同，其貸款與價值比率亦因應風險而適當調整。例如，銀行及金融服務業的貸款與價值比率一般較高，最高可達 95%；生物化學等行業則可低至 10% 以下 (Lo and Qu, 2013:584)。

1.2.3　信息披露成本 (Cost of Disclosure)

公司受香港法例及證監會守則所監管，必須事先發報股份集資相關資訊予潛在投資者作參考。在公開發行股票前發表「招股章程」(prospectus)，章程之內容須準確無誤，否則相關人士，例如保薦人 (sponsor)、公司會計師等，可能負上民事或刑事責任（《證券及期貨條例》（第 571 章）(Securities and Futures Ordinance, Cap 571) 第 307 條，以及《上市規則》(Listing Rules) 第 13 及第 14 章，見第四章 03 "Listed Issuer's Obligations to Disclose"）。以下是香港一則有關之財經新聞：

> 「去年 6 月依據開曼群島公司法被清盤的中國森林（0930），兩位清盤人向香港高等法院起訴公司 2009 年在港首次公開發售 (IPO) 時的保薦人及會計師，包括渣打、瑞銀，有份踢爆公司帳目問題的畢馬威亦毋倖免。
>
> 清盤人 Cosimo Borrelli 和 Christopher Kennedy 向高等法院起訴涉及逾 6 家公司，其中包括擔任中國森林 IPO 聯席保薦人的渣打證券（香港）和瑞士銀行，以及擔任上市審計師和核數師的畢馬威，另外亦起訴了十餘名公司現任和前任管理層

及董事，以及參與 IPO 的律師事務所和顧問。在 IPO 時持有
其股票的凱雷則不在此列。

中國森林在港上市僅 1 年多，就被核數師畢馬威揭露帳目不
合規。證監會此前擬收緊保薦人規管，但遭到投行反對抗
議，最終放棄。」

《明報新聞網》〈清盤人控告中國森林保薦人〉（2016
年 4 月 28 日）http://news.mingpao.com/pns/dailynews/
web_tc/article/20160428/s00004/1461779822840（檢索
日期：2016 年 12 月 14 日）

此外，公司須準備資金委託專家核對財政等項目，以確保所
發布資訊準確。若然公司預計此等支出與收益會不成正比，
或可獲得資金未能覆蓋成本，則或需重新考慮發行股份的成
效 (Lo and Qu, 2013:584)。

1.2.4　公司所承受風險 (Risk Borne by Company)

股本融資即藉出售公司股份出售股份擁有權，具有一定風
險。投資者如大額買入股份，可令公司原有股東失去控制權
(Lo and Qu, 2013:583)。

和黃集團由兩大部分組成，一是和記洋行，二是黃埔船塢。
二戰之後，和記洋行落入當時香港英資四大家族之一祈德尊
之手。1969 至 1973 年間，祈德尊趁股市牛氣衝天，展開一連
串令人眼花繚亂的收購，其中包括黃埔船塢。然而祈德尊管
理公司不善，和黃盈利連年負增長。

1973 年石油危機，觸發環球股災。由此，香港地產大滑坡，
和黃更陷入財政泥沼，連續兩財政年度虧損近二億港元。
1975 年 8 月，匯豐銀行以和記出讓 33.65% 股權為條件，同意
注資 1.5 億港元解救和黃。

當時，華商李嘉誠對和黃亦虎視眈眈。1978年，他以放棄爭奪九龍倉控制權為條件，贏得匯豐銀行高層尤其是董事局大班沈弼的信賴。兩年後，匯豐以低廉價格出售其持有之長江集團。

李嘉誠收購和黃，猶如商場上「蛇吞大象」的奇跡，皆因當時長江集團資產僅值6.93億港元，和黃市值卻高達62億港元。

（劉傲，2014:95–98）

1.2.5　公司資本負債比率 (Gearing Ratio)

如前所述，公司資本負債比率指公司發行權益股本與債權之比例。若此比例失衡，銀行或視公司資本結構帶有風險，由此提高公司借貸利率，影響公司日常運作 (Lo and Qu, 2013:584)。

1.2.6　投資者角度

除公司章程另有規定，股東享有投票表決權，從而影響公司決策。相反，一般債權人對公司並無控制權。因此，如投資者希望控制公司決策，便傾向購買公司股份。

1.3　股份分類

法官 Farwell J 曾在 *Borland's Trustee v Steel Bros & Co Ltd* [1901] 1 Ch 279案，説明股份之本質：「股份並非只是金錢，而是金錢所計算之權益，即股東可享有合約訂明之各項權利，包括獲得相當金錢數目之權利」 ("share is not a sum of money in the way suggested, but is an interest measured by a sum of money and made up of various rights contained in the contract, including the right to a sum of money of a more or less amount.")。

普通法按股權性質，將公司股份分為「普通股份」(ordinary share)、「優先股份」(preference share)、「可贖回股份」(redeemable shares) 及「不記名股份」(bearer shares)。以下將逐一簡介各類股份。

1.3.1　普通股份 (Ordinary Shares)

普通股份乃公司最普遍、最基本之股份類別 (Lo and Qu, 2013:575)。公司在向普通股持分者派發股息前，必須先支付優先股 (preference shares) 股息，公司亦有權選擇不派發股息予普通股持有人。因此，普通股份持有人相對優先股份持有人而言，需承受較大投資風險。

1.3.2　優先股份 (Preference Shares)

優先股份持有者先於普通股份持有者收取股息，但一般不享有投票「否決權」(veto right)。公司發行優先股份不但能增加資金，還能維持現有股東對公司之控制權。若公司清盤，優先股份持分者沒有權利申索公司剩餘資產 (claims on surplus assets)，但普通股份持有者則有此權利 (Lo and Qu, 2013:576)。

優先股份可分為三類：「**累積優先股**」(**cumulative preference shares**)、「**參與優先股**」(**participating preference shares**) 及「**可轉換優先股**」(**convertible preference shares**)。

「累積優先股」賦予持有人累積股份的權利。如公司在第一年沒有足夠盈餘派發股息，「累積優先股」持有人在第二年將有權優先獲得第一及第二年的股息 (Lo and Qu, 2013: 576)。

「參與優先股」允許持有人獲得原訂股息之餘，更可獲得公司派發普通股息後剩餘金額，作額外股息 (Lo and Qu, 2013:576)。

「可轉換優先股」允許持有人在特定情況，如股息利率低於市場利率，在指定日期轉換其優先股份為普通股 (Lo and Qu, 2013:577)。

1.3.3 可贖回股份 (Redeemable Shares)

顧名思義，公司可在特定日期行使「認購權」(option)，向股份持有人購買股份，變相贖回此類股份。另一方面，股東亦可提早變現此類股份，降低投資風險。然而，公司如無發行其他股份，不得發行可贖回股份 (Lo and Qu, 2013:577)。

1.3.4 不記名股份 (Bearer Shares)

不記名股份，指不在公司成員登記冊 (company's register of members) 內登記之股份，減省行政程序，無疑有利股東轉移股份法定所有權 (Lo and Qu, 2013:578)。公司可藉發行此類股份「憑證」(stock certificate)，列明持有人擁有的指定股份。《公司 (清盤及雜項條文) 條例》（第 32 章）(Companies (Winding Up and Miscellaneous Provisions) Ordinance, Cap 32) 第 73 條，允許公司發行不記名股份「權證」(share warrant)。然而，因不記名股份會間接鼓勵洗黑錢及欺詐等行為，2014 年通過之《公司條例》禁止公司發行不記名股份（第 139 條）。

1.4 首次公開招股 (Initial Public Offerings／IPO)

在香港，股本融資須受以下法規及守則監管：《公司 (清盤及雜項條文) 條例》（第 32 章）、《證券及期貨條例》（第 571 章）、《公司條例》（第 622 章），以及證券及期貨事務監察委員會 (Securities and Future Commission) 所制定之守則、指引及規則（香港交易所，2015）。

公司須在香港交易及結算所有限公司（簡稱「香港交易所」或「港交所」，Hong Kong Exchanges and Clearing Limited）之

平台，向公眾發售證券及期貨。股票市場分為「主板市場」(Main Board) 及「創業板市場」(Growth Enterprise Market，簡稱 "GEM")。公司在香港股票市場之上市及證券交易活動，亦受到《香港聯合交易所有限公司證券上市規則》及《香港聯合交易所有限公司創業板上市規則》所規管 (香港交易所，2008；見第四章 03 "Listed Issuer's Obligations to Disclose")。

上市程序一般包括：委任一保薦人協助公司上市，仔細審查公司業務及財政狀況，草擬招股章程，向證券交易所申請上市，準備上市前調查報告，進行「累計投標制」(book building process)，登記及發行已授權的招股章程等。以上各項程序完成後，有關股本交易才正式生效。

2014年，阿里巴巴意欲來港，再次以「首次公開招股」方式上市。阿里巴巴在談判期間，請求香港交易所同意其採取「多重股權結構」，允許保留公司現有合夥人團隊，即包括創始人、高級管理人員在內的27名合夥人，任命公司多數董事之權力。如果當時「多重股權結構」得到採納，阿里巴巴高層便既可集資，又可以少部分資金保持對公司的控制權。

然而，香港交易所堅持上市規則中「一股一票」原則，拒絕阿里巴巴建議。阿里巴巴遂中斷與香港交易所及香港證監會之談判，轉戰美國紐約交易所。

2014年9月18日，阿里巴巴集團正式在紐約交易所掛牌，每股發行價為68美元，至少籌集217.6億美元，成為美股史上最大之「首次公開招股」活動。

《紐約時報中文網》〈錯失阿里，港交所或修改上市規則〉（2014年9月1日）http://cn.nytimes.com/business/20140901/c01ipo/zh-hant/（檢索日期：2016年11月21日）

75

01 Equity Financing

股本融資／增加註冊資本、股權融資／增資

至於未經港交所上市之公司，其股票買賣則受《公司條例》第150至157條所監管。除非「**公司組織章程**」(**Articles of Association**) 細則另有規定，股東買賣雙方必須先簽訂股權買賣合約。公司亦須於交易完成後兩個月內，更新股份登記冊，並向新任股份持有人交付新股。

2. 內地法

2.1 定義

《公司法》第178條規定：

> 有限責任公司**增加註冊資本**時，股東認繳新增資本的出資，依照本法設立有限責任公司繳納出資的有關規定執行。

> 股份有限公司為**增加註冊資本**發行新股時，股東認購新股，依照本法設立股份有限公司繳納股款的有關規定執行。

公司「增加註冊資本」向股東籌集資金，即原來股東讓出企業部分股權，引進新股東融資（張航，2012:68）。股本融資可籌募額外資金，而新股東亦可與舊股東分享企業盈利。與債權融資相比，股本融資並無還本付息之問題。

因公司毋須就股本融資所獲取之額外資本還本付息，自上世紀90年代以來，內地非上市公司一般傾向藉上市招股融資，而已經上市之公司則傾向配股及增發新股（袁天榮，2003:26）。

2.2 股份分類

內地與香港一樣，按股份性質將公司股份分門別類。國務院《關於開展優先股試點的指導意見》規定如下：

優先股是指依照公司法，在一般規定的普通種類股份之外，另行規定的其他種類股份，其股份持有人優先於普通股股東分配公司利潤和剩餘財產，但參與公司決策管理等權利受到限制。

以下歸納《指導意見》之重點：

(1) **優先股股東可優先分配利潤**。優先股股東按照約定票面股息率，先於普通股股東獲分配公司利潤。公司須以現金向優先股股東支付股息。全數支付前，不得分配利潤予普通股股東；

(2) **優先股股東可優先獲分配剩餘財產**。公司因解散、破產等原因清盤，如清償債務後仍有剩餘財產，應優先支付未派發股息，及公司章程約定之清算金額；及

(3) **優先股股東參與權受限制**。

此外，公司可在公司組織章程定明優先股轉換普通股、發行人回購優先股條件、價格及比例。轉換或回購選擇權可由發行人或優先股股東行使。發行人如要回購，必須完全支付所欠股息，唯商業銀行發行優先股補充資本除外。公司回購優先股後，相應減少記錄發行在外優先股股份總數。

2.3 證券市場

內地股市主要由上海證券交易所和深圳證券交易所組成。中國證券監督管理委員會為內地股市之單一監管機構，負責定立股權融資之法律法規。現行主要部門規章，包括《中國證券監督管理委員會行政許可實施程式規定》、《中國證監會關於進一步推進新股份發行體制改革的意見》、《全國中小企業股份轉讓系統有限責任公司管理暫行辦法》等，旨在規管公司上市、發行股票、股票交易等股權融資活動（中國證券監督管理委員會網站）。

3. 台灣法

3.1 定義

台灣稱企業融資為「增資」，相關活動主要由《公司法》規管，其第106條規定：

> 公司**增資**，應經股東過半數之同意。但股東雖同意**增資**，仍無按原出資數比例出資之義務。

> 前項不同意**增資**之股東，對章程因增資修正部分，視為同意。

> 有第一項但書情形時，得經全體股東同意，由新股東參加。

> 公司得經全體股東同意減資或變更其組織為股份有限公司。

《公司之登記及認許辦法》則訂明有限公司增資之登記要求，第11條第2項規定：

> 有限公司**增資**時，應於章程修正後十五日內，向主管機關申請登記。但如有另訂增資基準日者，則應於**增資**基準日後十五日內申請登記。

3.2 股份分類

股票分類見《公司法》第157條。據學者陳連順 (2013:248–249) 分析，優先股可細分為：

(1) **分派盈餘之優先股**：公司如有年終盈餘，除去彌補損失及提存公積之額，持有人不論在其收取盈餘之次序、定額或比例，均優於普通股股東（第157條第1款）；

(2) **分派剩餘財產之優先股**：公司解散，持有人優先分配公司剩餘財產（第157條第2款）；及

(3) **表決權優先股**：持有人行使表決權，優於普通股股東。《公司法》第157條第1款承認此類優先股。

3.3 證券市場

台灣證券市場由台灣證券交易所監管，相關基本法規共有117項，包括《公司法》、《證券交易法》等。台灣證券交易所之職能與「港交所」相近，工作包括審核公司上市申請、監管股市交易、維持證券市場交易秩序、交割款券收付，以及提供證券資訊等（台灣證券交易所網站）。

4. 總結

不論從公司或投資者角度而言，股本融資均有其優劣之處，雙方必須先了解利弊，才作投資決定。三地股票市場複雜多變，公司股票買賣及上市等股本融資活動皆受嚴格規管。總體而言，香港股票分類較內地台灣複雜，而台灣優先股之分類，則頗具特色。

以下為「股本融資」、「增加註冊資本」及「增資」在三地政府公文及媒體新聞使用之實例：

香港	「工業貿易署中小型企業支援與諮詢中心將聯同香港生產力促進局中小型企業中心及新城財經台，於九月十七日舉辦一個以『**股本融資**』為題的研討會，歡迎中小企業朋友報名參加。 ⋯⋯ 研討會的目的，是向中小企業介紹各類**股本融資**的管道，包括上市以及非上市的集資方法。屆時，香港創業投資協會主席劉羅少紅女士會介紹風險基金如何選擇企業作為投資對象以及策略性夥伴；國際企業經紀（大中華）協會副主席簡兆麟先生則會講解中小企業如何透過企業收購合併擴展業務。」 《政府新聞處新聞公報》〈中小企業研討會──『**股本融資**』〉（2002 年 9 月 2 日）http://www.info.gov.hk/gia/general/200209/02/0902128.htm（檢索日期：2016 年 8 月 4 日）
內地	「新華社莫斯科 2 月 10 日專電俄羅斯政府 10 日宣布**增加**俄羅斯鐵路公司（俄鐵）**註冊資本** 473.8 億盧布（約合 6 億美元），以滿足新建鐵路項目的需求。 俄聯邦政府當天頒布了擴大俄鐵註冊資本的法令。法令指出，俄政府決定**增加**俄鐵**註冊資本**以修建莫斯科－喀山高鐵和繞開烏克蘭的鐵路。」 《搜狐證券》〈俄政府**增加**俄鐵**註冊資本**〉（2016 年 2 月 10 日）http://stock.sohu.com/20160210/n437194785.shtml（檢索日期：2016 年 8 月 4 日）

台灣

「航欣科技公司在 2013 至 2014 年間，涉嫌虛偽**增資** 8 千萬元，再以每股 20 到 70 元販售未上市股票，違反證交法，台北地檢署今天指揮調查局搜索約談負責人徐德馨到案，全案有 8 人遭受調查。

徐德馨是民國黨副總統參選人徐欣瑩叔公，也是行政院顧問。

民國黨主席徐欣瑩的叔公徐德馨，為新竹縣竹北市航欣科技公司負責人，涉嫌在民國 102 年至 103 年虛偽**增資**新台幣 8000 萬元，再販售未上市股票，北檢今天約談徐德馨等 8 人到案。

檢方調查，新竹縣竹北市的非上市櫃航欣科技公司，在民國 102 年至 103 年間，涉嫌虛偽**增資** 2 次，共約 8000 萬元，再以每股 20 元至 70 元不等價格，透過地下盤商對外販售未上市股票。」

《聯合新聞網》〈行政院顧問涉虛偽**增資** 檢調搜索約談〉（2016 年 4 月 25 日）http://udn.com/news/story/2/1652222-行政院顧問涉虛偽增資-檢調搜索約談（檢索日期：2016 年 8 月 4 日）

參考文獻

《英漢證券期貨及財務用語匯編》*(English-Chinese Glossary of Securities, Futures and Financial Terms)* (2006)（第四版）。香港：證券及期貨事務監察委員會。

中國證券監督管理委員會。取自 http://www.csrc.gov.cn/pub/newsite（檢索日期：2015 年 4 月 7 日）。

台灣證券交易所。取自 http://www.twse.com.tw（檢索日期：2015 年 4 月 7 日）。

香港交易所 (2015)。《交易所規則》。取自 https://www.hkex.com.hk/chi/rulesreg/traderules/sehk/exrule_c.htm（檢索日期：2015 年 4 月 7 日）。

香港交易所 (2008)。《綜合主板上市規則之聲明》。取自 https://www.hkex.com.hk/chi/rulesreg/listrules/mbrules/Documents/consol_mb_v2_tc.pdf（檢索日期：2015 年 4 月 7 日）。

袁天榮 (2003)。〈我國上市公司股權融資行為的思考〉，《財務與會計》，第 10 期，頁 25–27。

《紐約時報中文網》(2014)。〈錯失阿里，港交所或修改上市規則〉。取自 http://cn.nytimes.com/business/20140901/c01ipo/zh-hant（檢索日期：2016 年 11 月 21 日）。

張航 (2012)。《公司法的制度解析》。重慶：重慶大學出版社。

陳連順 (2013)。《公司法精義》。台北：春風得意文化事業有限公司。

劉傲 (2014)。《思路決定你的財富 —— 李嘉誠的商戰勝經》。新北市：水星文化事業出版社 。

Bert, J. (2011). *Fundamentals of Corporate Finance*. Frenches Forest, NSW: Pearson Australia.

Brenda, H. (2009). *Company Law*. New York: Oxford University Press.

Kwan, P. (2010). *Hong Kong Corporate Law* (Vol. 2). Hong Kong: LexisNexis.

Lo, S.H.C., and Qu, C.Z. (2013). *Law of Companies in Hong Kong*. Hong Kong: Sweet & Maxwell.

Schmidt, D. (2014). *Entrepreneur's Choice between Venture Capital and Business Angel for Start-up Financing*. Hamburg: Anchor Academic Publishing.

02 Debt Financing

香港：信貸通融、債務融資
內地：債務融資
台灣：舉借債務

除前文所述之「股本融資」("Equity Financing")，公司之另一籌募資金方式為 "**debt financing**"。在香港法，"debt financing" 可翻譯為「**信貸通融**」(《銀行業條例》(第155章)，Banking Ordinance (Cap 155) 第80(1)條)，而根據律政司出版的《英漢民商事法律詞彙》(2010:39)，其翻譯則為「**債務融資**」。在內地法，相關融資方式亦稱為「**債務融資**」(《保險資金運用管理暫行辦法》第8條)，台灣法則稱為「**舉借債務**」(《流域綜合治理特別條例》第5條第2項)。

在香港，債務融資有多個方式，包括「債權證」(debenture)、「債券/債權證明書」(bonds)、「質押」(pledge)、「按揭」(mortgage)、「押記」(charge) 等。「承押人」(pledgee)「管有」(possess) 質押物，「質押人」(pledgor) 可繼續享質押物之「擁有權」(ownership)。承押人以「實在的」(actual) 及「推定的」(constructive) 兩種形式，管有質押物。如質押人給予承押記人鑰匙提取質押物，則屬「推定管有」(constructive possession) (Sealy and Hooley, 2009:1091−1098; *Dublin City Distillery Ltd v Doherty* [1914] AC 823)。

一般而言，股份持有人為公司擁有人 (owner)，有若干內部控制權 (internal control)。故此，小型私人公司傾向採用信貸通融，以繼續控制公司主權，大型公司則傾向採用股本融資 (Lo and Qu, 2013:571, 583)。篇幅所限，本章只集中探討普遍為公司使用之信貸通融方式——押記。

1. 香港法

1.1 押記定義

押記 (charges) 指「**押記人**」**(chargor) 以自己資產作保證，以獲取「承押記人」(chargee) 之貸款**。根據普通法，押記本質是「**衡平法押記**」**(equitable charge)**，但如以契據 (deed) 訂立，便是「**法定押記**」**(legal charge)**。根據《公司條例》（第622章）(Companies Ordinance, Cap 622) 第333(1) 條釋義，押記包括「按揭」(mortgage)，其中物業按揭為最普遍使用之押記形式，即押記人以物業作擔保取得承押記人提供之貸款，受《物業轉易及財產條例》（第219章）(Conveyancing and Property Ordinance, Cap 219) 第44(1) 條所規管。

其他形式之押記，包括一般商業業務中常見之押記，皆為衡平法押記。故此，如若押記人未經承押記人同意，買賣押記資產，付出價值之真誠而不知情購買人 (*bona fide* purchaser for value without knowledge) 所得之權益，並不受承押記人所持有權益影響。

1.2 押記種類

押記主要分為兩類，即「**固定押記**」**(fixed charge)** 及「**浮動押記**」**(floating charge)**。

固定押記是以指定資產作擔保 (security) 按押，擔保資產大多為不易貶值的資產，例如不動產及大型器械等。一般而言，資產在設定押記後由承押記人監管，押記人如欲調動押記資產，須先獲承押記人同意。

浮動押記則以非指定資產作擔保按押，該資產可屬現在或將來所持有之全部或部分資產，包括流動資產，抵押予承押記人。根據 *Wallace v Universal Automatic Machines* [1894]

2 Ch 547 一案，如公司已進入清盤程序，在法庭頒布清盤令後，浮動押記即自動成為固定押記。除清盤程序，浮動押記亦可於某些特定情況自動轉為固定押記。最常見之情況是在按押條款中，加插浮動押記「**自動具體化條款**」(**automatic crystallization clause**)，如該條款指定之情況發生，浮動押記即自動轉為固定押記。

法官 Lord Romer 在 *Re Yorkshire Woolcombers Association Ltd* [1903] 2 Ch 284 案，說明浮動押記之三大特性：

(1) 抵押資產可存在或未存在；

(2) 除承押記人另有要求，押記人可因應公司日常營運需要，自行支配甚至買賣押記財產；

(3) 在正常情況，押記人處理或交易抵押資產，毋須先獲承押記人同意。

Re Spectrum Plus Ltd (in Liquidation) [2005] 2 AC 680

Spectrum Plus Ltd 向銀行抵押其「帳面債項」(book debts) 以借貸。雖然押記文件列明為「非流動押記」，但押記條款規定，Spectrum Plus Ltd 須負責收取債款，並存入指定銀行戶口內。

法庭裁定，該押記實為「浮動押記」，而不是「固定押記」。理由是，押記條款規定，Spectrum Plus Ltd 如未經借貸銀行書面同意，不得轉售或轉讓公司任何債項；然而，因該銀行戶口並未「封鎖」("blocked")，Spectrum Plus Ltd 仍能從戶口提取款項作公司用途。

法庭要判斷押記為固定抑或浮動，必須審視承押記人與押記人所訂協議，以考量押記之實際性質。換言之，形式本身並非決定因素，即使承押記人與押記人之協議標明為固定押

記,如條款細節訂明的押記更符合浮動押記之特性,法庭須裁定其為浮動押記。此外,根據 *Re Cimex Tissues Ltd* [1994] BCC 626 案,如押記文件條款未註明其類型,法庭可假定該押記為浮動押記。

1.3 押記登記

《公司條例》第335條規定,公司須在設立押記後一個月內,登記下列事項:

(1) 每項「指明押記」(specified charge) 之詳細陳述;

(2) 設立或證明押記文書之核證副本 (certified copy)。

根據《公司條例》第334條,「指明押記」有以下幾類:公司帳面債項押記、公司業務或財產 (company's undertaking or property) 浮動押記、公司未催繳股本 (uncalled share capital) 押記、商譽 (goodwill) 及商標 (trademark) 押記等。此押記登記制度可有效保障「**無抵押債權人**」(**unsecured creditors**),並讓公眾及投資人士了解公司最新之財務及資產狀況。

根據《公司條例》第337條,如公司未登記押記,有關押記對公司之清盤人及債權人則屬無效;如公司違反登記規定,公司及其負責人均屬犯罪。

Re Monolithic Building Co [1915] 1 Ch 643

Monolithic Building Co 將某土地按揭借貸,但 Monolithic Building Co 及「承按人」(mortgagee) 皆未登記該押記。後來,Monolithic Building Co 向第三方抵押同一土地,並登記此押記。

法庭裁定,第一個押記因未登記而無效,第二個押記因已登記而有效。

根據《公司條例》第 346(1) 條，如公司未能在一個月限期內登記押記，法庭可應公司或押記權益人之申請，延長註冊時間。

1.4 押記優先權 (Priority)

如押記資產設有多於一項押記，承押記人須依據押記之優先權，領取相應之債務還款。

持有固定押記或浮動押記之承押記人，皆為「**有抵押債權人**」(secured creditors)。對非土地之押記財產，如押記人公司已進入清盤程序 (winding-up procedure)，有抵押債權人能較無抵押債權人優先從清盤所得資金領回相應債務還款。然而，承押記人應留意，固定押記之優先次序高於浮動押記。因此，可能會發生以下情況：押記財產已全數用於其他還款，而浮動押記之承押記人仍未能取回還款。

如同一資產有兩項固定押記，則以押記之訂立時間依次確立優先次序 (*Re Weniger's Policy* [1910] 2 Ch 291)；如兩項皆為浮動押記，除非公司在訂立首個浮動押記時，保留對押記資產訂立其他較優先押記權利，否則仍以該押記的訂立時間依次確立優先次序 (*Re Benjamin Cope & Sons Ltd* [1914] 1 Ch 800)。此外，首個浮動押記的承押記人，亦可在訂立押記時加入反面保證條款 (negative pledge clause)，以限制押記人在押記資產上訂立其他較優先之浮動或固定押記。

In re Colonial Trusts Corporation [1879] 15 Ch D 465

法官James LJ認為，因浮動押記允許公司自由處理抵押資產，而此會損害借貸目的及公司運作，所以浮動押記較固定押記享有優先權，是「極端錯繆」(monstrous) 之概念。

雖然浮動押記風險較大，但在商業活動中仍多使用。最重要原因是，浮動押記人仍能自主支配甚至買賣押記財產，且不受承押記人監管。此押記形式無疑使公司日常營運更為靈活。

如押記財產為土地，確定押記的優先權還須參考《土地註冊條例》（第128章）(Land Registration Ordinance, Cap 128)。該條例建立之契據註冊制度，決定押記優先權乃註冊日期 (Goo and Lee, 2009:269)。第3(1)條規定，押記優先次序取決於註冊日期的先後順序。第5條則規定，在簽訂押記文書一個月內註冊的押記，其註冊日期回溯到押記文書簽訂之日。如承押記人未在押記文書簽訂一個月之內註冊押記，則押記真正註冊日期將視為押記註冊的日期。

> 舉例說：A先生在1月1日簽訂押記文書，在2月5日註冊該押記，而B先生在1月12日簽訂押記文書，在2月10日註冊該押記。最終，是何人得到押記之優先權？
>
> 是B先生的押記取得優先權。理由是，B先生在簽訂押記文書一個月內註冊押記，根據《土地註冊條例》第5條，B先生的押記註冊日期回溯至簽立押記文書的日期，即1月12日。而A先生，因沒有在簽訂押記文書一個月內註冊押記，其押記註冊時間無法回溯到1月1日，所以仍為2月5日。根據《土地註冊條例》第3(1)條，二人押記之優先次序取決於兩個押記註冊日期之先後順序。B先生的註冊時間較早，故其押記取得優先權。
>
> 如在土地上設立浮動抵押，則只有在浮動抵押「具體化」(crystalize) 而成為固定抵押後，才可註冊（《土地註冊條例》第2A條）。此外，如某一押記可註冊而沒有註冊，則該押記對後來為該處土地或處所付出有值代價的真誠買方或承按人絕對無效（《土地註冊條例》第3(2)條）。

由於該押記可註冊而沒有註冊或未能及時註冊（「A先生押記」），故此在其後之押記（「B先生押記」）一旦完成註冊，其權利優先於未註冊或較遲註冊的A先生押記，即使B先生能實際或推定知悉 (actual or constructive notice) A先生押記存在 (Goo and Lee, 2009:287–292)。

總的而言，承押記人如不欲失去優先權，便應在簽訂押記文書後盡快於土地登記處註冊。此外，設立押記公司還須根據《公司條例》第335(1)條，在指明登記期內，將關於該公司設立的每項指明押記的詳細陳述，連同設立或證明有該項押記的文書經核證副本，交付公司登記處處長登記，以供公眾查詢。

2. 內地法

2.1 抵押權定義

《物權法》第179條規定：

> 為擔保債務的履行，**債務人或者第三人不轉移財產的佔有，將該財產抵押給債權人**。債務人不履行到期債務或者發生當事人約定的實現抵押權的情形，債權人有權就該財產優先受償。

在此法律關係中，債務人或第三人為「**抵押人**」，債權人為「**抵押權人**」，提供擔保之財產為「**抵押財產**」。

根據《物權法》第195條，抵押人設定抵押權後，不必將抵押財產轉移於抵押權人，並仍享有對抵押財產佔有、使用和收益的權利。債權人在以下兩個情況可實現其抵押權：（一）債務清償期滿，債務人不履行義務；（二）發生當事人約定實現抵押權的情形。此時，即使債務清償期未屆滿，抵押權人亦有權拍賣、變賣抵押財產優先受償。

由此總結，抵押權指債權人向債務人或第三人不轉移佔有而提供擔保財產，在債務人不履行債務時，依法享有變價擔保財產並有限受償之權利（王利明，2008:347）。

2.2 抵押權設立

設定抵押權，主要基於當事人之間所訂立之抵押合同（王利明，2008:349）。《物權法》第185條規定：

設立抵押權，當事人應當採取書面形式訂立抵押合同。

抵押合同一般包括下列條款：

（一）被擔保債權的種類和數額；

（二）債務人履行債務的期限；

（三）抵押財產的名稱、數量、質量、狀況、所在地、所有權歸屬或者使用權歸屬；

（四）擔保的範圍。

該條文之擔保範圍，即抵押財產變賣後抵押權人可優先受償之範圍。《物權法》第173條定明：「擔保物權的範圍包括主債權及其利息、違約金、損害賠償金、保管擔保財產和實現擔保物權的費用。當事人另有約定的，按照約定」。

抵押人必須享有抵押財產之所有權或處分權（王利明，2008:351）。根據《民通意見》第113條，「以自己不享有所有權或者經營管理權的財產作抵押物的，應當認定抵押無效」。然而，王利明 (2008:352) 認為，如抵押人以其不享有所有權或處分權的財產為自己或他人債務設定抵押，善意第三人仍可取得抵押權。

公司謀求外界貸款固然受法律規限，反之亦然。《公司法》第16條規定公司可否以公司財產抵押：

公司向其他企業投資或者為他人提供擔保，依照公司章程的規定，由董事會或者股東會、股東大會決議；公司

章程對投資或者擔保的總額及單項投資或者擔保的數額
有限額規定的，不得超過規定的限額。

公司為公司股東或者實際控制人提供擔保的，必須經股
東會或者股東大會決議。

該條文雖規定公司非關聯商事擔保之程序規則，但未明確規
定違反之法律後果。原則而言，公司機關之決議，乃公司
對外擔保唯一之意思表示方式，並構成擔保合同中公司方之
意思。公司不能與債權人約定，將決議排除在擔保合同之外
（李建偉，2013:76–79）。

然而，違反該條文之擔保合同是否無效，學者見解不一。有
意見認為，《公司法》第16條乃強制規定，如有違反，公司
對外擔保合同即告無效（李金澤，2007:85）。

亦有意見認為，條文非約束合同效力之法律規範，並不一定
導致公司對外擔保合同無效。箇中原因，乃公司擔保之社會
價值在於促進交易，故該條文原意為維護合同效力。因此，
公司擔保合同之相對人，應對公司章程與相關決議作形式審
查，形式審查義務可從寬解釋（樑上上，2013:31）。

2.3 浮動抵押

根據《物權法》第181條，浮動抵押指當事人書面協議，抵
押「現有以及將有的生產設備、原材料、半成品、產品」，如
債務人不履行到期債務或當事人約定實現抵押權的情形不發
生，債權人「有權就實現抵押權時的動產優先受償」。《物權
法》第189條第2款規定，根據第181條設定之浮動抵押，「不
得對抗正常經營活動中已支付合理價款並取得抵押財產的買
受人」。

浮動抵押具有兩個不同於固定抵押之重要特徵：（一）浮動抵
押設定後，抵押財產不斷變化，數額可能擴大或減少；直到
約定或法定事由發生，抵押財產數額才確定；（二）浮動抵押

人處分抵押財產，不必經抵押權人同意，抵押權人對抵押財產無追及權利，只能優先受償約定或法定事由發生後確定之財產（王利明，2008:382）。

在動產浮動抵押中，因為抵押財產屬浮動，故須在特定事由發生以後，將抵押財產確定，該過程稱為「**抵押財產的結晶**」（王利明，2008:384）。根據《物權法》第196條，動產浮動抵押中的抵押財產，在以下情況得以確定：

（一）債務履行期屆滿，債權未實現；
（二）抵押人被宣告破產或者被撤銷；
（三）當時人約定的實現抵押權的情形；
（四）出現嚴重影響債權實現的其他情形。

動產浮動抵押在結晶之後，即轉化為普通動產抵押，按普通抵押權實現之規則處理。

2.4 抵押效力

如債務人以不動產抵押，應辦理抵押登記，抵押權自登記時設立。如當事人僅訂立抵押合同而未登記，抵押權即無設立，然而抵押合同在當事人之間仍然有效（王利明，2008:363）。如債務人以動產抵押，抵押權自抵押合同生效時即設立，但未經登記之押記，不得對抗善意第三人。

據《物權法》第189條，當事人如協定以動產作浮動抵押，「應當向抵押人住所地的工商行政管理部門辦理登記，抵押權自抵押合同生效時設立；未經登記，不得對抗善意第三人」。此外，如本文第2.3節所述，動產浮動抵押，「不得對抗正常經營活動中已支付合理價款並取得抵押財產的買受人」。

2.5 抵押權清償次序

《物權法》確定，同一財產上可以設立多個抵押權，其第199條規定抵押權之清償次序原則。

> 同一財產向兩個以上債權人抵押的，拍賣、變賣抵押財產所得的價款依照下列規定清償：
>
> （一）抵押權已登記的，按照登記的先後順序清償；順序相同的，按照債權比例清償；
> （二）抵押權已登記的先於未登記的受償；
> （三）抵押權未登記的，按照債權比例清償。

該條文適用於以登記為抵押權生效要件之不動產抵押及動產抵押。換言之，無論是不動產抵押還是動產抵押，已登記抵押權須按登記次序清償。未登記之不動產，則無抵押權效力。當事人以動產抵押，就可自願辦理抵押登記。然而無論登記與否，抵押權都自抵押合同成立時生效。法律鼓勵登記，因為其他債權人可通過查閱登記資料知道財產之抵押情況（王利明，2008:380）。

3. 台灣法

3.1 抵押權

《民法》第三編〈物權〉，詳細討論抵押權之設立和清償，公司可循其中規定，將公司財產抵押融資。根據第860條，抵押權指「**債權人對於債務人或第三人不移轉佔有而供其債權擔保之不動產，得就該不動產賣得價金優先受償之權**」。抵押權依當事人意思所設定；不論是由債務人或第三人設定之抵押權，設定人必須對抵押物具有所有權及處分權（李湘如，1993:116）。

抵押權所擔保之範圍，原則上依照當事人意思。《民法》第861條規定，如當事人沒有達成協議，「抵押權所擔保者為原債權、利息、遲延利息及實行抵押權的費用」。

台灣《公司法》第246條規定，「公司經董事會決議後，得募集公司債，但須將募集公司債之原因及有關事項報告股東會」。此外，該項決議須「由三分之二以上董事出席，及出席董事過半數之同意」。第247條更規定，公司債之總額，不得逾公司現有全部資產減去全部負債及無形資產後之餘額。無擔保公司債之總額，不得逾前項餘額二分之一。

第249條限定，公司有下列情形之一者，不得發行無擔保公司債：

一、對於前已發行之公司債或其他債務，曾有違約或遲延支付本息之事實已了結，自了結之日起三年內。

二、最近三年或開業不及三年之開業年度課稅後之平均淨利，未達原定發行之公司債，應負擔年息總額之百分之一百五十。

3.2 普通抵押權與特殊抵押權

在台灣民法，抵押權可分為「普通抵押權」與「特殊抵押權」。普通抵押權，其標的物以不動產為限，可謂典型抵押權，動產抵押則屬於特殊抵押權（李湘如，1993:115）。普通抵押權之規定主要列於《民法》物權編，動產抵押規定則主要列於《動產擔保交易法》，如《動產擔保交易法》無適用規則，法院應採用普通抵押權規定。

動產抵押指以動產為標的所設定得抵押權。《動產擔保交易法》第15條規定：

動產抵押者，謂抵押權人對債務人或第三人不轉移佔有而就供擔保債權之動產設定動產抵押權，於債務人不履行契約時，抵押權人得佔有抵押物，並得出賣，就其賣得價金優先於其他債權而受清償之交易。

動產抵押依當事人書面契約設定。《動產擔保交易法》第 6 條規定契約必須載明事項，包括契約當事人之姓名或名稱、所擔保債權之金額及利率、抵押物之名稱及數量等。動產抵押權必須經過登記，否則不得對抗善意第三人。在現行之台灣法，仍未涵蓋正式之浮動抵押制度。

《民法》第 867 條規定，不動產所有人設定抵押權後，得將不動產讓予他人；此不須經抵押權人同意，而抵押權不因此而受影響。原先設定之抵押權仍隨抵押物存在，抵押權人債權如未獲清償，可向法院申請拍賣抵押物，以清償其債權（李湘如，1993:123）。此規定與香港及內地法相異。

3.3 抵押權清償

《民法》第 873 條規定，抵押權人於債權已屆清償期而未受清償，得聲請法院，拍賣抵押物，就其賣得價金而受清償。根據第 878 條，拍賣以外，抵押人與抵押權人可在債權清償期屆滿後訂立契約，約定抵押物之所有權移屬於抵押權人。

第 874 條則規定，「抵押物賣得之價金，按各抵押權成立之次序分配之。其次序相同者，依債權比例分配之」。然而，第 865 條規定，「不動產所有人，因擔保數債權，就同一不動產，設定數抵押權者，其次序依登記之先後定之」。換言之，不動產抵押權的清償順序，不以當事人之間訂立抵押權契約日期的先後為準，亦不以債權發生的先後為準（李湘如，1993:122）。

4. 總結

無論在香港、內地或台灣，信貸通融都是公司企業非常重要的融資方法。兩岸三地法律之抵押借貸規定有許多共同點，亦有不少相異之處。例如，抵押權的基本概念相同，即債權人對債務人或第三人不轉移佔有而供其債權擔保之不動產，得就該不動產賣得價金優先受償之權利。此外，三地法律對於抵押權受償順序的規定不盡相同，內地與台灣的規定，均強調以登記取得優先權，而香港法則更為複雜，對固定抵押和浮動抵押使用不同的規則。

以下為「信貸通融」、「債務融資」及「舉借債務」在三地時事新聞使用之實例：

香港	「在過去的18個月裏，提供單一外匯經紀商服務的銀行數量急劇減少，導致信貸和風險偏好嚴重下降。這使得機構越來越難以有效獲得交易外匯所需的**信貸通融** —— 為此阿布達比證券設計出 Prime of Prime 服務來應對這一挑戰。 阿布達比證券執行董事、全球經紀業務主管 Marco Baggioli 對此評論稱：『Louisa 具備主經紀商服務的豐富經驗，非常清楚市場面臨的挑戰和機會。我相信她的知識和經驗將推動 ADS Prime of Prime 服務的增長和擴大。』」 《壹讀》〈ADS Securities 持續推動其機構客戶 Prime of Prime 業務〉（2016 年 8 月 18 日）https://read01.com/0ydzkM.html（檢索日期：2016 年 10 月 25 日）

香港 「富力地產 (02777) 公布，計劃在內地發行銀行間債券市場**債務融資**工具，本金額不超過400億元人民幣，集資將用於補充營運資金，償還金融及非金融機構借款，信用債務，以及項目投資等。

富力地產指，**債務融資**工具品種包括但不限於中期票據 (含永續中期票據)，短期融資券，超短期融資券和資產支持票據，及相關主管部門認可的其他融資工具品種，可一次或多次發行。

富力地產表示，發行**債務融資**工具以擴闊融資渠道，募集資金用於優化債務結構，降低財務成本，促進公司可持續化穩定發展，配合未來幾年的戰略發展規劃和融資需求。

發債建議有待十一月舉行的股東特別大會通過，及獲得交易商協會註冊及視乎市場狀況而定。」

《新城財經台財經網》〈富力地產擬發**債務融資**工具集資 本金額不逾400億人民幣〉（2016年10月4日）http://www.metroradio.com.hk/news/default.aspx?NewsId=20161004124253（檢索日期：2016年10月25日）

內地

「今日上午，中國鐵路物資股份有限公司申請存續期內的9期**債務融資**工具暫停交易，包括超級短融券（SCP）、中票（MTN）、非公開定向**債務融資**工具（PPN）等在內的**債務融資**工具總額共168億元。

公告稱，近年來，中國鐵路物資股份有限公司業務規模持續萎縮，經營效益有所下滑。目前，公司正在對下一步的改革脫困措施及債務償付安排等重大事項進行論證。

為保護投資者利益，按照銀行間債券市場相關自律規則以及全國銀行間同業拆借中心債券交易流通規則的相關規定，中國鐵物申請公司相關**債務融資**工具於2016年4月11日上午開始暫停交易，待相關事項確定並向投資人披露後，再申請恢復交易。

目前，發行人尚在存續期內有9期債務融資工具。最先面臨到期的是『15鐵物資SCP004』，發行額度為10億，兌付日為2016年5月17日，主承銷商為興業銀行和農業銀行。從募集資金用途來看，本期超短期融資券的募集資金10億元將全部用於歸還發行人本部短期借款。」

《中國證券網》〈中國鐵物9期**債務融資**工具今暫停交易〉（2016年4月11日）http://www.cnstock.com/v_news/sns_bwkx/201604/3759791.htm（檢索日期：2016年8月5日）

台灣

「行政院會週四將通過明年度中央政府總預算案，並在月底前送到立法院審查，這是馬政府最後一次提出預算案。雖然軍公教加薪案並未編入預算，但明年法定債務又增加一六三五億元，累計債務未償餘額將達五兆六一四一億元，總計馬執政八年，法定債務增加一兆八三五四億元，這還不包括去年底已飆破十八兆元的潛藏負債。

政院編列明年度歲入一兆八四一四億元、歲出一兆九九五〇億元，較今年度分別成長3.6%及3.1%，差短一五三六億元，連同債務還本七三〇億元，尚須融資調度財源為二二六六億元，全數以**舉借債務**彌平。

總預算及特別預算債務舉借數合計共二三六六億元，佔總預算及特別預算歲出11.8%，未超過上限15%。

明年度中央總預算及特別預算差短扣掉債務還本後，累積債務未償餘額將達五兆六一四一億元，佔前三年度GDP平均數34.9%，與今年的五兆四五〇六億元相較，等於一年又增加一六三五億元債務。」

《自由時報》〈馬執政8年 法定債務增1.8兆〉（2015年8月17日）http://news.ltn.com.tw/news/focus/paper/907388（檢索日期：2016年8月5日）

參考文獻

《英漢民商事法律詞彙》 *(English-Chinese Glossary of Civil and Commercial Law Terms)* (2010)（第三版）。香港：律政司。

《英漢證券期貨及財務用語匯編》 *(English-Chinese Glossary of Securities, Futures and Financial Terms)* (2006)（第四版）。香港：證券及期貨事務監察委員會。

王利明（2008）。《物權法論》（第二版）。北京：中國政法大學出版社。

李金澤（2007）。〈《公司法》有關公司對外擔保新規定的質疑〉。《現代法學》，第9卷，第1期，頁84–89。

李建偉（2013）。〈公司非關聯性商事擔保的規範適用分析〉。《當代法學》，第3期，頁76–85。

李湘如（1993）。《台灣物權法》。北京：中國廣播電視出版社。

樑上上（2013）。〈公司擔保合同的相對人審查義務〉。《法學》，第3期，頁21–31。

Goo, S.H., and Lee, A. (2009). *Land Law in Hong Kong.* Hong Kong: LexisNexis.

Lo, S.H.C., and Qu, C. Z. (2013). *Laws of Companies in Hong Kong.* Hong Kong: Sweet & Maxwell.

Sealy, L.S., and Hooley, R.J.A. (2009). *Commercial Law : Text, Cases, and Materials* (4th Ed.). Oxford: Oxford University Press.

Listed Issuer's Obligations to Disclose

香港：上市發行人披露責任
內地：發行人、上市公司信息披露義務
台灣：公開發行公司資訊揭露義務

投資者自行承擔風險，然而上市發行人及公司仍須對其負特定責任。例如，兩岸三地均定立法例，規定上市公司披露信息之義務 ("Issuer's Obligations to Disclose")。香港《證券及期貨條例》（第571章）(Securities and Futures Ordinance) 第310(1) 條，規定「任何人取得或不再擁有某上市法團的有投票權股份權益」則「有披露責任」。"Issuer" 在香港譯作「發行人」（《證券及期貨條例》第308(1)條）(Securities and Futures Ordinance, Cap 571)；"Listed" 則譯作「上市」（《證券及期貨條例》附表11），而香港證券交易所將 "listed issuers' general disclosure obligation" 翻譯為「上市發行人的一般披露責任」(https://www.hkex.com.hk/chi/rulesreg/listrules/guidref/issuergdo_c.htm)。故此，**"Issuer's Obligations to Disclose"** 可翻譯為**「上市發行人披露責任」**。

內地《證券法》第3章第3節，規定發行人及上市公司之「持續信息公開」義務，定明「發行人、上市公司依法披露的信息，必須真實、準確、完整，不得有虛假記載、誤導性陳述或者重大遺漏」（《證券法》第63條），故相關法律責任可概括為**「發行人、上市公司信息披露義務」**。台灣亦規定「公開發行股票之公司」登記後之申報要求（《證券交易法》第25條），並設立「資訊揭露評鑑系統」，故有關概念可稱為**「公開發行公司資訊揭露義務」**。

1. 法學理論

投資風險自負，乃金融世界之不二共識。按此道理，投資者應先自行了解並分析上市公司資料。然而，不論是普通法系還是大陸法系，皆定法例規管上市公司披露責任。學者歸納以下五大理由，剖析箇中立法原因 (Davis and Mitchell, 2012:260, 269; Fox,1999:1358−59, 63; Lo and Qu, 2013:692; Ripken, 2006:150−156; Steinberg and Goldman; 1987:926)：

(1) 信息披露具阻嚇作用，有效預防詐騙罪案 (preventing fraud)；

(2) 維持穩健資本市場運作 (maintain the integrity of the capital market)，提升投資者對市場之信心；

(3) 確保投資者獲充足 (adequate) 且均等 (equal access) 之信息，提高其制定投資策略之效率；

(4) 降低投資風險及社會管理成本；及

(5) 促進股價能真實反映公司股份價值 (increase the accuracy of the price of issuer's shares)。

總括而言，信息披露有兩大功用：**促進「企業管治」(corporate governance)**，並**保障投資者權益** (Tjio, 2009:336−340)。

2. 三地法例要求

2.1 香港法

在香港，上市公司之披露責任有兩類：「上市前」(Pre-Listing /Pre-Initial Public Offerings) 及「上市後」(Post-Listing / Post-Initial Public Offerings)。

2.1.1 公司上市前披露責任

公司申請上市，必須遵守不同法例及規則定立之披露責任，才獲批准。根據《公司（清盤及雜項條文）條例》（第32章）(Companies (Winding Up and Miscellaneous Provisions) Ordinance, Cap 32) 第38(3) 及 38D(1) 條，申請上市者必須發出符合該條例規定之招股章程 (prospectus)，才能公開招股。該條例之附表3，詳列招股章程須指明之事項，包括公司業務性質、法定股本、創辦人持有股份數目，以及「過去2年內已付予、已給予、擬付予、或擬給予任何發起人的任何款額或利益」等。

《證券及期貨（在證券市場上市）規則》（571V章）(Securities and Futures (Stock Market Listing) Rules, Cap 571V) 第 8(1) 條則註明，如證券及期貨事務監察委員會（簡稱「證監會」，Securities and Futures Commission, "SFC"）認為招股章程載有虛假、不完整或誤導資料，可暫停有關證券之一切交易。換言之，申請者必須披露「真實完整」之招股章程，才會獲准於金融市場招募股本。

香港交易及結算所有限公司（簡稱「港交所」，Hong Kong Exchanges and Clearing Limited, "HKEx"）制定之《證券上市規則》(Listing Rules)，亦載有招股章程信息披露各項規定 (https://www.hkex.com.hk/chi/rulesreg/listrules/rulesandguidelines_c.htm)。例如第 11 章第 11.17 條規定，盈利預測 (profit forecast) 之表述必須清晰明確；第 11.19 條要求上市文件之盈利預測，必須給予投資者「有用信息」(useful information)。《上市規則》不屬香港法例，然而乃港交所根據《證券及期貨條例》（第571章）

(Securities and Futures Ordinance, "SFO", Cap 571) 第23條所制
定。《證券及期貨（在證券市場上市）規則》第3及第6(2)(a)條
列明，申請上市之公司，必須遵守港交所訂定之規則；如有
違者，證監會可反對有關公司證券上市之申請。由此論之，
《上市規則》雖非法定條文，卻有法律基礎，申請者絕不能掉
以輕心。

圖一：公司上市前披露責任

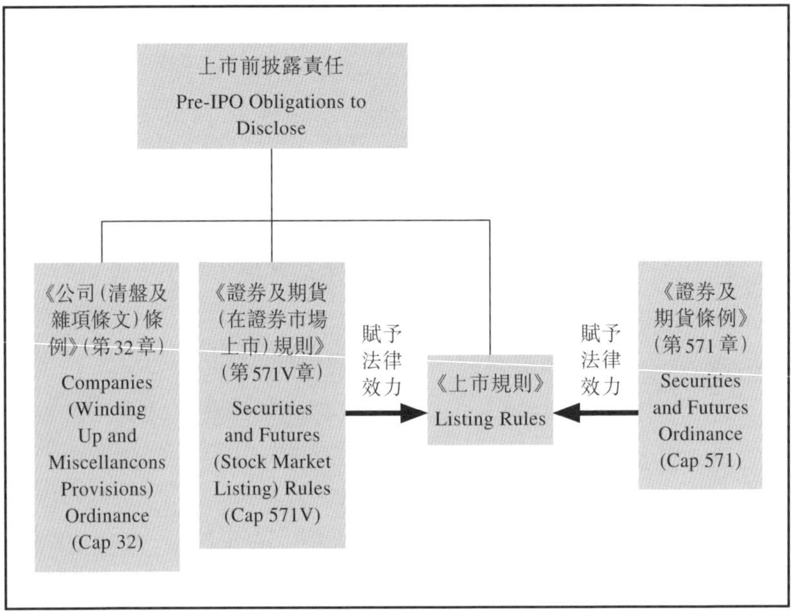

2.1.2　公司上市後披露責任

公司上市後之披露責任可分為四類：

(1)　持續披露「內幕消息」(inside information)；

(2)　「持續責任」(continuing obligations)；

(3)　「須予公布的交易」(notifiable transactions)；

(4)　「關連交易」(connected transactions)。

2.1.2.1　《證券及期貨條例》 *(Securities and Futures Ordinance)*

《證券及期貨條例》主要監管「內幕消息」之披露情況。「內幕消息」涵蓋有關上市公司、股東或高級人員、上市證券及衍生工具之信息，而且「並非普遍為慣常（或相當可能會）進行該法團上市證券交易的人所知，但該等消息或資料如普遍為他們所知，則相當可能會對該等證券的價格造成重大影響」（第307A條）。簡言之，「內幕消息」為**「股價敏感消息」** (**price sensitive information**) (Lo and Qu, 2013:727)。

第307B條規定，「上市法團須在知道任何內幕消息後，在合理地切實可行的範圍內，盡快向公眾披露該消息」。然而，據第307D(1)條，如相關披露為成文法或法庭命令所禁止，該上市公司則毋須遵守第307B條。此外，第307D(2)條定明，上市公司在以下情況亦不受第307B條所規限：

(1)　其已「採取合理預防措施」將相關內幕消息保密，且「該消息得以保密」；及

(2)　該消息 (i) 關乎未完成之計劃或商議；(ii) 屬商業秘密；(iii) 關乎「根據《外匯基金條例》（第66章）設立的外匯基金，或某執行中央銀行職能的機構（包括香港以外地方的機構）」向該上市公司提供流動資金支援；或 (iv) 獲證監會據第307E(1)條豁免該項披露。

2.1.2.2　《上市規則》 *(Listing Rules)*

《上市規則》主要監管上市公司之「持續責任」、「須予公布的交易」及「關連交易」。誠如本文第2.1.1節所述，《上市規則》雖非法定條文，但為港交所根據《證券及期貨條例》及《證券及期貨（在證券市場上市）規則》所制定，具有法律基礎。

(1) 「持續責任」

「持續」指公司上市後，時刻皆須遵守披露義務。《上市規則》第13章涵蓋對上市公司多項特定持續披露要求 (specific disclosure) (Lo and Qu, 2013:732–733)。例如，第13.06及13.06A條列明，上市公司必須向公眾披露資料，但「在內幕消息公布前必須採取所有合理步驟確保消息絕對保密」。第13.46至50條涵蓋財務資料之披露。第13.51條則規定，公司必須及時向外界披露其董事、監事及行政總裁之資料變更等。

(2) 「須予公布的交易」

《上市規則》第14章規管上市公司所有交易。據第14.06及14.08條，交易可分類為「股份交易」(share transaction)、「須予披露的交易」(disclosable transaction)、「主要交易」(major transaction)、「非常重大的出售事項」(very substantial acquisition)及「反收購行動」(reverse takeover)。按第14.07條之規定，每交易分類有適用之百分比率，計有：「資產比率」(assets ratio)、「盈利比率」(profits ratio)、「收益比率」(revenue ratio)、「代價比率」(consideration ratio)，及「股本比率」(equity capital ratio)。

故此，上市公司會使用第14.07條相關之百分比率，判斷交易屬第14.06及14.08條所劃分之類別。 然而，並非所有百分比率皆適用於交易分類。例如，「股本比率」不適用於「出售事項」，因為「股本比率」只涉及上市發行人發行新股本時進行的收購事項。完成交易分類後，上市公司再按第14.33條規定，相應披露相關資料。表一總結有關通知、刊登公告及股東批准之規定。

表一：《上市規則》第14.33條披露規則

	通知本交易所	按照《上市規則》第2.07C條的規定刊登公告	向股東發通函	股東批准	會計師報告
股份交易	需要	需要	不需要	不需要	不需要
須予披露的交易	需要	需要	不需要	不需要	不需要
主要交易	需要	需要	需要	需要	需要
非常重大的出售事項	需要	需要	需要	需要	不需要
非常重大的收購事項	需要	需要	需要	需要	需要
反收購	需要	需要	需要	需要	需要

來源：《香港交易所》。《上市規則》（第14章）。取自 http://www.hkex. com.hk/chi/rulesreg/listrules/mbrules/documents/chapter_14_tc.pdf （檢索日期：2016年8月5日）

此外，根據第14.34條，凡第14.06及14.08條所涵蓋之交易，上市公司亦須通知港交所並盡快刊發公告。

(3) 「關連交易」

《上市規則》最新修訂之第14A章第14A.23條，界定「關連交易」如下：

> 與關連人士進行的交易，以及與第三方進行的指定類別交易，而該指定類別交易可令關連人士透過其於交易所涉及實體的權益而獲得利益。有關交易可以是一次性的交易或持續性的交易。

根據第 14A.07 條，「關連人士」包括：

(1) 上市發行人或其任何附屬公司的董事、最高行政人員或主要股東；

(2) 過去 12 個月曾任上市發行人或其任何附屬公司董事的人士；

(3) 中國發行人或其任何附屬公司的監事；

(4) 任何上述人士的聯繫人；

(5) 關連附屬公司；或

(6) 被本交易所視為有關連的人士。

根據第 14A.12 條，第 14A.07 條第 4 款之「聯繫人」，涵蓋第 (1)、(2) 及 (3) 款人士之（一）直系家屬或「家屬」（即「與其同居儼如配偶」之人士）、（二）以該人士、其直系家屬，或家屬為受益人之任何信託，或（三）上述人士直接或間接持有 30% 股份的受控公司，或該公司旗下任何附屬公司。

第 14A.35 條定明，「上市發行人必須在協定關連交易的條款後盡快公布有關交易。有關內容要求見《上市規則》第 14A.68 條」。第 14A.46 及 14A.49 條則規定，上市公司必須致函股東，並按第 14A.71 及 14A.72 條之要求，在年報披露財政年度內作關連交易。然而，若該交易屬可豁免事項，如「符合最低豁免水平的交易」（*de minimis* transactions）、財務資助等，則不受第 14A 條多項關連交易披露規定之約束。

據上所述，圖二整理公司上市後各項披露責任如下：

圖二：公司上市後披露責任

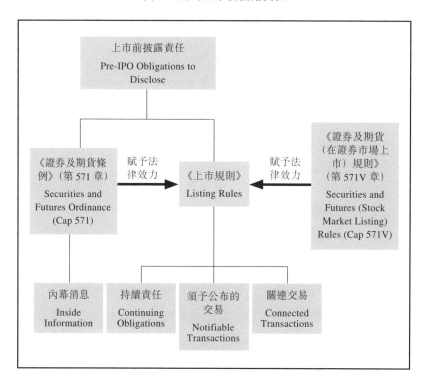

其中，「須與公布的交易」及「關聯交易」並非完全獨立之概念。一項交易或會兼具兩者之屬性，上市公司須就有關交易，按《上市規則》第14及14A章披露信息 (Davis and Mitchell, 2012:270)。

2.2 內地法

內地《證券法》第3章第3節，規定上市公司及公司債券上市交易公司負有「持續信息公開」義務。第63條定明，「**發行人、上市公司依法披露的信息，必須真實、準確、完整，不得有虛假記載、誤導性陳述或者重大遺漏**」。

第64條詳細規定上市公司及公司債券上市交易公司應公開之文件：

> 經國務院證券監督管理機構核准依法公開發行股票，或者經國務院授權的部門核准依法公開發行公司債券，應當公告招股說明書、公司債券募集辦法。依法公開發行新股或者公司債券的，還應當公告財務會計報告。

第69條定明，虛假記載、誤導性陳述或重大遺漏致投資者在證券交易遭受損害之責任。第70條規定，依法必須披露之信息，「**應當在國務院證券監督管理機構指定的媒體發布，同時將其置備於公司住所、證券交易所，供社會公眾查閱**」。

2007年1月30日，中國證券監督管理委員會公布並實行的《上市公司信息披露管理辦法》，加強規範發行人、上市公司及其他信息披露義務人之信息披露行為，以及披露事務管理，保護投資者合法權益。第2條第3款規定：「在境內、外市場發行證券及其衍生品種並上市的公司在境外市場披露的信息，應當同時在境內市場披露」。

第5條列出應公開披露之文件，主要包括「招股說明書、募集說明書、上市公告書、定期報告和臨時報告」等。第6條第2款規範信息披露之時間及方式：

> 信息披露義務人在公司網站及其他媒體發布信息的時間不得先於指定媒體，不得以新聞發布或者答記者問等任何形式代替應當履行的報告、公告義務，不得以定期報告形式代替應當履行的臨時報告義務。

第9條定明，中國證券監督管理委員會與證券交易所在監管
信息披露之分工：

> 中國證監會依法對信息披露文件及公告的情況、信息披
> 露事務管理活動進行監督，對上市公司控股股東、實際
> 控制人和信息披露義務人的行為進行監督。

> 證券交易所應當對上市公司及其他信息披露義務人披露
> 信息進行監督，督促其依法及時、準確地披露信息，對
> 證券及其衍生品種交易實行實時監控。證券交易所制訂
> 的上市規則和其他信息披露規則應當報中國證監會批
> 準。

2014年10月23日，中國證券監督管理委員會公布《上市公司
重大資產重組管理辦法》，並於11月23日實行，其中第22條
具體規定：

> 上市公司應當在董事會作出重大資產重組決議後的次一
> 工作日至少披露下列文件：
>
> （一）董事會決議及獨立董事的意見；
>
> （二）上市公司重大資產重組預案。

此外，第26條第1及第2款，列定在上市公司及重大資產重
組中，交易對方須負之信息披露義務：

> 上市公司全體董事、監事、高級管理人員應當公開承
> 諾，保證重大資產重組的信息披露和申請文件不存在虛
> 假記載、誤導性陳述或者重大遺漏。

> 重大資產重組的交易對方應當公開承諾，將及時向上市
> 公司提供本次重組相關信息，並保證所提供的信息真
> 實、準確、完整，如因提供的信息存在虛假記載、誤導
> 性陳述或者重大遺漏，給上市公司或者投資者造成損失
> 的，將依法承擔賠償責任。

2.3 台灣法

台灣公開發行公司之資訊揭露制度，可分為「初次公開」與
「繼續公開」兩部分。

先論「初次公開」。《證券交易法》第13條，界定須披露之公
開說明書為「**發行人為有價證券之募集或出賣，依本法之規
定，向公眾提出之說明文書**」。第30條第2項再規定，「前項
公開說明書，其應記載之事項，由主管機關以命令定之」。

次論「持續公開」。《證券交易法》第25條，規定「**公開發行
股票之公司於登記後，應即將其董事、監察人、經理人及持
有股份超過股份總額百分之十之股東，所持有之本公司股票
種類及股數，向主管機關申報並公告之**」。第36及第36條之
一規定，公開發行公司應公告，並向主管機關申報財務報告
及每月營運情形。第2節第43條之一至43條之五條，列明
「有價證券之收購」之作業程序及申報義務等。

台灣行政院為建構具國際競爭力之金融環境，於2002年7月
成立「金融改革專案小組」，並因應國際間對公司治理的重視
及對企業資訊透明度的要求，將建置「資訊揭露評鑑制度」
列為當時重要工作項目之一。自2003年開始，台灣證券交易
所及財團法人中華民國證券櫃檯買賣中心，共同委託證券暨
期貨市場發展基金會，執行資訊揭露評鑑系統相關作業，並
開始辦理第一屆資訊揭露評鑑。「資訊揭露評鑑制度」是以全
體上市（櫃）公司為評鑑對象，投資者可於證基會網站查詢
上市（櫃）公司資訊揭露評鑑結果，藉此瞭解各上市（櫃）公
司之資訊透明程度（李宜雯，2011）。

3. 三地法律比較總結

首先，兩岸三地之上市公司，均有持續及主動之信息披露
責任。

張江凱（2014）認為，內地與香港上市公司信息披露監管之法律體系，主要差異有二：構成不完全相同，在內地，行政法規乃重要一環，香港則不然；自律規則地位不同，香港交易所之《上市規則》處於主導地位，其內容比滬深證券交易所《上市規則》更豐富複雜，實質涵蓋內地諸多單獨規範文件之內容。

就監管方式而論，兩地亦有差別如下：

(1) 上市公司證券發行階段行使核准權之主體不同。內地核准權屬中國證監會，香港核准權亦屬香港證監會，但在具體操作上其只簽訂備忘錄，實時的核准權就授予香港交易所。

(2) 核准形式不同。在內地，中國證監會出具核准發行的專門文件，核准上市公司公開發行證券；香港交易所則以同意刊發《招股章程》通知的形式核准發行。

曹夢菲和秦曉東 (2007:115–116)，從三個層面比較陸台兩地上市公司之信息披露制度：（一）發行面信息披露、（二）交易面信息披露，及（三）法律責任。

有關發行面信息披露，內地與台灣上市公司之首次信息披露，均要求包括招股說明書及上市公告書，而台灣還要求召開上市前業績發表會；至於定期報告種類，內地與台灣均要求披露年報、半年報和季報，而台灣除此之外亦要求披露月度報告，可見當地須披露之上市信息較多。

其次，關於交易定期報告之審計要求，內地僅強制要求年報審計，而台灣證券市場除要求年報和半年報具會計師審計，更要出具審計報告，季度報告須經會計師核閱，月報則毋須。由此可見，台灣證券市場對上市活動要求披露之信息較多，財務報告審計要求亦較高。

最後，兩岸信息披露之法例均明確規定行政、責任及民事三種責任。然而在實行時，內地之民事責任缺乏具體操作方案和損害賠償計算方法，可見有關法例仍未獲足夠重視。

整體而言，有學者認為三地之上市公司信息披露制度雖有不少相似之處，但具體規定側重點非常不同。例如，據香港上市公司「須予披露的交易」之規定，上市公司的日常交易分為五個層次：非常重大的收購事項、主要交易、須予披露的交易、股份交易和關聯交易等，幾乎涵蓋企業所有交易事項。台灣則為上市公司設立「股市觀測站」，令上市公司信息披露更公開有效；如傳媒對上市公司作錯誤報道，上市公司可在股市觀測站予以澄清，務使披露信息更真實可靠（張天西、呂博，2001:17–19）。

4. 三地法律條文

文中論及三地多條「上市公司披露責任」之法律條文，以下詳細列出，方便讀者參考研究。

4.1 香港

(1) 香港法例第32章《公司（清盤及雜項條文）條例》(Companies (Winding Up and Miscellaneous Provisions) Ordinance, Cap 32) 第38(3)條

> 除第38A條另有規定外，發出任何用以申請公司股份或債權證的表格，如非與符合本條規定的招股章程一起發出，即屬違法：
>
> 但如能顯示該申請表格是與下列事項有關而發出的，則本款並不適用——
>
> (a) 真誠邀請某人訂立一份股份或債權證的包銷協議；
>
> (b) 與並非向公眾作出要約的股份或債權證有關者；或

(c) 與附表17各部（第1部除外）一併理解的該附表第1部指明的要約。

任何人如違反本款的條文，可處罰款。

(2) 《公司（清盤及雜項條文）條例》第38D(1)條

任何公司不得發出或由他人代其發出招股章程，但如該招股章程符合本條例的規定，以及在其刊登當日或之前，已根據本條獲批准登記，而處長亦已將一份上述的招股章程登記，則不在此限。

(3) 香港法例第571章《證券及期貨條例》 (Securities and Futures Ordinance, Cap 571) 第23(1)條

在不局限認可交易所訂立規章的其他權力的原則下，該交易所可為以下目的而就有需要或可取的事宜訂立規章——

(a) 該交易所營辦的市場的妥善規管和有效率的運作；

(b) 該交易所的交易所參與者及交易權持有人的妥善規管；

(c) 為投資大眾設立和維持賠償安排。

(4) 《證券及期貨條例》第23(2)條

在不局限第(1)款的一般性的原則下，可營辦證券市場的認可交易所可就以下事宜訂立規章——

(a) 證券上市的申請，以及在證券上市前須符合的規定；

(b) 該交易所與其他人就證券的上市訂立協議，以及由該交易所強制執行該等協議；

(c) 在該交易所營辦的認可證券市場上市的證券取消上市及撤回上市，以及該等證券暫停交易及恢復交易；

(d) 向任何人施加就證券的上市或維持上市而合理施加的義務，規定該人遵守指明的操守標準，或作出或不得作出指明的作為；

(e) 容許在任何香港以外的司法管轄區內受到規管的證券在任何認可交易所營辦的認可證券市場進行交易；

(f) 該交易所可就違反根據本條訂立的規章而施加的罰則或制裁；

(g) 可就根據本條訂立的規章規定的事宜施加的程序或條件，或須就該等事宜存在的情況；

(h) 處理相關法團或相關認可控制人屬上市法團或尋求成為上市法團而可能引起的利益衝突；

(i) 為妥善及有效率地營辦及管理該交易所而有需要或可取的其他事項。

(5) 香港法例第571V章《證券及期貨（在證券市場上市）規則》(Securities and Futures (Stock Market Listing) Rules, Cap 571V) 第3條

要求將申請人已發行或將會發行的證券上市的申請，須——

(a) 符合接獲該項申請的認可交易所的規章及規定（在該認可交易所寬免或不要求符合的範圍內除外）；

(b) 符合任何適用的法律規定；及

(c) 載有在顧及該申請人及該等證券的特質下屬需要的詳情及資料，以使投資者能夠就該申請人在申請時的業務、資產、負債及財務狀況，以及就該申請人的利潤與損失和依附於該等證券的權利，作出有根據的評估。

(6) **《證券及期貨（在證券市場上市）規則》第6(2)條**

凡有人提出關乎某證券上市的申請，證監會如覺得——

(a) 該項申請並不符合第3條所訂的某規定；

(b) 該項申請在某事關重要的事實方面屬虛假或具誤導性，或因遺漏某事關重要的事實而屬虛假或具誤導性；

(c) 申請人沒有遵從根據第(1)款提出的要求，或在看來是遵從該項要求時，向證監會提供在要項上屬虛假或具誤導性的資料；或

(d) 讓該等證券上市並不符合投資大眾的利益或公眾利益，則證監會可在第(6)款指明的限期內，藉給予有關申請人及認可交易所的通知，反對該等證券上市。

(7) **《證券及期貨（在證券市場上市）規則》第8(1)條**

如證監會覺得——

(a) 以下文件載有在要項上屬虛假、不完整或具誤導性的資料——

(i) 在與證券於某認可證券市場上市有關連的情況下發行的文件，包括(但不限於)招股章程、通告、介紹文件及載有關於法團債務安排或法團重組的建議的文件；或

(ii) 由發行人或由他人代它作出或發出的與發行人的事務有關連的公告、陳述、通告或其他文件；

(b) 暫停在某認可交易所營辦的認可證券市場透過該認可交易所的設施買賣的證券的一切交易，對為證券維持一個有秩序和公平的市場是有需要或合宜的；

(c) 為維護投資大眾的利益或公眾利益起見應暫停有關證券的一切交易，或為保障一般投資者或保障在某認可證券市場上市的任何證券的投資者而暫停有關證券的一切交易是適當的；或

(d) 證監會根據第9(3)(c)條施加的任何條件沒有獲得遵從，

則證監會可藉給予有關的認可交易所的通知，指示該認可交易所暫停該通知指明的證券的一切交易。

4.2 內地

《證券法》（2015）

第63條　發行人、上市公司依法披露的信息，必須真實、準確、完整，不得有虛假記載、誤導性陳述或者重大遺漏。

第64條　經國務院證券監督管理機構核准依法公開發行股票，或者經國務院授權的部門核准依法公開發行公司債券，應當公告招股説明書、公司債券募集辦法。依法公開發行新股或者公司債券的，還應當公告財務會計報告。

第69條　發行人、上市公司公告的招股説明書、公司債券募集辦法、財務會計報告、上市報告文件、年度報告、中期報告、臨時報告以及其他信息披露資料，有虛假記載、誤導性陳述或者重大遺漏，致使投資者在證券交易中遭受損失的，發行人、上市公司應當承擔賠償責任；發行人、上市公司的董事、監事、高級管理人員和其他直接責任人員以及保薦人、承銷的證券公司，應當與發行人、上市公司承擔連帶賠償責任，但是能夠證明自己沒有過錯的除外；發行人、上市公司的控股股東、實際控制人有過錯的，應當與發行人、上市公司承擔連帶賠償責任。

第70條　依法必須披露的信息，應當在國務院證券監督管理機構指定的媒體發布，同時將其置備於公司住所、證券交易所，供社會公眾查閱。

《上市公司信息披露管理辦法》

第2條　信息披露義務人應當真實、準確、完整、及時地披露信息，不得有虛假記載、誤導性陳述或者重大遺漏。

信息披露義務人應當同時向所有投資者公開披露信息。

在境內、外市場發行證券及其衍生品種並上市的公司在境外市場披露的信息，應當同時在境內市場披露。

第5條　信息披露文件主要包括招股說明書、募集說明書、上市公告書、定期報告和臨時報告等。

第6條　上市公司及其他信息披露義務人依法披露信息，應當將公告文稿和相關備查文件報送證券交易所登記，並在中國證券監督管理委員會（以下簡稱中國證監會）指定的媒體發布。

信息披露義務人在公司網站及其他媒體發布信息的時間不得先於指定媒體，不得以新聞發布或者答記者問等任何形式代替應當履行的報告、公告義務，不得以定期報告形式代替應當履行的臨時報告義務。

第9條　中國證監會依法對信息披露文件及公告的情況、信息披露事務管理活動進行監督，對上市公司控股股東、實際控制人和信息披露義務人的行為進行監督。

證券交易所應當對上市公司及其他信息披露義務人披露信息進行監督，督促其依法及時、準確地披露信息，對證券及其衍生品種交易實行實時監控。證券交易所制訂的上市規則和其他信息披露規則應當報中國證監會批准。

《上市公司重大資產重組管理辦法》

第22條　上市公司應當在董事會作出重大資產重組決議後的次一工作日至少披露下列文件：

（一）董事會決議及獨立董事的意見；

（二）上市公司重大資產重組預案。

本次重組的重大資產重組報告書、獨立財務顧問報告、法律意見書以及重組涉及的審計報告、資產評估報告或者估值報告至遲應當與召開股東大會的通知同時公告。上市公司自願披露盈利預測報告的，該報告應當經具有相關證券業務資格的會計師事務所審核，與重大資產重組報告書同時公告。

本條第一款第（二）項及第二款規定的信息披露文件的內容與格式另行規定。

上市公司應當在至少一種中國證監會指定的報刊公告董事會決議、獨立董事的意見，並應當在證券交易所網站全文披露重大資產重組報告書及其摘要、相關證券服務機構的報告或者意見。

第26條　上市公司全體董事、監事、高級管理人員應當公開承諾，保證重大資產重組的信息披露和申請文件不存在虛假記載、誤導性陳述或者重大遺漏。

重大資產重組的交易對方應當公開承諾，將及時向上市公司提供本次重組相關信息，並保證所提供的信息真實、準確、完整，如因提供的信息存在虛假記載、誤導性陳述或者重大遺漏，給上市公司或者投資者造成損失的，將依法承擔賠償責任。

前二款規定的單位和個人還應當公開承諾，如本次交易因涉嫌所提供或者披露的信息存在虛假記載、誤導性陳述或者重大遺漏，被司法機關立案偵查或者被中國證監會立案調查的，在案件調查結論明確之前，將暫停轉讓其在該上市公司擁有權益的股份。

4.3 台灣

《證券交易法》

第13條　本法所稱公開說明書，謂發行人為有價證券之募集或出賣，依本法之規定，向公眾提出之說明文書。

第25條　公開發行股票之公司於登記後，應即將其董事、監察人、經理人及持有股份超過股份總額百分之十之股東，所持有之本公司股票種類及股數，向主管機關申報並公告之。

前項股票持有人，應於每月五日以前將上月份持有股數變動之情形，向公司申報，公司應於每月十五日以前，彙總向主管機關申報。必要時，主管機關得命令其公告之。

第二十二條之二第三項之規定，於計算前二項持有股數準用之。

第一項之股票經設定質權者，出質人應即通知公司；公司應於其質權設定後五日內，將其出質情形，向主管機關申報並公告之。

第30條　公司募集、發行有價證券，於申請審核時，除依公司法所規定記載事項外，應另行加具公開說明書。

前項公開說明書，其應記載之事項，由主管機關以命令定之。

公司申請其有價證券在證券交易所上市或於證券商營業處所買賣者，準用第一項之規定；其公開說明書應記載事項之準則，分別由證券交易所與證券櫃檯買賣中心擬訂，報請主管機關核定。

第36條　已依本法發行有價證券之公司，除情形特殊，經主管機關另予規定者外，應依下列規定公告並向主管機關申報：

　　一、於每會計年度終了後三個月內，公告並申報經會計師查核簽證、董事會通過及監察人承認之年度財務報告。

二、於每會計年度第一季、第二季及第三季終了後四十五日內，公告並申報經會計師核閱及提報董事會之財務報告。

三、於每月十日以前，公告並申報上月份營運情形。

前項所定情形特殊之適用範圍、公告、申報期限及其他應遵行事項之辦法，由主管機關定之。

第一項之公司有下列情事之一者，應於事實發生之日起二日內公告並向主管機關申報：

一、股東常會承認之年度財務報告與公告並向主管機關申報之年度財務報告不一致。

二、發生對股東權益或證券價格有重大影響之事項。

第一項之公司，應編製年報，於股東常會分送股東；其應記載事項、編製原則及其他應遵行事項之準則，由主管機關定之。

第一項至第三項公告、申報事項及前項年報，有價證券已在證券交易所上市買賣者，應以抄本送證券交易所；有價證券已在證券商營業處所買賣者，應以抄本送主管機關指定之機構供公眾閱覽。

公司在重整期間，第一項所定董事會及監察人之職權，由重整人及重整監督人行使。

股票已在證券交易所上市或於證券商營業處所買賣之公司股東常會，應於每會計年度終了後六個月內召開；不適用公司法第一百七十條第二項但書規定。

股票已在證券交易所上市或於證券商營業處所買賣之公司董事及監察人任期屆滿之年，董事會未依前項規定召開股東常會改選董事、監察人者，主管機關得依職權限期召開；屆期仍不召開者，自限期屆滿時，全體董事及監察人當然解任。

第36條之一　公開發行公司取得或處分資產、從事衍生性商品交易、資金貸與他人、為他人背書或提供保證及揭露財務預測資訊等重大財務業務行為，其適用範圍、作業程序、應公告、申報及其他應遵行事項之處理準則，由主管機關定之。

第43條之一　任何人單獨或與他人共同取得任一公開發行公司已發行股份總額超過百分之十之股份者，應於取得後十日內，向主管機關申報其取得股份之目的、資金來源及主管機關所規定應行申報之事項；申報事項如有變動時，並隨時補正之。

不經由有價證券集中交易市場或證券商營業處所，對非特定人為公開收購公開發行公司之有價證券者，除下列情形外，應提出具有履行支付收購對價能力之證明，向主管機關申報並公告特定事項後，始得為之：

　　一、公開收購人預定公開收購數量，加計公開收購人與其關係人已取得公開發行公司有價證券總數，未超過該公開發行公司已發行有表決權股份總數百分之五。

　　二、公開收購人公開收購其持有已發行有表決權股份總數超過百分之五十之公司之有價證券。

　　三、其他符合主管機關所定事項。

任何人單獨或與他人共同預定取得公開發行公司已發行股份總額或不動產證券化條例之不動產投資信託受益證券達一定比例者，除符合一定條件外，應採公開收購方式為之。

依第二項規定收購有價證券之範圍、條件、期間、關係人及申報公告事項與前項有關取得公開發行公司已發行股份總額達一定比例及條件，由主管機關定之。

對非特定人為公開收購不動產證券化條例之不動產投資信託受益證券者，應先向主管機關申報並公告後，始得為之，有關收購不動產證券化之受益證券之範圍、條

件、期間、關係人及申報公告事項、第三項有關取得不動產投資信託受益證券達一定比例及條件,由主管機關定之。

第43條之二　公開收購人應以同一收購條件為公開收購,且不得為左列公開收購條件之變更:

一、調降公開收購價格。

二、降低預定公開收購有價證券數量。

三、縮短公開收購期間。

四、其他經主管機關規定之事項。

違反前項應以同一收購條件公開收購者,公開收購人應於最高收購價格與對應賣人公開收購價格之差額乘以應募股數之限額內,對應賣人負損害賠償責任。

第43條之三　公開收購人及其關係人自申報並公告之日起至公開收購期間屆滿日止,不得於集中交易市場、證券商營業處所、其他任何場所或以其他方式,購買同種類之公開發行公司有價證券或不動產證券化條例之不動產投資信託受益證券。

違反前項規定者,公開收購人應就另行購買有價證券之價格與公開收購價格之差額乘以應募股數之限額內,對應賣人負損害賠償責任。

第43條之四　公開收購人除依第二十八條之二規定買回本公司股份者外,應於應賣人請求時或應賣人向受委任機構交存有價證券時,交付公開收購說明書。

前項公開收購說明書,其應記載之事項,由主管機關定之。

第三十一條第二項及第三十二條之規定，於第一項準用之。

第43條之五　公開收購人進行公開收購後，除有下列情事之一，並經主管機關核准者外，不得停止公開收購之進行：

　　一、被收購有價證券之公開發行公司，發生財務、業務狀況之重大變化，經公開收購人提出證明者。

　　二、公開收購人破產、死亡、受監護或輔助宣告或經裁定重整者。

　　三、其他經主管機關所定之事項。

公開收購人所申報及公告之內容有違反法令規定之情事者，主管機關為保護公益之必要，得命令公開收購人變更公開收購申報事項，並重行申報及公告。

公開收購人未於收購期間完成預定收購數量或經主管機關核准停止公開收購之進行者，除有正當理由並經主管機關核准者外，公開收購人於一年內不得就同一被收購公司進行公開收購。

公開收購人與其關係人於公開收購後，所持有被收購公司已發行股份總數超過該公司已發行股份總數百分之五十者，得以書面記明提議事項及理由，請求董事會召集股東臨時會，不受公司法第一百七十三條第一項規定之限制。

以下為本文多個法律詞彙在三地政府新聞公布及媒體報導之使用實例：

香港	「就何議員的提問，我們經徵詢證券及期貨事務監察委員會（證監會）及香港交易及結算所（港交所）的意見後，現答覆如下：

（一）香港聯合交易所（聯交所）上市科透過採取不同方法不時監察**上市發行人**有否履行一般**披露責任**，這做法與其他國際證券市場相關方面的做法一致。方法包括：

(i) 觀察報章報導、市場傳言以及股票分析報告。

(ii) 在得悉一些有關上市發行人可能延遲披露或並沒有披露其股價敏感資料的情況下（例如收到投訴），與上市發行人跟進。

(iii) 審閱發行人的定期財務業績以調查發行人有否違反《上市規則》的情況。

(iv) 透過審閱發行人非定期刊發的監管公告，以及就有關公告內容向發行人提供意見，以監察上市發行人遵守《上市規則》的情況。

當上市科得悉**上市發行人**需履行一般**披露責任**的情況，例如當上市發行人因投資衍生貨幣工具而出現重大財務虧損又或令公司需要面對重大虧損的風險，上市科會要求發行人即時作出披露，否則其證券或有需要暫停買賣。」

《政府新聞公報》〈立法會三題：上市公司監管〉（2008年11月12日）http://www.info.gov.hk/gia/general/200811/12/P200811120138.htm（檢索日期：2016年8月5日）

| 內地 | 「證監會有關部門負責人表示,出台認定規則主要有三大目的:一是規範證監會關於信息披露違法行為的認定工作;二是引導督促**上市公司、發行人**等信息披露義務人更好履行**信息披露的職責**;三是保護投資者的合法權益。認定規則是對相關法律規定的細化,不存在加大責任和追溯問題,在認定時候,和過去沒有原則區別。」

《新浪財經》〈上市公司信息披露違法　證監會擬過錯推定高管責任〉(2010年12月28日,來源:《上海證券報》) http://finance.sina.com.cn/stock/y/20101228/02529171036.shtml (檢索日期:2016年8月5日) |
| --- | --- |
| 台灣 | 「導入國際財務報導準則(IFRSs)是主管機關長期推動,協助企業邁向資本市場國際化與自由化的重要政策。上市櫃與**公開發行公司**,已分別於2013年與2015年導入IFRSs,除了對持股50%以上,或有實質控制權的子公司,採用以『合併報表』為基礎的方式,**揭露**集團化財務**資訊**外,還須於每月公布合併營收資訊。

隨着市場競爭白熱化與產業壁壘崩解,台灣中小企業也逐步接軌適用合併報表。未來,在中小企業試用版(IFRS for SME)的架構發展下,財會功能更將面臨巨大的轉型壓力。」

《聯合知識網》〈會計師看時事/從合併報表　找出集團關鍵戰力〉(2016年6月17日) http://fund.udn.com/fund/story/5858/1767506-會計師看時事/從合併報表-找出集團關鍵戰力 (檢索日期:2016年8月5日) |

參考文獻

李宜雯（2011）。〈資訊揭露 —— 證卷市場的防腐劑〉。《證券暨期貨月刊》，第29卷，第11期，頁5–23。

張天西，呂博（2001）。〈兩岸三地上市公司信息披露制度比較研究〉。《四川會計》，第4期，頁17–19。

張江凱（2014）。〈內地與香港上市公司信息披露監管制度比較分析〉。《當代會計》，第3期，頁52–53。

曹夢菲、秦曉東（2007）。〈海峽兩岸上市公司信息披露制度比較〉。《科技情報開發與經濟》，第17卷，第10期，頁115–116。

Davis, N., and Mitchell, M. (2012). *Hong Kong Listed Companies: Law & Practice*. Hong Kong: CCH Hong Kong Limited.

Fox, M.B. (1999). "Retaining Mandatory Securities Disclosure: Why Issuer Choice is Not Investor Empowerment", *Virginia Law Review*, 85:1335–1420.

Lo, S.H.C., and Qu, C.Z. (2013). *Law of Companies in Hong Kong*. Hong Kong: Sweet & Maxwell.

Ripken, S.K. (2006). "The Dangers and Drawbacks of the Disclosure Antidote: Toward a More Substantive Approach to Securities Regulation", *Baylor Law Review*, 58:139–204.

Steinberg, M.I., and Goldman, R.M. (1987). "Issuer Affirmative Disclosure Obligations — An Analytical Framework for Merger Negotiations, Soft Information, and Bad News", *Maryland Law Review*, 46:923–953.

Tjio, H. (2009). "Enforcing Corporate Disclosure", *Singapore Journal of Legal Studies, Dec Issue*:332–364.

在香港的公司法，**"Receivership"** 譯作「**接管**」（《公司（清盤及雜項）》（第32章），Companies (Winding Up and Miscellaneous Provisions) Ordinance (Cap 32) 第168E(1)(b)條）。內地破產法一般使用「**管理**」一詞（《企業破產法》第22條），台灣則使用「**破產管理**」一詞（《破產法》第83條）。

1. 香港法

「**接管人**」(receiver) 可由法庭或公司之「**有抵押債權人**」(secured creditor) 委任。如公司以「押記」(charge) 方式抵押財產，向債權人申請貸款，但未能如期清償債務，債權人通常有權按債務合約委任接管人，以變賣抵押財產。合約一般列明債權人有權委任接管人之情況。若然公司之情況不足以使債權人按合約行使此權力 (not yet exercisable)，但債權人利益已受到影響，債權人仍可向法庭申請委任接管人 (Lo and Qu, 2013:797, 817)。以下將概述兩種接管委任之情況。

1.1 法庭委任

根據《高等法院條例》（第4章）(High Court Ordinance, Cap 4) 第21L條，若原訟法庭 (Court of First Instance) 認為是在「**公正或適宜的所有情況下**」(**in all cases in which it appears to the**

Court of First Instance to be just and convenient to do so），便有權委任接管人。據《公司條例》（第 622 章）(Companies Ordinance, Cap 622) 第 725(2) 條，若公司處理事務之方式，曾經或正在不公平損害其成員，原訟法庭可就公司財產、業務或二者之任何部分，委任接管人或「經理人」(manager) 處理。

根據《公司（清盤及雜項條文）條例》第 297 條，接管人必須是自然人 (natural person)，不能是未解除破產令之人士 (undischarged bankrupt)（第 297A 條），或有「取消資格令」(disqualification orders)（第 168D 條）。

此外，法庭亦會考慮以下因素 (Lo and Qu, 2013:818–819)：

(1) 有無不合理蹉延 (unreasonable delay)；

(2) 相對便利情況之衡量 (balance of convenience)。即是，如委任接管人會引致之嚴重後果，大於不委任接管人之不便，法庭便會拒絕委任 (*Hunt v Numa* [2000] VSC 218)；

(3) 其他法律補救措施，是否不足以達致公義 (remedies obtainable at law are inadequate to meet the ends of justice) (*Bond Brewing Holdings Ltd v National Australia Bank Ltd* (1990) 1 ACSR 445)。

1.1.1 權力及責任

法庭頒發之「**委任令**」(**appointment order**)，界定接管人之權力及責任，其中大部分與私人委任接管人之權力及責任相同。因公司財產不會歸屬 (vested) 接管人名下，接管人無權以自己名義興訟，向他人討回公司財產 (Lo and Qu, 2013:821)。

公司財產由不同人士持有，**接管人須以不同人士之最大利益 (best interest) 行事，而非只為某一債權人之利益** (*Cape v Redarb Pty Ltd* [1992] 107 FLR 362) (Lo and Qu, 2013:822)。

此外，接管人行事必須光明磊落 (honourably)。如法庭授權，接管人可獲報酬，報酬須經法庭參照其認為適合的專業收費表或收費率而釐定（《高等法院規則》（第4A章）(The Rules of the High Court, Cap 4A) 第30號命令第3條）。法庭可應公司清盤人之申請，命令釐定須支付接管人或經理人之酬金款額；法庭亦可不時應清盤人、接管人或經理人之申請，更改或修訂此命令（《公司（清盤及雜項條文）條例》第300條）(Lo and Qu, 2013:823)。

1.1.2　其他法律效力

接管人屬法庭職員，如有人阻撓其履行職責，即屬蔑視法庭 (contempt of court) (Lo and Qu, 2013:822)。

如上文所述，公司財產並非轉歸接管人名下。接管人以法庭之保管人 (custodian) 身分，管有 (possess) 財產 (Lo and Qu, 2013:821)。

1.1.3　解除 (Discharge)

由法庭委任之接管人，只能由法庭解除。在以下情況，法庭可解除接管人職務 (Lo and Qu, 2013:824−826)：

(1)　委任欠妥 (defective)；

(2)　目的已達 (purpose achieved)。例如董事局曾經無能為力 (incompetent)、存有偏頗 (bias) 或陷入僵局 (deadlock)，但其後回復正常；

(3)　有合理原因，例如生病 (ill health)；

(4)　行為不當 (misconduct)；

(5)　利益衝突 (conflict of interest)；

1.2 非法庭委任

如前所述，接管人可由法庭委任，亦可由有抵押債權人根據債務合約委任。

1.2.1　權力及責任

接管人乃公司之代理人 (agent)，如其由債權證持有人 (debenture holder) 委任，債權證持有人可免除其責任。接管人須為債權證持有人之最大利益行事 (Lo and Qu, 2013:800)。

若接管人兼任經理人一職，不但可行使接管人的權力，亦可管理債務人之公司業務。若債務人向債權人抵押其全部公司業務，債權人通常有權委任接管人及經理人 (Lo and Qu, 2013:797)。

債權證釐定接管人之權力範圍，一般賦予接管人多項權力，即收取、管有、控制、使用及處置抵押之財產，但財產並非轉歸 (vested) 接管人名下 (Lo and Qu, 2013:804)。

學者 (Lo and Qu, 2013:809) 說明，接管人須以真誠 (good faith) 行事。在 *Downsview Nominees Ltd v First City Corp Ltd* [1993] AC 295 一案，法官贊同上訴庭 (Court of Appeal) 於 *Cuckmere Brick Co Ltd v Mutual Finance Ltd* [1971] Ch 949 案之意見：**接管人須採合理程度之謹慎態度，為需變賣之財產取得適當價格 (proper price)**。此乃衡平法 (equity) 之責任，而非普通法。若未能對變賣之方法尋求專業意見，可違反謹慎責任 (duty of care) (*Tse Kwong Lam v Wong Chit Sen* [1983] 3 All ER 54)。

1.2.2　其他法律效力

學者 (Lo and Qu, 2013:801–803) 亦解釋，接管人獲委任後，並不代表將公司結業，接管前訂立之合約亦不會終止或解除 (*Parsons v Sovereign Bank of Canada* [1913] AC 160)。任何印有公司名稱之商業文件，例如發票、訂貨單或商業信件，須註明已委任接管人或經理人。假若公司及接管人明知而故意授權或准許違反此規定，可處罰款 (《公司 (清盤及雜項條文) 條例》第 299(2) 條)。

該委任亦不會自動終止僱傭合約，除非接管人與僱員 (employee) 簽訂新合約，而條款與舊約條款不一樣 (*Griffiths v Secretary of State for Social Services* [1974] QB 468)。

委任接管人亦不會「暫緩」(stay) 法律程序，債權人仍可向公司追討欠款。

如接管人根據「浮動押記」(floating charge) 委任，該押記在委任後即變成「固定押記」(fixed charge)，此過程稱為**「浮動押記具體化」(crystallization of floating charge)**。公司須先獲債權證持有人之同意，方可處置該押記之財產。

1.2.3　終止 (Termination)

在下列情況，接管可終止 (Lo and Qu, 2013:815–816)：

(1)　委任人免除接管人職務；

(2)　接管目的已達成；

(3)　接管人行為不當，委任人有權將其免職；如債權證並未賦予委任人此權力，法庭亦享固有 (inherent) 權力將接管人免職 (*Re Slogger Automatic Feeder Co Ltd* [1915] 1 Ch 478)；

(4)　接管人辭職 (resignation)。

2. 內地法

內地《企業破產法》第3章，規定管理人之任命與責任。

管理人須由法院指定（第22條），其「**應當勤勉盡責，忠實執行職務**」（第27條）；如無正當理由，不得辭去職務，除非得法院准許（第29條）。此規定與香港法有所不同。如上文所述，在香港，接管人在某些情況可由私人委任或免職。

管理人應按《企業破產法》執行職務，「向人民法院報告工作，並接受債權人會議及委員會監督」；亦應列席債權人會議，向其報告執行職務情況，並回答詢問（第23條）。

誰可擔任管理人一職？根據第24條，有關部門、機構人員組成之清算組，以及社會中介機構如依法設立之律師事務所、會計師事務所、破產清算事務所等，均可擔任。第24條則詳列不得擔任管理人之情況：

> 有下列情形之一的，不得擔任管理人：
>
> （一） 因故意犯罪受過刑事處罰；
>
> （二） 曾被吊銷相關專業執業證書；
>
> （三） 與本案有利害關系；
>
> （四） 人民法院認為不宜擔任管理人的其他情形。

第25條詳列管理人之職責如下：

> 管理人履行下列職責：
>
> （一） 接管債務人的財產、印章和賬簿、文書等資料；
>
> （二） 調查債務人財產狀況，制作財產狀況報告；
>
> （三） 決定債務人的內部管理事務；

（四） 決定債務人的日常開支和其他必要開支；

（五） 在第一次債權人會議召開之前，決定繼續或者停止債務人的營業；

（六） 管理和處分債務人的財產；

（七） 代表債務人參加訴訟、仲裁或者其他法律程序；

（八） 提議召開債權人會議；

（九） 人民法院認為管理人應當履行的其他職責。

本法對管理人的職責另有規定的，適用其規定。

第28條則規定，經法院許可，管理人可聘用必要之工作人員，管理人之報酬亦由法院確定，但債權人會議亦可向法院異議。「管理人未依照本法規定勤勉盡責，忠實執行職務的，人民法院可以依法處以罰款；給債權人、債務人或者第三人造成損失的，依法承擔賠償責任」（第130條），而「個人擔任管理人的，應當參加執業責任保險」（第24條）。

湯維建（2006:106–107）認為，第24及130條能促進管理人「本誠實守信的心態」，履行第27條之責任。他解釋，第27條中「應當勤勉盡責，忠實執行職務」之義務，實質規定「善良管理人的注意事務」，是「較高標準的注意義務」：

> 行為人在進行交易時應當具有的注意，用來評價具有相當知識或者經驗的人在為具體行為時的注意程度，並以此作為衡量其有無過失的標準。在破產程序進行的過程中，**管理人在對債權人債權的調查確認、對於債權人財務的接管、管理、清算、評估和分配時，其注意程度與一般常人相比顯然要高**，即其執行職務時的注意程度，應與其作為管理人的身分及自己的職業、地位、能力、學識等相適應，並明確規定管理人違反「善良管理人義務」時承擔的法律責任。

蘇智勇與海南省印刷工業公司與破產有關的糾紛上訴案

海南省高級人民法院民事判決書
（2012）瓊民二終字第212號

1995年，蘇先生與海南省印刷工業公司簽訂《勞動合同》。其後，印刷公司資不抵債，未能清還債務。2010年，法院裁定公司破產，並向蘇先生發出《解除勞動關系通知》，發放經濟補償金、工資、生活費及住房公積金等。蘇先生於同日簽收該通知書，並領取此等費用。然而，他認為公司尚未發放加班費及獎金，遂上訴請求公司管理人承擔連帶責任。

法院駁回上訴，理由為蘇先生未能證明公司管理人失職，而管理人並非本案之訴訟及責任主體，印刷公司本身亦不應承擔責任。

3. 台灣法

《破產法》第3章第2節，涵蓋「破產財團之構成及管理」各項規定。第83條定明：

> 破產管理人，應就會計師或其他適於管理該破產財團之人中選任之。
>
> 前項破產管理人，債權人會議得就債權人中另為選任。
>
> 破產管理人受法院之監督，必要時，法院並得命其提供相當之擔保。

根據第84條，管理人之報酬由法院酌定。

管理人「**應以善良管理人之注意，執行其職務**」（第86條）；並且「於第一次債權人會議前，經法院之許可，得於清理之必要範圍內，繼續破產人之營業」（第91條）。有學者論及第86條時，認為內地《企業破產法》第27條「亦是如此」（湯維建，2006:107）。

經管理人請求，破產人應即提交「財產狀況說明書及其債權人、債務人清冊」，而說明書「應開列破產人一切財產之性質及所在地」（第87條）；亦應移交「與其財產有關之一切簿冊、文件及其所管有之一切財產」，除非該財產禁止扣押（第88條）。破產人應回答管理人「關於其財產及業務之詢問」（第89條）。

若破產人權利屬於破產財團，管理人「應為必要之保存行為」（第90條）。

第92條則詳列經監查人同意才可作之事：

> 破產管理人為左列行為時，應得監查人之同意：
>
> 一、不動產物權之讓與。
>
> 二、礦業權、漁業權、著作權、專利權之讓與。
>
> 三、存貨全部或營業之讓與。
>
> 四、借款。
>
> 五、非繼續破產人之營業，而為一百圓以上動產之讓與。
>
> 六、債權及有價證券之讓與。
>
> 七、專託之貨幣、有價證券及其他貴重物品之取回。
>
> 八、雙務契約之履行請求。
>
> 九、關於破產人財產上爭議之和解及仲裁。
>
> 十、權利之拋棄。
>
> 十一、取回權、別除權，財團債務及第九十五條第一款費用之承認。
>
> 十二、別除權標的物之收回。
>
> 十三、關於應行收歸破產財團之財產提起訴訟或進行其他法律程序。

4. 總結

在香港法，委任接管人接管公司，不一定與公司清盤有關。然而，在內地及台灣法，公司破產才會委任管理人。此外，香港法賦予法院及債權人委任接管人之權力，在內地則只有法院才能委任破產管理人。

以下為「接管」、「管理」及「破產管理」在三地媒體新聞使用之實例：

香港	「英國百貨老店 BHS 週一正式被法庭委任管理人**接管**，意味該公司可能倒閉，令到 1.1 萬人的職位可能不保。 BHS 是英國高檔商品零售商，擁有 164 間分店，現時聘有 8,000 員工，另有 3,000 個外判合約僱員。不過，集團財政情況不佳，累計欠債逾 10 億英鎊，包括 5.71 億英鎊的退休金短絀。該公司今年 3 月獲得借貸人支持，可以繼續營運。不過，集團未能夠取得新資金，以致無法履行付款責任。」 《信報財經新聞》〈英國零售老店 BHS 被**接管** 1.1 萬人工作不保〉（2016 年 4 月 26 日）https://www2.hkej.com/instantnews/international/article/1292469/英國零售老店BHS被接管+1.1萬人工作不保（檢索日期：2016 年 8 月 9 日）

香港	「理論上，亞視的債權人（欠債一萬元或以上）或股東都可向法庭提交清盤呈請。從事清盤重組工作多年，亦曾代客戶入稟向亞視追債的中磊法證會計服務合夥人陳弘毅指，申請人亦可申請公司進入臨時清盤階段，委託臨時清盤人入場**接管**公司，以免公司資產流失。 臨時清盤人將為公司所有股東尋找白武士，權力較經理人為大，但白武士最終能否入主，仍要視乎現有股東是否願意出售股份。」 《蘋果日報》〈債權人擬申請亞視清盤〉（2015年3月12日）http://hk.apple.nextmedia.com/news/art/20150312/19073231（檢索日期：2016年8月9日）
內地	「由於沒有兼顧在線銷售、時尚元素以及改進客戶服務，有著88年歷史的英國著名連鎖百貨商店進入**破產管理**狀態，164家商店的11000名僱員的工作陷入危險之中，這起事件引起了英國政府的關注。 如果這家百貨店倒閉，將比2014年Phones4U和2008年的Woolworths帶來的衝擊還要大，再創零售行業破產記錄，緊急時刻，英國政府負責商業事務的國務部長蘇布賴（Anna Soubry）4月25日緊急出面維穩稱，英國百貨商店BHS還沒有立即裁員的計劃。」 《國際金融報》〈英零售行業寒冬加劇，著名連鎖百貨BHS進入**破產管理**〉（2016年4月26日）http://www.gfic.cn/2016/0426/5885406.shtml（檢索日期：2016年8月11日）

台灣	「在台北地方法院裁定大眾電信破產之後，大眾電信董事長兼常駐重整人張敏玉於稍早舉辦的說明會當中，感謝國家通訊委員會的協助，卻高分貝為 PHS 現有 60 萬用戶向行政院喊話，希望行政院能重視消費者權益、大眾電信員工與相關債權人問題，規劃 GSM 1900 頻譜使用年限，並建請中華電信能接下**破產管理**相關事務。 如同大眾電信董事長兼常駐重整人張敏玉上週六 (12/27)，接受《ETtoday 東森新聞雲》採訪時說明，大眾電信重整團隊於 2008 年進駐重整的目的，只有三件事，第一件事就是用戶權益，第二件事就是債權人、股東權益問題，第三件事就是公司員工的權益。」 《ETtoday 東森新聞雲》〈大眾電信：破產非倒閉！望政府與中華電助 PHS 用戶重生〉（2014 年 12 月 29 日）http://www.ettoday.net/news/20141229/444905.htm（檢索日期：2016 年 8 月 9 日）

參考文獻

湯維建（2006）。《新企業破產法解讀與適用》。北京：中國法制出版社。

Lo, S.H.C., and Qu, C.Z. (2013). *Law of Companies in Hong Kong*. Hong Kong: Sweet & Maxwell.

企業失去「償債能力」(corporate insolvency)，是拯救，還是任其死亡？

公司經理 (manager) 對此有兩大解決方案：「清盤」(liquidation) 和「企業拯救」(corporate rescue) (Lo and Qu, 2013:829)。「清盤派」認為，陷入破產邊緣之企業，大都無藥可救，與其苟延殘喘，倒不如盡快變賣剩餘資產。從經濟學角度觀之，清盤能將有價資產，由無競爭力之企業迅速轉移至具競爭力之企業，亦能誘導生產效率低之公司結業；故破產法有提高社會生產效率，促進經濟之用 (Davis and Trebilcock, 2011:23; Lo and Qu, 2013:829)。

「拯救派」則認為，清盤實屬「謀殺」：此舉不但終結企業生命，還會衍生諸多問題，例如失業、債權人及股東利益受損等，最終損害整個社會 (Carruthers and Halliday, 1998:69; Lo and Qu, 2013:829)。反之，成功拯救企業，較清盤更能保存資產價值 (Ho and Chan, 2010:204; *Re Legend International Resorts Ltd* [2006] 2 HKLRD 192)。

兩派意見相佐，始終爭持不下。篇幅所限，本文只討論「企業拯救」。香港法例並無「企業拯救」一詞，根據證券及期貨事務監察委員會出版之《英漢證券期貨及財務用語彙編》(2006:110)，**"Corporate Rescue"** 之中譯詞為「**企業拯救**」。內地法使用「**企業重整**」一詞（《企業破產法》第2條），而台灣法則使用「**公司重整**」(《公司法》第282條）。

1. 香港法

在香港，企業拯救方法主要有三 (Godwin, 2012:176)：

(1) 香港金融管理局 (Hong Kong Monetary Authority) 與香港銀行公會 (Hong Kong Association of Banks) 推出之《香港企業財務困難處理守則》(Hong Kong Approach to Corporate Difficulties)；

(2) 《公司條例》（第 622 章）(Companies Ordinance, Cap 622) 第 673 及 674 條中，法庭認許 (sanction) 之「安排計劃」(Scheme of Arrangement)；及

(3) 《公司（清盤及雜項條文）條例》（第 32 章）(Companies (Winding Up and Miscellaneous Provisions) Ordinance, Cap 32) 第 193 條認許之「臨時清盤」(provisional liquidation)。

企業及其持份者 (stakeholders) 可自由決定，採用何種措施拯救企業。以下會逐一說明三個拯救方法。

1.1 《香港企業財務困難處理守則》(Hong Kong Approach to Corporate Difficulties)

1999 年，香港金融管理局與香港銀行公會聯合發表《香港企業財務困難處理守則》。據此，如企業陷入破產邊緣，在企業持份者如股東、董事、僱員、債權人和顧客等尋求妥協期間，所有「認可機構」(authorized institutions) 不應撤銷「借貸設施」(facilities)，入稟法院追討資產，或要求「接管」該企業 (receivership) (Hong Kong Monetary Authority, 1999:13)。然而，該守則不具法律約束力。

1.2 「安排計劃」(Scheme of Arrangement)

公司陷入破產邊緣，企業持份者可自由採納某種拯救方式，譬如訂立「安排」(arrangement) 或「妥協」(compromise) 協

議，即債權人或股東同意變更權力。所有協議須獲百分之百相關持份者同意。只要有一持份者反對，計劃即告流產。

「安排計劃」(Scheme of Arrangement) 為普通法所獨有，指「**公司因陷入財政危機，與債權人或股東制定之協議**」(**an agreement between a company and its creditors or members when the company is in financial difficulties**) (Law and Martin, 2009:494)。在香港，「安排計劃」之細節列明於《公司條例》，其第673(1)條規定：

> 如建議與債權人或某類別債權人訂立安排或妥協，或建議與成員或某類別成員訂立安排或妥協，或建議兼與上述兩者訂立安排或妥協，而該等或該名人士同意該安排或妥協，則本條適用。

第674條則定明，只要75%或以上之公司持份者同意安排或妥協，法庭便須考慮認許「安排計劃」。此條文實將妥協及安排之通過門檻，由100%降低至75% (Ho and Chan, 2010: 210; Ho and Price, 2011:80)。

除此門檻以外，法庭還須確定計劃具備以下所有條件，才會認許計劃：

(1) 持份者大會以適當方式構成 (meetings are properly constituted) (*Re China Light and Power Co Ltd* [1998] 1 HKLRD 158)；

(2) 持份者大會以適當方式召開 (meetings are duly convened) (*Re China Light and Power Co Ltd* [1998] 1 HKLRD 158)；

(3) 持份者得到充分解釋及諮詢 (sufficient explanation is given) (*Re China Light and Power Co Ltd* [1998] 1 HKLRD 158; *Re Hong Kong Pharmaceutical Holdings Ltd* [2005] HKEC 1593)；

(4) 協議通過門檻，即得到「最少75%的過半數債權人或股東同意該安排或妥協」(a majority in number representing at least 75% in value of the creditors or members present and voting)（《公司條例》第674條）；

(5) 持份者真誠投票支持 (voted *bona fide*) (*Re Hong Kong Pharmaceutical Holdings Ltd* [2005] HKEC 1593; *Re UDL Holdings Ltd* [1999] 2 HKLRD 817)；及

(6) 計劃公平 (scheme must be fair) (*Re Alabama, New Orleans, Texas and Pacific Junction Railway Co* [1891] 1 Ch 213)。

據《公司條例》第673(5)條，獲原訟法庭依照第673條認許之安排或妥協，對以下各方具約束力：

(1) 有關公司；

(2) 公司清盤人、臨時清盤人及分擔人；及

(3) 建議訂立該安排或妥協方之債權人或／及成員。

然而，現行之安排計劃有一大缺憾，即「**缺乏暫緩能力**」(**lack of moratorium**)，不能在財困期間合法暫停向債務人要求之補救措施 (the lawful suspension of legal remedies against debtors during times of general financial distress) (Law and Martin, 2009:358)。換言之，在法庭考慮認許安排計劃期間，所有持份者均能向法庭呈請申索，癱瘓拯救方案 (Ho and Chan, 2010:210; Ho and Price, 2011:80; Lo and Qu, 2013:834–835)。

1.3 「臨時清盤」 (Provisional Liquidation)

「臨時清盤」正正彌補上述安排計劃之不足。根據《公司（清盤及雜項條文）條例》第193(1)條，「法院可於清盤呈請提出後的任何時候，臨時委任一名清盤人」。第186條規定，若法庭已頒布清盤令或委任臨時清盤人，則

（任何人士）除非獲得法院許可，否則不得針對公司進行或展開任何訴訟或法律程序，而獲法院許可者須在符合法院所施加的條款下進行或展開該等訴訟或法律程序。

此「**自動暫停法律程序**」(**automatic stay**)，實質構成「暫緩能力」 (moratorium)，填補本文第1.2節所述《公司法例》第673及674條之不足 (Lo and Qu, 2013:841–847)。陷入財政危機之企業，可尋求「友好債權人」(friendly creditors)，呈請法庭要求頒布臨時清盤令，並於該命令生效期間，向法庭申請認許「安排計劃」，重整企業資產及信貸，渡過難關。然而，必須留意下列兩點：

(1) 企業拯救計劃須對債權人有實際利益，「臨時清盤人」(provisional liquidator) 才可執行計劃 (*Re Keview Technology (BVI) Ltd* [2002] 2 HKLRD 290)；

(2) 香港法庭對「臨時清盤」應用之準則不一。香港法官 Rogers V-C 在 *Re Legend International Resorts Ltd* [2006] 2 HKLRD 192 案指出，據《公司（清盤及雜項條文）條例》第193(1)條[1]，法庭委任臨時清盤人，乃旨在協助公司清盤，而非預防清盤。然而，在 *Re Plus Holdings Ltd* [2007] 2 HKLRD 725 案，關淑馨法官 (Kwan J) 批准委任臨時清盤人申請，協助陷入財困之 Plus Holdings. Ltd. 保留上市公司地位。

---

1 在 *Re Legend International Resorts Ltd* [2006] 2 HKLRD 192 案，判詞所指之香港法例第32章是舊《公司條例》。2014年3月3日起，新《公司條例》正式推行，舊《公司條例》未廢除之部分，改名為《公司（清盤及雜項條文）條例》。

2. 內地法

《企業破產法》第八章，規定企業申請重整及制定、批准及執行重整計劃之細節。第70條關於重整債務人之法院申請：

> 債務人或者債權人可以依照本法規定，直接向人民法院申請對債務人進行重整。
>
> **債權人申請對債務人進行破產清算的，在人民法院受理破產申請後、宣告債務人破產前，債務人或者出資額佔債務人註冊資本十分之一以上的出資人，可以向人民法院申請重整。**

第79條規定，重整計劃草案，須自人民法院裁定債務人重整之日起六個月內提交。如有正當理由，人民法院可延期三個月。未提出重整計劃者，人民法院應「裁定終止重整程序，並宣告債務人破產」。

第89條有關執行重整計劃，規定如下：

> **重整計劃由債務人負責執行。**
>
> **人民法院裁定批准重整計劃後，已接管財產和營業事務的管理人應當向債務人移交財產和營業事務。**

第93條則有關債權人不能或不執行重整計劃，如經管理人或者利害關係人請求，人民法院應「裁定終止重整計劃的執行，並宣告債務人破產」，債權人的調整承諾便失去效力。然而，債權人因重整計劃所受之清償仍然有效，債權未清償部分則為破產債權。其他細節尚有：

> 前款規定的債權人，只有在其他同順位債權人同自己所受的清償達到同一比例時，才能繼續接受分配。有本條第一款規定情形的，為重整計劃的執行提供的擔保繼續有效。

3. 台灣法

台灣《公司法》第5章〈股份有限公司〉中之第10節，詳細列明公司重整規定。

第282條定明哪些主體可申請公司重整：

> 公開發行股票或公司債之公司，因財務困難，暫停營業或有停業之虞，而有重建更生之可能者，得由公司或左列利害關係人之一向法院聲請重整：
>
> **一、繼續六個月以上持有已發行股份總數百分之十以上股份之股東。**
>
> **二、相當於公司已發行股份總數金額百分之十以上之公司債權人。**
>
> 公司為前項聲請，應經董事會以董事三分之二以上之出席及出席董事過半數同意之決議行之。

第313條規定檢查人、重整監督人或重整人應盡之義務，以及三者違反義務承擔之法律責任：

> **應以善良管理人之注意，執行其職務，其報酬由法院依其職務之繁簡定之。**
>
> 檢查人、重整監督人或重整人，執行職務違反法令，致公司受有損害時，對於公司應負賠償責任。
>
> 檢查人、重整監督人或重整人，對於職務上之行為，有虛偽陳述時，各處一年以下有期徒刑、拘役或科或併科新台幣六萬元以下罰金。

4. 三地法律比較總結

根據學者王欣新(2010:29)之分析，各國對制定重整計劃之主體，立法理念存有以下差異：由單一主體制定之「一元主義」，以及由多方主體制定之「多元主義」。

內地現行《企業破產法》第80條規定:「債務人自行管理財產和營業事務的,由債務人制作重整計劃草案。管理人負責管理財產和營業事務的,由管理人制作重整計劃草案」。換言之,在重整過程中,只有債務人或管理人可管理企業財產及營業事務,其他主體無權制定重整計劃,債務人和管理人亦不能同時制定重整計劃。故此,內地應適當擴大可制定重整計劃草案之人範圍。《企業破產法》司法解釋應當借鑒國外經驗,允許債權人、股東、新出資人制作或參與製作重整計劃草案。相對而言,台灣《公司法》採用一元主義,只能由重整人制定重整計劃,其他主體並無權參與。然而,台灣法中之重整人概念和管理人不同,前者一般由重整公司之董事擔任,除非法院認為其不適當,才選派債權人或股東代任(王欣新,2010:29–30)。

上文論及,香港法欠暫緩能力,企業只得尋找友好債權人,向法庭申請臨時清盤令。法庭頒發臨時清盤令或委任臨時清盤人後,任何人士除非先經法庭許可,否則不能起訴公司。

相較之下,在內地,根據《企業破產法》第75條規定,公司重整獲賦予暫緩能力:

> 在重整期間,對債權人的特定財產享有的擔保權暫停行使。但是,擔保物有損壞或者價值明顯減少的可能,足以危害擔保權人權利的,擔保權人可以向人民法院請求恢復行使擔保權。

> 在重整期間,債務人或者管理人為繼續營業而借款的,可以為該借款設定擔保。

至於台灣,第294條規定重整程序優先於其他訴訟程序,即「裁定重整後,公司之破產、和解、強制執行及因財產關係所生之訴訟等程序,當然停止」,可見台灣公司在重整期間亦有暫緩能力。

以下為「企業拯救」、「企業重整」及「公司重整」在三地政府公文及媒體新聞使用之實例：

香港	「政府今日公布優化公司破產法例公眾諮詢的總結，以及設立法定**企業拯救**程式和無力償債情況下營商的條文的詳細建議，明年會向立法會提交優化公司破產法例的草案。

當局去年就優化公司破產法例的立法建議展開諮詢，收到 36 份意見書。官員亦出席會議，向持份者簡介建議和聽取意見。建議旨在精簡和理順公司清盤程式，令管理清盤程式更具效率，同時增加對債權人的保障，並加強監管清盤程式。

此外，政府 2009–2010 年度曾向公眾諮詢法定企業拯救程式和無力償債情況下營商的條文的概念架構及主要課題，其後根據諮詢總結訂出建議細節，臨時監管人可由公司委任並暫時接管公司，考慮拯救公司的計劃，以及在特定時間內擬備自願償債安排，供債權人決定公司未來路向。」

《香港政府新聞網》〈優化公司破產法例明年交立會〉（2014 年 5 月 28 日）http://archive.news.gov.hk/tc/categories/finance/html/2014/05/20140528_174912.shtml（檢索日期：2016 年 8 月 9 日）

內地	「杜萬華指出，處置『殭屍企業』是供給側結構性改革、提升市場主體競爭力、建立社會主義市場主體退出機制的客觀需要。人民法院要牢固樹立服務意識，依法服務中央經濟工作會議提出的『五大任務』，積極適應經濟發展新常態。
	杜萬華強調，人民法院處置『殭屍企業』的指導思想是，把法院當做『生病企業』的醫院，多破產重整，少破產清算。要根據市場化的要求建立破產重整企業的識別機制，對『殭屍企業』分類評估、分別處置，充分體現中央確定的產業發展方向、目標等重要原則，通過破產重整、破產和解和破產清算等方式，對能救治的企業進行重整、和解，對不能救治的企業及時進行破產清算，依法維護國家利益，保護職工、債權人、投資人合法權利；要建立破產**企業重整**資訊平台機制，運用現代資訊化手段最大程度促進**企業重整**成功，促進經濟資源在更廣闊的範圍內配置；要建立企業破產工作統一協調機制，在黨委有力領導和政府相關職能部門支援下，保障處置工作有序開展、穩妥推進；要建立合法有序的利益衡平機制，依法處理好職工工資、國家稅收、擔保債權、普通債權的順序和實現方式問題。」
	《人民網——法治頻道》〈杜萬華：依法穩妥處置『殭屍企業』擬建立清算和破產案件審判庭〉（2016年2月27日）http://sn.people.com.cn/n2/2016/0227/c190197-27822036.html（檢索日期：2016年8月9日）

台灣

「第七條第9款

1. 事實發生日：105/04/292. 發生緣由：本公司因公司重整事件，聲請延長緊急處分期間，於今(4/29)日接獲台灣台中地方法院裁定，本公司緊急處分（案號：104年整聲字第1號）自民國一百零五年四月二十六日起，延長期間九十日。法院裁定內容如下：一、聲請人前因聲請**公司重整**，依公司法第287條聲請緊急處分之裁定即將屆滿90日，爰聲請裁定延長緊急處分等語。 二、按『法院為**公司重整**之裁定前，得因公司或利害關係人之聲請或依職權，以裁定為左列之處分：一、公司財產之保全處分。二、公司業務之限制。三、公司履行債務及對公司行使債權之限制。四、公司破產、和解或強制執行等程式之停止。 五、公司記名式股票轉讓之禁止。六、公司負責人，對於公司損害賠償責任之查 定及其財產之保全處分。前項處分，除法院准予重整外，其期間不得超過九十日；必要時，法院得由公司或利害關係人之聲請或依職權以裁定延長之；其延長期間不得超過九十日』，公司法第287條第1、2項分別定有明文。三、經查，本院104年度整字第1號**公司重整**事件，經本院於民國105年1月20日為 緊急處分之裁定，並於105年1月27日黏貼本院公告處，緊急處分裁定自公告之日起發生效力（最高法院94年度台抗字第1158號裁定參照）。」

《鉅亨網新聞中心》〈達鴻：公告法院裁定本公司緊急處分自民國一百零五年四月二十六日起，延長期間九十日。〉（2016年4月29日）http://news.cnyes.com/Content/20160429/20160429134014000860066.shtml（檢索日期：2016年8月9日）

參考文獻

王欣新（2010）。〈試論重整制度之立法完善〉。《昆明理工大學學報（社會科學版）》，第10卷，第5期，頁28–34。

《英漢證券期貨及財務用語匯編》(*English-Chinese Glossary of Securities, Futures and Financial Terms*) (2006)（第四版）。香港：證券及期貨事務監察委員會。

Carruthers, B.G., and Halliday, T.C. (1998). *Rescue Business: The Making of Corporate Bankruptcy Law in England and the United States*. Oxford: Clarendon Press.

Davis, K.E., and Trebilcock, M.J. (2001). "Legal Reforms and Development", *Third World Quarterly*, *22*(1): 21–36.

Godwin, A. (2012). "Corporate Rescue in Asia—Trends and Challenges", *Sydney Law Review*, *34*: 163–188.

Ho, J.K.S., and Chan, R.S.Y. (2010). "Is Debtor-in-Possession Viable in Hong Kong", *Common Law World Review*, *39*: 204–218.

Ho, J.K.S., and Price, R. (2011). "Bringing Corporate Rescue Laws to Hong Kong: A Reform Too Big to Fail", *Business Law International*, *12*: 71–92.

Hong Kong Monetary Authority (1999). "Hong Kong Approach to Corporate Difficulties". Retrieved from http://www.hkma.gov.hk/media/eng/publication-and-research/reference-materials/banking/fa03.pdf (Date: 9 August 2016).

Law, J., and Martin, A.E. (Ed.) (2009). *Oxford Dictionary of Law* (7th Ed.). New York: Oxford University Press.

Lo, S. H. C., and Qu, C.Z. (2013). *Law of Companies in Hong Kong*. Hong Kong: Sweet & Maxwell.

03 Liquidation/ Winding Up

香港：清盤
內地：清算
台灣：清算

在香港法，"**Liquidation**" 一詞譯作「**清盤**」(《業務轉讓（債權人保障）條例》（第49章），Transfer of Business (Protection of Creditors) Ordinance (Cap 49) 第10(b) 條），而 "**Winding Up**" 一詞亦譯作「**清盤**」(《公司（清盤及雜項條文）條例》（第32章），Companies (Winding Up and Miscellaneous Provisions) Ordinance (Cap 32)）。據內地《公司法》第189條和台灣《公司法》第25條，相關之公司法詞彙為「**清算**」。

1. 香港法

清盤分為兩類：「**自動清盤**」(**voluntary liquidation**) 和「**強制清盤**」(**compulsory liquidation**)。公司有無能力償債 (solvent or insolvent)，亦可清盤。

1.1 自動清盤

據《公司（清盤及雜項條文）條例》第228(1)條，公司可於下列情況自動清盤：

(1) 章程細則訂定公司存在之期限已屆滿，或章程細則訂定公司須予解散之事件已發生，亦經公司大會通過決議自動清盤；

(2) 公司藉特別決議，議決公司須自動清盤；

(3) 公司藉特別決議，議決公司因負債而不能繼續業務，並且適宜清盤；

(4) 公司有多於兩名董事，其過半數董事根據第228A(1)條向處長交付清盤陳述書。

1.2 強制清盤

《公司（清盤及雜項條文）條例》第177(1)條，列明七個公司可由法庭清盤之情況：

(1) 公司已藉「特別決議」(special resolution)，議決公司由法院清盤；

(2) 公司在成立為法團起計一年內並無開始營業，或停業一整年；

(3) 公司並無成員；

(4) 公司無能力償付債項；

(5) 公司章程細則訂定某事件一旦發生公司須解散，而該事件已經發生；

(6) 法院認為將公司清盤屬「公正公平」(just and equitable)。

1.3 「清盤人」(Liquidator) 權力

《公司（清盤及雜項條文）條例》第199(2)(a–h)條列明，由法庭作出的清盤中，法庭任命之清盤人享有以下權力：

(1) 以公開拍賣或私人合約方式，出售公司之土地財產、非土地財產及「據法權產」(things in action)，以及將其整份轉讓或分份出售予任何人或公司；

(2) 以公司名義及代表公司簽署契據、收據及其他文件，並為此在有需要時使用公司印章；

(3) 「在任何分擔人破產、無力償債或財產被暫押的個案中，針對分擔人的產業而就任何餘款提出證明、要求獲順序攤還債款及提出申索，並在該破產、無力償債或財物被暫押的個案中，就該餘款收取攤還債款，而該攤還

債款是作為破產人或無力償債者各別所欠的債項而相對於其他各別債權人按比例收取的」((c)條)；

(4) 以公司名義並代公司開出、承兌、開立及背書匯票或承付票；

(5) 籌措公司必要款項，抵押公司資產；

(6) 「以其正式名稱取得任何已故分擔人的遺產管理書，並以其正式名稱作出任何其他為獲取分擔人或其產業欠下公司的任何款項而需要作出的作為，而該作為是不便以公司名義作出的，並在所有該等情況下，為使清盤人能取得遺產管理書或追討有關款項，所欠的款項須當作欠清盤人本人的款項」((f)條)；

(7) 「委任代理人從事清盤人不能親自從事的任何業務」((g)條)；

(8) 「辦理為結束公司事務及將其資產派發而需要辦理的所有其他事情」((h)條)。

清盤人經法庭或審查委員會認許，亦具備以下權力（《公司（清盤及雜項條文）條例》第199(1)條）：

(1) 以公司名義提訟，或於訴訟或法律程序中答辯；

(2) 繼續經營公司之業務，使其在有利情況下結束；

(3) 「委任律師協助清盤人履行其職責」((c)條)；

(4) 「悉數償付任何類別的債權人」((d)條)；

(5) 與債權人或申索人等作妥協 (compromise) 或安排 (arrangement)（詳見第五章 02 "Corporate Rescue"）；

(6) 按協定條款，妥協以下各項責任：「所有催繳及就催繳而承擔的法律責任，所有債項及可導致產生債項的法律責任，所有存續於或應該是存續於公司與一名分擔人、指稱分擔人或其他債務人或預期須對公司負法律責任的人之間的申索，不論是現在的或將來的、或有的或確定

的、經確定的或僅是要求損害賠償的，以及所有在任何方面有關或影響公司資產或公司清盤的問題；並就任何上述催繳、債項、法律責任或申索的解除而接受任何保證，以及就此而予以完全解除」((f)條)。

1.4 清盤人責任

學者 (Lo and Qu, 2013:880) 解釋，清盤人對公司負有「**受信責任**」(**fiduciary duty**)，須避免與公司發生「利益衝突」(conflict of interest)，亦不能以權謀私。例如：清盤人不能未經授權，以公司資金支付其控制之另一實體，或使用公司資金作與清盤無關的個人用途 (*Commission for Corporate Affairs v Harvey* [1980] VR 669)。

普通法規定，清盤人如與公司有利益衝突，須向法庭申請「許可」(leave) 辭職。根據《公司（清盤）規則》(Companies (Winding Up) Rules, Cap 32H) 第 148 條，清盤人除非獲得法庭許可，否則不得購買公司資產。第 149 條則規定，清盤人購買貨品並從中獲利，必須先獲法庭之「明示認許」(express sanction)。

1.5 「清盤令」(Winding-up Order) 效力

根據《公司（清盤及雜項條文）條例》第 197 條，清盤人有權保管 (custody) 或控制 (control) 公司資產。清盤開始後，一切財產之處置 (disposition)、股份轉讓或成員地位變更，均屬無效（第 182 條）。那清盤於何時開始起計？清盤呈請 (winding-up petition) 提出之時，清盤即告開始。

清盤人一經委任，公司董事之權力即終止。

清盤令頒發後，除非法院許可，任何人不得向公司展開或進行任何訴訟或法律程序（第 186 條），此即「**擱置**」(**stay**) 所有

法律程序。然而，有抵押債權人 (secured creditor) 可處理其於清盤令頒發前所接管之資產，亦可於該令頒發後，根據合約條款委任「接管人」(receiver)。

1.5.1　欺詐優惠 (Fraudulent Preference) 及不公平優惠 (Unfair Preference)

《公司（清盤及雜項條文）條例》第266條乃有關「欺詐優惠」。第266(1)條列明其定義：公司清盤開始前6個月內，其任何轉易、按揭、貨品交付、付款、簽立或有關財產之行為，若由某破產人士提出破產呈請前6個月內作出，上述行為在有關之破產案及公司清盤案，均視為公司債權人獲得之「欺詐優惠」，在此等情況無效。

據第266B條，第266條及第266A條所列明之欺詐優惠，須視作《破產條例》（第6章）(Bankruptcy Ordinance, Cap 6) 第50條所提述之「不公平優惠」(unfair preference)。

原告須提供以下事實，以證明公司給予此優惠：

(1)　公司已經給予不公平優惠；

《破產條例》第50(3)條規定：

> 就本條以及第51及51A條而言，如有以下情況，任何債務人即屬將不公平的優惠給予任何人——
>
> (a)　該人是該債務人的其中一名債權人或是該債務人的任何債項或其他負債的保證人或擔保人；及
>
> (b)　該債務人作出任何事情或容受作出任何事情，而（在任何其中一種情況下）該等事情具有將該人置於比假若該人不曾作出該等事情便本會出現的狀況較佳的狀況的效力。

清盤／清算／清算

157

(2) 公司開始破產前6個月內 (within 6 months before the commencement of winding up)，給予此優惠；或公司開始破產前2年內給予「有聯繫人士」(an associate) 此等優惠（《公司（清盤及雜項條文）條例》第266(1)條及第266(B)(1)(b)條、《破產條例》第51(1)條）。

根據《破產條例》第51B條，「有聯繫人士」包括：債務人配偶及前配偶、配偶及前配偶親屬、與債務人合夥之人、債務人所僱用之董事或高級職員、債務人或與其聯繫人士所控制之公司。該條文更詳列所有「親屬」關係：債務人之兄弟、姊妹、伯父、叔父、舅父、姑丈、姨丈、伯母、嬸母、舅母、姑母、姨母、姪、甥、姪女、甥女、直系祖先或直系後裔（包括領養、繼養及非婚生子女）；半血親關係須視為全血親關係。

第51B(8)條亦界定何謂「控制公司」：

就本條而言，如有以下情況，任何債務人須視為控制一間公司——

(a) 該公司的董事或控制該公司的另一間公司的董事（或該等董事中的任何董事），習慣於按照該債務人的指示或指令行事，但任何債務人不得只因該等董事按他以專業人士身分提出的意見行事而被認為是控制一間公司；或

(b) 該債務人有權在該間公司的大會上或在控制該間公司的另一間公司的任何大會上行使三分之一或以上的表決權或控制三分之一或以上的表決權的行使。此外，如2名或多於2名的人合起來符合上述兩項條件之一，則他們須視作控制該公司。

(3) 公司清盤，而公司希望將債權人置於較沒有給予優惠為佳之狀況（《破產條例》第50(4)條及第50(3)(b)條）。

(4) 公司給予該項優惠時「無力償債」(insolvent)，或因該項優惠變成無力償債 (《破產條例》第 51(2) 條)。據《破產條例》第 51(3) 條，「無力償債」指債務人債務到期償付時，無力償付，或其資產值少於其負債額 (包括現有及預期之債項)。

如給予該項不公平優惠之債務人，希望 (desire) 對該人產生第 50(3)(b) 條之效力，即債務人置債權人於較沒有給予優惠為佳之狀況，並在決定給予該項優惠時受該希望影響，則法庭可發出以下命令 (《破產條例》第 50(4) 條及第 51A(1) 條)：

(1) 「規定作為該項交易的一部分而轉讓的財產，或與給予該項不公平的優惠有關的所轉讓的財產，須作為產業的一部分而歸屬受託人」((a) 條)；

(2) 「(如任何財產在任何人手中代表如此轉讓的財產出售後所得的收益或如此轉讓後的金錢的運用) 規定將該等財產歸屬受託人」((b) 條)；

(3) 「(全部或部分) 免除或解除該債務人提供的抵押」((c) 條)；

(4) 「規定任何人須就其從該債務人處收取的利益向受託人支付法院所指示的款項」((d) 條)；

(5) 「(如任何保證人或擔保人對任何人的義務根據該項交易或由於給予該項不公平的優惠而獲免除或解除) 就該保證人或擔保人須對該人承擔法院認為適當的新訂的或恢復生效的義務，作出規定」((e) 條)；

(6) 「就由該項命令所施加的或根據該命令所產生的任何義務的解除而提供的抵押，或就該等義務須就任何財產作出的押記，或就該抵押或押記的優先權須與根據該項交

易或由於給予該項不公平的優惠而獲（全部或部分）免除或解除的抵押或押記的優先權相同等事宜，作出規定」（(f)條）；及

(7) 「就任何其財產根據該項命令而歸屬受託人的人，或任何被該項命令施加義務的人，在何種範圍內能夠為根據該項交易或由於給予該項不公平的優惠而產生的或獲（全部或部分）免除或解除的債項或其他債務而在破產案中提出證明，作出規定」（(g)條）。

除非有相反證明，如受不公平優惠之人乃債務人有聯繫人士，則推定債務人給予優惠乃受該希望所影響，即令債權人較無給予優惠狀況為佳（《破產條例》第50(5)條）。

1.5.2　浮動押記無效 (Invalid Floating Charge)

《公司（清盤及雜項條文）條例》第267條，規定「浮動押記的效力」(effect of floating charge)。

根據該條文，自公司開始清盤起計12個月內 (within 12 months of the commencement of the winding up)，除非能證明公司緊接押記設立後仍有償債能力 (solvent)，否則對其業務 (undertaking) 及財產 (property) 所設定之浮動押記，均屬無效 (invalid)。不過，設定押記當時或其後支付予公司作押記代價 (consideration) 之現金款額 (cash) 及所計算利息，則仍有效。

1.5.3　產權處置無效 (Avoidance of Dispositions of Property)

《公司（清盤及雜項條文）條例》第182條規定，如清盤乃法庭所作，除非法庭另有命令批准，否則清盤開始後公司之產權處置（包括據法權產）、股份轉讓或成員變更，均屬無效 (void)。

1.6 清盤過程相關罪行

《公司（清盤及雜項條文）條例》第271至275條，規管清盤過程相關罪行。

第271條有關清盤公司高級人員的罪行。例如，高級人員於清盤開始後，阻止有關人士出示「影響或有關公司財產或事務的簿冊或文據」（第271(1)(h)條）。

第272條關於捏改簿冊 (falsification of books)。在公司清盤開始之前或後，其分擔人 (contributory) 以及現職或離職之高級人員，因意圖欺詐 (intent to defraud) 或欺騙 (deceive) 他人而銷毀 (destroy)、切割 (mutilate)、更改 (alter) 或捏改 (falsify) 簿冊、文據或證券，或在公司之登記冊、賬簿或文件內作出或參與作出虛假或欺詐記項 (false or fraudulent entry)，即屬犯罪，可處監禁及罰款。

第273條則有關進行清盤公司高級人員 (officers) 之欺詐行為 (fraud)。例如，「因意圖欺詐公司債權人而隱瞞或移走公司財產」（第273(c)條）。

第274條有關公司沒有備存妥善賬目。據第274(1)條，若有證明顯示清盤公司在以下任一期間無備存妥善賬簿 (proper books of account were not kept)，每名失責之高級職員即屬犯罪，可處監禁及罰款，除非能證明其誠實行事 (act honestly)，且失責行為在公司業務之經營情況可予寬宥 (excusable)：

(1) 緊接公司清盤開始前2年之整段期間；或

(2) 在公司成為法團至開始清盤的整段期間。

兩者以較短的期間為準。

最後，第275條有關董事之欺詐營商行為(fraudulent trading)。例如，在公司清盤過程中，公司之業務經營看似是(appears)意圖欺詐(with intent to defraud)其債權人、其他債權人或為達任何欺詐目的，則在「破產管理署署長」(official receiver)、公司清盤人、債權人或分擔人(contributory)提出申請時，法庭如認為恰當，可宣布知情參與如此經營業務之人，按法庭指示對公司所有或部分債項承擔個人無限責任。

1.7 清償次序

《公司（清盤及雜項條文）條例》第79及265條列明清償次序，大致如下：

(1) 有抵押債權人；

(2) 清盤過程所付支出；

(3) 優先債權人(preferential creditors)，包括僱員薪金及政府稅項等，而僱員薪金屬優先；

(4) 浮動押記；

(5) 普通無抵押債權人；

(6) 股東。

2. 內地法

《公司法》第10章，涵蓋「公司解散和清算」之法律細節。第184條列明清算組之職權範圍：

清算組在清算期間行使下列職權：

(一) 清理公司財產，分別編制資產負債表和財產清單；

(二) 通知、公告債權人；

(三) 處理與清算有關的公司未了結的業務；

(四) 清繳所欠稅款以及清算過程中產生的稅款；

(五) 清理債權、債務；

(六) 處理公司清償債務後的剩餘財產；

(七) 代表公司參與民事訴訟活動。

第186條更具體列明清算人之工作：

> 清算組在清理公司財產、編制資產負債表和財產清單後，應當制定清算方案，並報股東會、股東大會或者人民法院確認。
>
> 公司財產在分別支付清算費用、職工的工資、社會保險費用和法定補償金，繳納所欠稅款，清償公司債務後的剩餘財產，有限責任公司按照股東的出資比例分配，股份有限公司按照股東持有的股份比例分配。
>
> 清算期間，公司存續，但不得開展與清算無關的經營活動。公司財產在未依照前款規定清償前，不得分配給股東。

根據第187條，若公司財產不足清償債務，清算組應向法院申請宣告破產。

公司經宣布破產後，則依企業破產之法律破產清算（第190條），清算事務則移交法院（第187條）。

第189條規定清算人之責任標準：

> **清算組成員應當忠於職守，依法履行清算義務。**
>
> **清算組成員不得利用職權收受賄賂或者其他非法收入，不得侵佔公司財產。**
>
> **清算組成員因故意或者重大過失給公司或者債權人造成損失的，應當承擔賠償責任。**

何某某訴王某某等買賣合同糾紛案

浙江省余姚市人民法院民事判決書
（2013）甬余陸商初字第48號

原告何某某為余姚市城區和來紙箱廠業主，被告是余姚市宏碩電器有限公司之股東王先生及陳先生。2010年4月22日，原告與宏碩公司簽訂供應紙板箱合同。然而，至同年10月，經雙方結賬，宏碩公司只是出具欠條一份，確認尚欠原告貨款，雖承諾於明年1月至8月期間付清，並向原告簽發支票，但後來原告發現乃空頭支票。

2011年4月，王先生及陳先生為宏碩成立公司清算組；同年11月，二人更決議註銷宏碩公司之工商登記，並通過虛假的清算報告，此一切皆未告知原告。原告認為，根據公司法相關規定，工商註銷時股東應進行清算，理清債權債務，但兩被告未告知債權人，便以虛假清算報告騙取工商註銷登記，損害原告合法權益，原告遂興訟。

法院裁定，原告與宏碩公司之買賣合同有效，宏碩公司理應按合同付款。現宏碩公司已清算並註銷登記，兩被告乃為清算組成員；根據公司負債報告，其所有債務經已清償，如有遺漏，則按二人出資比例承擔。因是次訴訟未記錄在內，二人應當共同承擔付款之責。

上海派博軟件有限公司訴鄒彬等追償權糾紛案

上海市長寧區人民法院民事判決書
（2013）長民二（商）初字第840號

原告為上海派博軟件有限公司，三位被告均為上海興賓網絡技術服務有限公司之清算組成員。

派博公司、興賓公司及張先生，曾被上海博文實達文化傳播有限責任公司控告。上海市第二中級人民法院於該案裁定，張先生須賠償博文公司，派博公司及興賓公司則承擔連帶責任。因張先生無力賠償，上海市黃浦區人民法院法院遂命令於派博公司處強制執行裁決，此時派博公司始發現興賓公司在案件二審判決期間已經註銷。

派博公司認為，其與興賓公司共同投資經營網吧，在被判決承擔連帶責任後，應當按投資比例承擔對應份額的責任。然而，作為該網吧股東之一的興賓公司在訴訟過程中惡意註銷，逃避公司債務，已嚴重違法。派博公司遂向興賓公司清算組成員追討。

本案之爭議，在於三名被告曾否惡意註銷興賓公司。

上海市長寧區法院認為，派博公司訴訟請求缺乏相應事實及法律依據，理由如下：興賓公司於2011年6月召開股東會並決議，決定清算並註銷公司，當時博文公司與張先生之案件一審尚未終結，然而派博公司並非債權人。而且，興賓公司無法經營才申請註銷，並按工商管理程序辦理清算及註銷事宜，派博公司無法證明其故意轉移資產，或製造虧損假像。

不過，即使興賓公司資不抵債，三被告在與興賓公司案件尚在審理期間，辦理註銷手續顯屬不當，此不但會干擾案件審理程序，亦會引發新的矛盾糾紛。是次訴訟與他們註銷興賓公司行為有關，故本案之受理費應由三人承擔。

《企業破產法》第10章關於破產清算規定，有以下三節：破產宣告（第107–110條）、變價和分配（第111–119條）、以及破產程序的終結（第120–124條）。債務人一經宣告破產，債務人便稱破產人，其財產乃破產財產（第107條）。

第108條則有關中止破產程序：

> 破產宣告前，有下列情形之一的，人民法院應當裁定終結破產程序，並予以公告：
>
> （一）第三人為債務人提供足額擔保或者為債務人清償全部到期債務的；
>
> （二）債務人已清償全部到期債務的。

若權利人對破產人之特定財產享擔保權，該財產則優先償還權利人（第109條）。第110條再規定：

> 享有本法第一百零九條規定權利的債權人行使優先受償權利未能完全受償的，其未受償的債權作為普通債權；放棄優先受償權利的，其債權作為普通債權。

管理人應擬定變賣財產之方案，將其交由債權人開會討論，並按會議裁定之方案適時拍賣出售財產，除非會議另訂方式處置（第111及112條）。此外，「破產企業可以全部或者部分變價出售。企業變價出售時，可以將其中的無形資產和其他財產單獨變價出售」，如財產按國家規定不能拍賣或轉讓，則應按其規定處理（第112條）。

第113條列明清償次序：

> 破產財產在優先清償破產費用和共益債務後，依照下列順序清償：
>
> （一）破產人所欠職工的工資和醫療、傷殘補助、撫恤費用，所欠的應當劃入職工個人賬戶的基本養老保險、基本醫療保險費用，以及法律、行政法規規定應當支付給職工的補償金；
>
> （二）破產人欠繳的除前項規定以外的社會保險費用和破產人所欠稅款；
>
> （三）普通破產債權。

破產財產不足以清償同一順序的清償要求的，按照比例分配。

破產企業的董事、監事和高級管理人員的工資，按照該企業職工的平均工資計算。

此清償次序，與香港《公司（清盤及雜項條文）條例》第79及265條（本文1.7節）相比較，有部分相近之處。

破產人無破產可供分配時，管理人應提交財產分配報告，請求法院終結破產程序（第120條）。程序終結之日起10天內，管理人應持法院裁決，向破產人的原登記機關註銷登記（第121條）。註銷登記完畢後次日，管理人職務即告終止，除非尚有訴訟或仲裁未決（第122條）。

第123條則規定，破產終結之日起兩年內，債權人可請求法院追加分配之情形：

> 自破產程序依照本法第四十三條第四款或者第一百二十條的規定終結之日起二年內，有下列情形之一的，債權人可以請求人民法院按照破產財產分配方案進行追加分配：
>
> （一）發現有依照本法第三十一條、第三十二條、第三十三條、第三十六條規定應當追回的財產的；
>
> （二）發現破產人有應當供分配的其他財產的。
>
> 有前款規定情形，但財產數量不足以支付分配費用的，不再進行追加分配，由人民法院將其上交國庫。

即使破產程序終結，如債權人按破產程序尚有債權未經清償，破產人之保證人及其連帶債務人繼續依法承擔清償之責。

3. 台灣法

台灣《公司法》第24條規定，除非公司「因合併、分割或破產而解散」，否則解散之公司應行清算。在清算範圍內，解散之公司視為尚未解散（第25條）。在清算時期，解散之公司「得為了結現務及便利清算之目的，暫時經營業務」（第26條）。

該法之第6節（第79–97條），詳列清算之步驟。

公司全體股東乃清算人，除非公司法、章程或股東另有所選（第79條）。若未能據第79條選定清算人，「法院得因利害關係人之聲請，選派清算人」（第81條）。此與香港法相似，即法庭有權委任清盤人。法院亦可按「利害關係人之聲請，認為必要時，得將清算人解任。但股東選任之清算人，亦得由股東過半數之同意，將其解任」（第82條）。

第84條則細列清算人之職務：

> 清算人之職務如左：
>
> 一、了結現務。
>
> 二、收取債權、清償債務。
>
> 三、分派盈餘或虧損。
>
> 四、分派賸餘財產。
>
> 清算人執行前項職務，有代表公司為訴訟上或訴訟外一切行為之權。但將公司營業包括資產負債轉讓於他人時，應得全體股東之同意。

第87條補充，「清算人就任後，應即檢查公司財產情形，造具資產負債表及財產目錄，送交各股東查閱」。若「檢查有妨礙、拒絕或規避行為者，各處新台幣二萬元以上十萬元以下罰鍰」。若遇股東詢問清算情形，清算人亦應隨時答覆，違者「各處新台幣一萬元以上五萬元以下罰鍰」。

此外，清算人亦應於六個月內完成清算，否則「得申敘理由，向法院聲請展期」。不於限期內完成清算者，「各處新台幣一萬元以上五萬元以下罰鍰」。

若公司財產不足清償債務，「清算人應即聲請宣告破產」，違者「各處新台幣二萬元以上十萬元以下罰鍰」（第89條）。

第95條定明清算人「**應以善良管理人之注意處理職務，倘有怠忽而致公司發生損害時，應對公司負連帶賠償之責任；其有故意或重大過失時，並應對第三人負連帶賠償責任**」。第97條規定「清算人與公司之關係，除本法規定外，依民法關於委任之規定」。

《民法》第528條界定「委任」關係為：「稱委任者，謂當事人約定，一方委託他方處理事務，他方允為處理之契約」。第532條規定：「受任人之權限，依委任契約之訂定。未訂定者，依其委任事務之性質定之。委任人得指定一項或數項事務而為特別委任。或就一切事務，而為概括委任」。

第535條則定明受任人之責任標準：「受任人處理委任事務，應依委任人之指示，並與處理自己事務為同一之注意，其受有報酬者，應以善良管理人之注意為之」。受任人具體之責任如下：

(1) 將「委任事務進行之狀況，報告委任人」（第540條）；

(2) 因委任事務所收之錢財，交予委任人（第541條）；

(3) 以收任人名義為委任人所取之權利，轉於委任人（第541條）；

(4) 受任人為個人利益而使用應交付委任人之金錢，自使用之日起應支付利息，並賠償損失（第542條）；

(5) 「受任人因處理委任事務有過失，或因逾越權限之行為所生之損害，對於委任人應負賠償之責」（第544條）。

4. 總結

兩岸三地法律，均詳細規定清盤人之職務、權力、法律責任及違責後果，當中細節雖不盡相同，但皆旨在妥善處理公司財產，力求保障債權人、股東、僱員等各持份者之權益。

以下為「清盤」及「清算」在三地政府公文及媒體新聞使用之實例：

香港	「對於亞視可能即將**清盤**，勞工及福利局局長張建宗表示，局方密切留意情況，並已作兩手準備，保障亞視員工。
	張建宗今日出席大埔區議會會議後見傳媒，指勞工處正處理120多位亞視員工登記的破產欠薪保障基金申請，又安排本月22日在荃灣就業中心舉行廣播界專題招聘會，協助員工轉職。
	勞工權益方面，勞工處設有熱線電話，並與亞視員工緊密聯繫。
	亞視多次拖欠員工薪金，張建宗表示高度關注，強調檢控方面不曾手軟。
	他指局方過去數月不斷向亞視提出檢控，並進行巡查。他明白部分員工對亞視有感情，寧願觀望，不願挺身作證，當局因此難以檢控，但一直提供協助。」
	《香港政府新聞網》〈教育與就業 勞福局為亞視**清盤**作出準備〉（2016年3月30日）http://archive.news.gov.hk/tc/categories/school_work/html/2016/03/20160303_145002.lin.shtml（檢索日期：2016年8月11日）

內地

「今年，在加快工業轉型升級步伐方面，瀋陽市以中德裝備園建設方案獲國家批覆為契機，着力建設瀋陽轉型發展的新引擎。吸引智慧製造、高端製造產業項目加快聚集，努力把中德裝備園打造成『中國製造2025』對接『德國工業4.0』的典範。落實『互聯網+』行動計劃，推進重點企業智能化升級。強化裝備製造業上下游配套合作，鼓勵骨幹企業加快向產品成套化發展、向產業鏈高端延伸、向服務化轉型。

同時，瀋陽市積極推動企業採取兼並重組、債務重組甚至破產**清算**等方式，對不符合能耗、環保、質量、安全等標準並長期虧損的過剩行業『僵屍企業』予以『出清』。

此外，通過大力發展戰略性新興產業，瀋陽市正全力以赴打造國內領先的新興產業集群。重點發展機器人及智能製造、高檔數控機床、高端裝備製造、航空、新一代信息技術、衛星應用、生物醫藥、新材料、新能源節能環保等產業，全力推進新興產業三大集聚區、20個新興產業重點園區建設，力爭使新興產業成為瀋陽市支柱產業。」

《瀋陽日報數字報紙》〈主攻供給側結構改革推動經濟脫胎換骨〉（2016年5月1日）http://epaper.syd.com.cn/syrb/html/2016-05/01/content_7939.htm?div=-1（檢索日期：2016年8月11日）

台灣	「味全 (1201) 繼出售松青超市、UCC 咖啡與王德傳茶莊股權後，再傳出將結束與日本休閒食品大廠 Calbee（卡樂比）合作，退出休閒食品市場。據瞭解，味全將在第二季**清算**台北卡樂比公司，而卡樂比可能退出台灣市場。
	Calbee 是國人赴日最愛購買伴手禮薯條三兄弟的製造廠商，味全在 2012 年 6 月與日本卡樂比在台灣合資成立台北卡樂比公司，當時日本卡樂比持股 51%，味全持股 49%，味全取得卡樂比技術轉移，在台製造『Jagabee』薯條產品。
	不過卡樂比在台銷售疲軟，加上受到油品風暴滅頂衝擊，卡樂比在台銷售急凍，因此日本卡樂比傾向不購回股權，雙方可能採取**清算**公司模式結束合作，未來日本卡樂比可能循其他途徑在台銷售產品，而不在台設廠。」
	《富聯網》〈個股：味全 (1201) 持續出清轉投資，Q2 將**清算**台北卡樂比，退出休閒食品市場〉（2016 年 4 月 14 日，來源：《財訊新聞》）http://money-link.com.tw/RealtimeNews/NewsContent.aspx?sn=886348002&pu=News_0046（檢索日期：2016 年 8 月 11 日）

參考文獻

Lo, S.H.C., and Qu, C.Z. (2013). *Law of Companies in Hong Kong*. Hong Kong: Sweet & Maxwell.

在香港，"**Corporate Social Responsibility**" 是 2014 年《公司條例》（第 622 章）(Companies Ordinance, Cap 622) 正式引進之法律義務，但在法例中沒有正式譯詞。該概念在法例生效前以「指引」的方式推行近十載，中文翻譯詞一般為「**企業社會責任**」。主要的指引包括消費者委員會出版的《良好企業社會責任指引》(Good Corporate Citizen's Guide)，以及企業社會責任亞洲與香港社會服務聯會出版的《香港中小企業 —— 社會企業責任指引》(The CSR Guide for SMEs in Hong Kong)。

內地《公司法》第 5 條第 1 款，規定「**公司⋯⋯承擔社會責任**」。台灣《產業創新條例》第 28 條，則旨在提倡「**企業善盡社會責任**」。

1. 香港法

如上所述，在過去十年，不同的社會機構出版「企業社會責任」指引，供本地企業在生產及經營過程中參考。2005 年 3 月，消費者委員會發表與企業權責有關的《良好企業社會責任指引》，界定「企業公民」之定義，並訂立實施細則，鼓勵不同行業商會按實際情況全部或部分採用，或作適當修改採用。

2011 年，企業社會責任亞洲與香港社會服務聯會推出《香港中小企業 —— 企業社會責任指引》，以精簡實用的方式，向

香港中小企介紹企業社會責任。該指引目的是協助中小企經營者及管理人員掌握企業社會責任的實用資訊，將企業社會責任融入業務運作，並加強有關措施。

法律發展方面，《公司條例》及其附屬法例於2014年3月3日生效，正式引入企業社會責任之相關原則，可謂香港公司及商業法律發展一新方向。《公司條例》附表5第2條規定，在必須了解公司業務發展、表現或狀況之範圍內，**董事報告之業務審視須涵蓋以下事宜：公司環境政策及表現、公司守法情況、公司與僱員、顧客及供應商的重要關係，以及其他對公司有重大影響，且關乎其業務是否成功之人的重要關係。**

關於香港企業社會責任的學術研究，有學者早在上世紀70年代，便以問卷方式調查企業之社會責任觀念。當時受訪者已普遍認為，即使短期利潤會減低，香港企業亦應對其引起的環境及社會問題負責。然而，受訪者不認為企業要基於人道理由捐款予慈善機構，亦不認為企業有責任提高員工生活水平，或改善經濟低靡情況 (Gill and Leinbach, 1981:114–115, 121–122)。

近年，有關企業社會責任之學術討論愈趨積極。Tsoi (2009:391) 訪談了21間香港及珠三角地區的企業利益相關者，發現企業社會責任對出口型企業非常重要。相反，本地及區域型企業則普遍認為，肩負此責僅為滿足本地立法要求，超越法律要求之行為意義不大。該研究建議，利益相關者應通過各種多方及自願的結盟，以充分了解企業社會責任，而只有藉此途徑，才能帶來社會長期及可持續發展。

2009年8月，有研究調查123家香港酒店從業者。根據調查結果顯示，超過70%從業者認為企業社會責任對香港酒店業重要，但整個行業的環境意識較低 (Tsai, Tsang and Cheng,

2012:1152）。此外，有學者認為，提倡企業社會責任，應鼓勵企業與整個社區產生互動，將有關概念融入企業所有的社會公益活動中（陳霓，2009:25）。

2. 內地法

內地《公司法》於 2005 年修訂時，在第 5 條第 1 款引入社會責任義務：「**公司從事經營活動，必須遵守法律、行政法規，遵守社會公德、商業道德，誠實守信，接受政府和社會公眾的監督，承擔社會責任**」。

有學者認為，雖然「公司承擔社會責任」首次出現於法律條文，但僅屬道德號召，並不增加公司任何具體法律義務（史際春、肖竹及馮輝，2008:48）。 此外，該條文之公司社會責任含義模糊不清，使司法認定舉步維艱 。建議有二：（一）商務部應組織各行會或商會，根據行業實際情況，頒布公司社會責任之規範指引，以助法官審理案件；（二）最高人民法院可於《中國審判案例要覽》發布公司社會責任的典型案例，為下級法院提供判案的法理依據（羅培新，2007:67）。

學者朱慈蘊（2008:31–33）提出，公司社會責任，乃公司對以下人士之利益負責：股東以外與其聯繫之利益群體、政府代表的公眾利益，如公司債權人、僱員、供應商、用戶、消費者、當地住民，以及政府代表的稅收利益等。

朱認為，公司社會責任難以在內地實踐，乃因為概念本身遊走於法律責任與道德準則之間：一方面是法律責任，各國法律大多明確規定公司須履行何種社會義務，並以法律制度落實；另一方面，更在於道德準則，不同學者視之為倫理或慈善責任，其實踐主要依靠如市場、輿論及風俗習慣等非正式制度。公司決策能否按照法律規定與商業倫理，將決定其最終能否履行社會責任。

此外，學者關注到公司具體的社會責任，以及不同類型公司的社會責任。

先論公司的環境保護責任。此乃指公司一面追求最大利益，一面同時竭力符合環境道德和法律要求，促進經濟、社會及自然的可持續發展。不同類型公司應受不同環境保護之等級考核，包括「建立日常工作環境保護檔案，結合 ISO14000 體系的認證和綠色認證，以及履行環境保護社會責任方面的表現，對企業進行環境信用評級」（馬燕，2003:114, 117）。

次論煙草行業。學者指出，煙草業應履行特殊的社會責任。煙草企業雖然為國家增加稅收，但也產銷危害健康的卷煙，如何平衡二者，關乎煙草企業之社會責任態度（白利靜及魏帥，2008:115–116）。

最後一提，公司社會責任不能與內地另一概念「企業辦社會」相混淆。「企業辦社會」指在計劃經濟，政府社會保障服務功能不健全，國有企業長期背負沈重的社會福利保障的情況（張士元、劉麗，2001:109）。「企業辦社會」產生大量具有社會功能的企業資產，影響企業追求最大經濟效益，以致阻礙現代企業制度發展。

3. 台灣法

《產業創新條例》第 28 條明文規定：

> 為促進企業善盡社會責任，各中央目的事業主管機關應輔導企業主動揭露製程、產品、服務及其他永續發展相關環境資訊；企業表現優異者，得予以表揚或獎勵。

台灣學者以多角度探討企業之社會責任。整體而言，學者康峰菁（2010:107）認為，台企對社會責任了解不深，發展仍在啟蒙階段。企業只視之門面形象為妝點，實質運作多以短期的慈善活動為主，如現金與實物捐贈等，且往往考量最終能否回饋企業，較傾向利己。不過，康之企業社會責任認知調查發現，服務業仍願意善盡其該負之社會責任，認為有必要積極參與社會慈善活動，只是可能受限於市場景氣與國際成本考量，致令無法即時投入。

此外，有研究指出，企業執行社會責任，有助提升其於消費者心目中之形象（魏文欽、莊怡萱，2009:14）。另一研究訪問了「精誠」及「鼎新」兩家資訊服務企業之發言人，了解資訊服務業如何實踐企業社會責任。研究顯示，企業社會責任的資訊公開進程雖稍落後，不過近年有顯著之實際成效。而且，越來越多企業嘗試推動企業永續報告，不再只側重環境部分，而趨向涵蓋多面向及多元化資訊（劉鼎昱，2009:754）。

台灣一有關「美體小舖」(The Body Shop) 之個案研究發現，美體小舖原為英國一家化妝護膚產品小店，但後來能發展成為分店遍布全球之國際企業，主要因其利用店面平台，宣傳一系列人道價值，均獲得社會支持。此等人道價值包括反對以動物作實驗、反對僱用童工、反對剝削第三世界勞工、支持公平交易及人權等。美體小舖品牌因而成為企業社會責任之典範，堪為二者完美之結合（張培新，2009:100）。

對於台灣企業將來能否關注社會責任，康峰菁（2010:107）認為關鍵有三：（一）台灣政府採取鼓勵措施；（二）企業尋到核心競爭力，並結合社會使命實行；（三）非營利組織擔當更多社會責任。此皆為整個台灣未來可努力之方向。

4. 總結

整體而言，兩岸三地法律均已引進企業社會責任之新思維。香港新《公司條例》藉規範董事報告內容，要求公司檢視業務對社會之影響。內地《公司法》更明確規定，公司須接受政府及社會公眾的監督，承擔社會責任。至於台灣，《產業創新條例》藉獎勵及表揚方式，促進企業公開更多產品資訊，向社會負責。

以下為「企業社會責任」、「公司⋯⋯承擔社會責任」及「善盡企業社會責任」在三地媒體新聞使用之實例：

香港	「企業如何履行**企業社會責任**？派遣義工隊、捐錢？香港寬頻管理層卻化身「社企醫生」幫社企把脈，有社企因而起死回生，負責客戶服務部門主管亦學營商技巧。
	去年該公司推出基金，讓同事自行組隊策劃義工活動，35 名負責安裝維修的師傅自發助低收入家庭維修電腦，亦有愛跑步的同事夥拍年輕人挑戰渣馬，助其重拾人生目標。
	社會講求創新，香港寬頻人才關顧及企業社會投資總監劉美燕表示，過去曾專注於單次、但欠缺長遠的公益服務，如派遣義工隊、捐錢等，自 3 年前認識社企後，便觸發彼此合作的意念。」
	《香港經濟日報》〈創新方法履行社會責任　香港寬頻高層化身社企醫生〉（2016 年 3 月 24 日）http://topick.hket.com/article/1396058/創新方法履行社會責任香港寬頻高層化身社企醫生（檢索日期：2016 年 8 月 9 日）

內地

「為深入貫徹落實習近平總書記扶貧開發戰略思想和考察雲南重要講話精神，舉全力打好扶貧開發攻堅戰，根據《中共賓川縣委、賓川縣人民政府關於舉全縣之力打好扶貧開發攻堅戰的意見》、《賓川縣關於在扶貧開發工作中實行『掛包幫、轉走訪』工作的實施意見》的文件要求，9 月 8 日，賓川供電有限公司黨總支書記熊天喜帶領駐村扶貧工作隊員前往掛包村楊保村委會開展『掛包幫、轉走訪』工作。縣政協調研員史家洪、喬甸鎮相關領導、楊保村委會相關人員參加了座談會。

通過座談，確定了掛鈎扶貧幫困戶及相關的具體工作舉措。賓川供電有限公司黨總支書記熊天喜表示，**公司**將秉承南網『主動**承擔社會責任**』的使命，積極協調大修技改、農網改造等建設項目，全力做好掛包村、幫扶戶的扶貧助困工作，將按照幫扶到村、幫扶到戶的原則，切切實實為掛包村、幫扶戶制定脫貧舉措，幫助他們脫離貧困。」

《新華網》〈賓川**公司**主動**承擔社會責任**做好扶貧幫困工作〉（2015 年 9 月 14 日，來源：《中國南方電網》）http://www.yn.xinhuanet.com/csg/2015-09/14/c_134625988.htm（檢索日期：2016 年 8 月 9 日）

台灣	「新北市政府交通局擔憂好市多北投店的開幕，恐嚴重衝擊台2線及關渡大橋的交通，建議好市多北投店4月9日開幕當天，取消免費發送1萬8,000份紀念品及停車的措施，卻遭到好市多的拒絕；交通局痛批，『好市多』以鄰為壑的經營方式，沒有**善盡**企業應有的**社會責任**。

交通局認為，儘管好市多北投店位處台北市，但周邊台2線、關渡大橋屬雙北的交通要道，加上好市多桃園中壢店日前開幕時，造成周邊交通大癱瘓並回堵5公里的情形，殷鑑不遠；因此，新北市在參與台北市審查好市多北投店的交通維持計畫時，強烈建議取消開幕當天免費贈送紀念品、開幕首2日免費停車的措施，以及發送簡訊提醒民眾提早改道等有助舒緩交通的作為，但好市多仍執意辦理。」

《新頭殼 newtalk》〈新北批好市多以鄰為壑 沒**善盡企業社會責任**〉（2016年4月1日）http://newtalk.tw/news/view/2016-04-01/71783（檢索日期：2016年8月9日）

參考文獻

史際春、肖竹及馮輝（2008）。〈論公司社會責任 ―― 法律義務、道德責任及其他〉。《首都師範大學學報（社會科學版）》，第2期，頁39–51。

白利靜、魏帥（2008）。〈煙草公司的社會責任研究〉。《法制與社會》，第2期，頁115–116。

企業社會責任亞洲與香港社會服務聯會（2011）。《香港中小企業 —— 企業社會責任指引》(The CSR Guide for SMEs in Hong Kong)，取自 http://www.csrsme.com.hk/pdf/CSR_Guide_Leaflet.pdf（檢索日期：2016年9月6日）。

朱慈蘊（2008）。〈公司的社會責任：遊走於法律責任與道德準則之間〉。《中外法學》，第20卷，第1期，頁29–35。

消費者委員會（2005）。《良好企業社會責任指引》(Good Corporate Citizen's Guide)，取自 https://www.consumer.org.hk/ws_chi/competition_issues/model_code/2005031501.html（檢索日期：2016年9月6日）。

馬燕（2003）。〈公司的環境保護責任〉。《現代法學》，第25卷，第5期，頁114–117。

康峰菁（2010）。〈企業社會責任的整體認知與實際作為之研究：以台灣服務業為例〉。《企業管理學報》，第86期，頁75–114。

張士元、劉麗（2001）。〈論公司的社會責任〉。《法商研究》，第6期，頁106–110。

張培新（2009）。〈企業社會責任的理論與實踐：以美體小舖為例〉。《美容科技學刊》，第6卷，第2期，頁86–102。

陳霓（2009）。〈企業社會責任傳播與公共關係制度化〉。《國際新聞界》，第11期，頁22–26。

劉鼎昱（2009）。〈資訊服務業之企業社會責任研究〉。《嘉南學報》，第35期，頁754–766。

魏文欽、莊怡萱（2009）。〈企業社會責任、企業形象、消費者態度與行為意向關係之實證研究〉。*International Journal of LISREL*，第2卷，第2期，頁1–21。

羅培新（2007）。〈我國公司社會責任的司法裁判困境及若幹解決思路〉。《法學》，第12期，頁66–73。

Gill, W.T., and Leinbach, J. (1981). "Corporate Social Responsibility in Hong Kong", *California Management Review*, *15*(2), 107–122.

Tsai, H., Tsang, N.K.F., and Cheng, S.K.Y. (2012). "Hotel Employees' Perceptions on corporate social responsibility: The case of Hong Kong", *International Journal of Hospitality Management*, *31*, 1143–1154.

Tsoi, J. (2009). "Stakeholders' Perceptions and Future Scenarios to Improve Corporate Social Responsibility in Hong Kong and Mainland China", *Journal of Business Ethics*, *91*, 391–404.

A

1. Abrogation / Abrogate

香港　**廢止**

《公司條例》（第622章）第193條：

> 「在本分部中及在公司的章程細則關於更改類別的權利的條文中（除章程細則有關條文的文意另有所指外），提述更改該等權利，包括**廢止**該等權利。」

《英漢證券期貨及財務用語匯編》頁3
廢止；廢除；取消

內地　《元照英美法詞典》頁6

（法律等的）　廢除；廢止 (Abrogation)
撤銷；取消；廢止；廢除（法律、習慣等）(Abrogate)

《英漢證券期貨及財務用語匯編》頁3

廢除；取消

台灣　**廢止**

《公司法》第17條之一：

> 「公司之經營有違反法令受勒令歇業處分確定者，應由處分機關通知中央主管機構，撤銷或**廢止**其公司登記或部分登記事項。」

《法律英漢辭典》頁4
取消；撤銷；廢除

《法律漢英辭典》頁984
廢除

2. Accountant

香港 **會計師**

《專業會計師條例》（第50章）第2(1)條：

「『會計師』(certified public accountant) 指憑藉第22條註冊為會計師的人；⋯⋯」

《香港英漢雙解法律詞典》頁22
會計師

內地 **會計師**

《註冊會計師法》第1條：

「為了發揮註冊會計師在社會經濟活動中的鑑證和服務作用，加強對註冊會計師的管理，維護社會公共利益和投資者的合法權益，促進社會主義市場經濟的健康發展，制定本法。」

《元照英美法詞典》頁13
會計；會計師

台灣 **會計師**

《公司法》第7條：

「公司申請設立登記之資本額，應經會計師查核簽證；公司應於申請設立登記時或設立登記後三十日內，檢送經會計師查核簽證之文件。

公司申請變更登記之資本額，應先經會計師查核簽證。

前二項查核簽證之辦法，由中央主管機關定之。」

《法律英漢辭典》頁11
會計；出納；主計

《法律漢英辭典》頁878
會計師

3. Accounting Records

香港　會計記錄

《公司條例》（第622章）第373(1)條：

「公司須備存符合第(2)及第(3)款的**會計記錄**。」

《香港英漢雙解法律詞典》頁23
　會計記錄

內地　會計記錄

《會計法》第22條：

「**會計記錄**的文字應當使用中文。在民族自治地方，**會計記錄**可以同時使用當地通用的一種民族文字。在中華人民共和國境內的外商投資企業、外國企業和其他外國組織的**會計記錄**可以同時使用一種外國文字。」

會計賬簿

《公司法》第170條：

「公司應當向聘用的會計師事務所提供真實、完整的會計憑證、**會計賬簿**、財務會計報告及其他會計資料，不得拒絕、隱匿、謊報。」

《英漢法律詞典》頁15
　負債和資產的詳細記錄

台灣　會計簿籍

《審計法》第76條：

「審計機關審核各機關**會計簿籍**或報告，如發現所載事項與原始憑證不符，致使公款遭受損害者，該主辦及經辦會計人員應負損害賠償責任。」

公司賬目

《公司法》第118條：

「有限責任股東，得於每會計年度終了時，查閱公司賬目、業務及財產情形；必要時，法院得因有限責任股東之聲請，許其隨時檢查**公司賬目**、業務及財產之情形。

對於前項之檢查，有妨礙、拒絕或規避行為者，各處新台幣二萬元以上十萬元以下罰鍰。連續妨礙、拒絕或規避者，並按次連續各處新台幣四萬元以上二十萬元以下罰鍰。」

《法律英漢辭典》頁12
資產負債表

4. Acquisition / Acquire

香港 **收購**

《公司條例》（第622章）第667(5)條：

「就第(1)及(2)款而言，協議如符合以下說明，即屬**收購**協議——

(a) 該協議是為**收購**——

　　(i) 有關**收購**要約或公開要約所關乎的任何股份而訂立的；或

　　(ii) 該等股份的權益而訂立的；及

(b) 該協議的條文，包括具以下效力的條文：就使用、保存或處置該協議的任何一方依據該協議而取得的股份的權益，對該方施加義務或限制。」

《香港英漢雙解法律詞典》頁29–30
收購 (Acquisition)
收購；取得；獲取 (Acquire)

內地 **收購**

《證券法》第88條：

「能通過證券交易所的證券交易，投資者持有或者通過協議、其他安排與他人共同持有一個上市公司已發行的股份達到百分之三十時，繼續進行**收購**的，應當依法向該上市公司所有股東發出**收購**上市公司全部或者部分股份的要約。

收購上市公司部分股份的**收購**要約應當約定，被**收購**公司股東承諾出售的股份數額超過預定**收購**的股份數額的，收購人按比例進行**收購**。」

《元照英美法詞典》頁17
　　取得；獲得 (Acquisition)
　　取得；獲得；取得……的所有權 (Acquire)

《英漢法律詞典》頁17
　　取得；獲得；獲得物；收購；財產取得

台灣　**收購**

《企業併購法》第4條第4款：

「**收購**：指公司依本法、公司法、證券交易法、金融機構合併法或金融控股公司法規定取得他公司之股份、營業或財產，並以股份、現金或其他財產作為對價之行為。」

《法律英漢辭典》頁13
　　取得；獲得；獲得物；收購

《法律漢英辭典》頁266
　　收購

5.　Act in Good Faith

香港　**真誠地行事**

《公司條例》(第622章) 第117(2)(b)條：

「除非相反證明成立，否則與公司交易的人須推定為**真誠地行事**；」

《英漢證券期貨及財務用語匯編》頁8
　　真誠行事

| 內地 | **從事經營活動……誠實守信** |

《公司法》第5條：

> 「公司**從事經營活動**，必須遵守法律、行政法規，遵守社會公德、商業道德，**誠實守信**，接受政府和社會公眾的監督，承擔社會責任。
>
> 公司的合法權益受法律保護，不受侵犯。」

《英漢法律詞典》頁474
　善意；誠意；誠信 (Good Faith)

| 台灣 | **依誠實及信用方法** |

《民法》第148條：

> 「權利之行使，不得違反公共利益，或以損害他人為主要目的。
>
> 行使權利，履行義務，應**依誠實及信用方法**。」

《法律英漢辭典》頁16
　善意行為 (Acting in Good Faith)

《法律漢英辭典》頁907
　誠信；誠意；誠實信用 (Good Faith)

6.　Agency / Agent

| 香港 | **代理人** |

《銀行業條例》（第155章）第2條：

> 「海外分行 (overseas branch) 指任何在香港成立為法團的認可機構在香港以外經營銀行業務或經營接受存款業務（視屬何情況而定）的分行，不論該分行的業務是否受該分行所在地的法律或規例限制，亦不論該分行是否在該地被提述為**代理人**。……」

代理機構

《稅務條例》（第112章）第26A(1)(f)條：

「多邊**代理機構**港幣債務票據所支付或可支付的利息；」

- -

《英漢法律大詞典》頁15–16

代理；經辦；代理行為；代理關係 (Agency)

代理人；經理人；代理商；代表；行為者；動作者 (Agent)

內地　**代理人**

《公司法》第29條：

「股東認足公司章程規定的出資後，由全體股東指定的代表或者共同委託的**代理人**向公司登記機關報送公司登記申請書、公司章程等文件，申請設立登記。」

- -

《元照英美法詞典》頁51

代理；代理關係；業務代辦處；代理機構 (Agency)

代理人 (Agent)

台灣　**代理人**

《公司法》第283條第1項第2款：

「有法定**代理人**、**代理人**者，其姓名、住所或居所，及法定**代理人**與聲請人之關係。」

代理機構

《公司法》第169條第3項：

「代表公司之董事，應將股東名簿備置於本公司或其指定之股務**代理機構**；違反者，處新台幣一萬元以上五萬元以下罰鍰。連續拒不備置者，並按次連續處新台幣二萬元以上十萬元以下罰鍰。」

- -

《法律英漢辭典》頁36

代理；代理關係；機構；經銷處；代理處；代理機構；代理權 (Agency)

代理人；代理商 (Agent)

7. Annual General Meeting / Annual Meeting

香港 **周年成員大會**

《公司條例》（第622章）第610(1)(a)條：

> 「私人公司或擔保有限公司須就其每個財政年度，在其會計參照期（有關財政年度是參照該限期而決定的）結束後的9個月內，舉行一次成員大會，作為其**周年成員大會**（該成員大會是在該期間內舉行的任何其他會議以外的會議）；及」

《英漢法律大詞典》頁21

　　周年大會 (Annual General Meeting)

《英漢證券期貨及財務用語匯編》頁20

　　周年大會；股東周年大會；成員大會 (Annual General Meeting)

內地 **股東大會年會**

《公司法》第165條：

> 「有限責任公司應當依照公司章程規定的期限將財務會計報告送交各股東。
>
> 股份有限公司的財務會計報告應當在召開**股東大會年會**的二十日前置備於本公司，供股東查閱；公開發行股票的股份有限公司必須公告其財務會計報告。」

《元照英美法詞典》頁76

　　股東年會；年度股東大會 (Annual Meeting)

《英漢證券期貨及財務用語匯編》頁20

　　周年大會；股東周年大會；股東年會；年度股東大會 (Annual General Meeting)

《新漢英法學詞典》頁287

　　股東大會 (Annual Meeting)

股東常會 (Shareholders' Meeting)

《公司法》第20條第1項：

> 「公司每屆會計年度終了，應將營業報告書、財務報表及盈餘分派或虧損撥補之議案，提請股東同意或**股東常會**承認。」

- -

《法律英漢辭典》頁49

　　年會 (Annual Meeting)

《法律漢英辭典》頁257–258

　　年度大會 (Annual General Meeting / AGM)

　　年度股東大會 (Annual General Meeting of Shareholders)

8.　Articles of Association / Articles of Incorporation

香港　**組織章程細則**

《公司 (清盤及雜項條文) 條例》(第32章) 第2(1)條：

> 「章程細則 (articles) 就公司而言，指該公司的**組織章程細則**。……」

- -

《英漢法律大詞典》頁27

　　公司組織細則；組織章程細則；公司組織章程；公司章程；　公司組織規程；歸罪法人社團章程；組織規章

內地　**公司章程**

《公司法》第192條第1款：

> 「外國公司在中國境內設立分支機構，必須向中國主管機關提出申請，並提交其**公司章程**、所屬國的公司登記證書等有關文件，經批准後，向公司登記機關依法辦理登記，領取營業執照。」

- -

《元照英美法詞典》頁97

　　社團章程；公司章程 (Articles of Association / Articles of Incorporation)

《元照英美法詞典》頁 101

公司註冊證書 (Articles of Incorporation)

《英漢證券期貨及財務用語匯編》頁 26

公司章程；組織章程；組織章程細則；組織細則 (Articles of Association)

《新漢英法學詞典》頁 273

公司章程 (Articles of Association; Bylaw; Byelaw)

台灣 **公司章程 (Articles of Incorporation)**

《公司法》第 51 條：

「**公司章程**訂明專由股東中之一人或數人執行業務時，該股東不得無故辭職，他股東亦不得無故使其退職。」

- -

《法律英漢辭典》頁 62

（法人社團的）章程；公司章程；組織規章 (Articles of Association)

公司（或團體）的組織章程 (Articles of Incorporation)

《法律漢英辭典》頁 72

公司章程 (Articles of Association; Articles of Corporation; Articles of Incorporation; Corporation By-laws; Corporate By-laws; Corporation Charter; Memorandum of Association)

9.　Audit

香港 **核數**

《專業會計師條例》（第 50 章）第 18A(1)(b) 條：

「任何會計、**核數**及核證執業準則。」

審計

《專業會計師條例》（第 50 章）第 16(3) 條：

「核數師須盡快**審計**根據第(1)款擬備的報表，並須就該報表向所有會計師作出報告。」

- -

《英漢法律大詞典》頁 31

　　核數；審計；查賬；清算

內地　　**審計**

《公司法》第 62 條：

　　「一人有限責任公司應當在每一會計年度終了時編制財務
　　會計報告，並經會計師事務所**審計**。」

- -

《元照英美法詞典》頁 118

　　查賬；審計

《英漢法律詞典》頁 90

　　審計；查賬；清算；決算

台灣　　**審計**

《**審計法**》第 3 條：

　　「**審計**職權，由**審計**機關行使之。」

查核

《公司法》第 20 條第 2 項：

　　「公司資本額達中央主管機關所定一定數額以上者，其財
　　務報表，應先經會計師**查核**簽證；其簽證規則，由中央主
　　管機關定之。但公開發行股票之公司，證券管理機關另有
　　規定者，不適用之。」

- -

《法律英漢辭典》頁 70

　　審計；查賬；清算；決算

10.　Auditor

香港　　**核數師**

《專業會計師條例》（第 50 章）第 16(2) 條：

　　「公會須在大會上委任**核數師**，該**核數師**有權隨時取用
　　公會的所有賬簿、憑單及其他財政紀錄，並有權就該等

賬簿、憑單及財政紀錄要求取得其認為適當的資料及解釋。」

《英漢證券期貨及財務用語匯編》頁31

核數師；核數主任；審計師

內地　　**審計師**

《註冊會計師法》第43條：

「在審計事務所工作的註冊**審計師**，經認定為具有註冊會計師資格的，可以執行本法規定的業務，其資格認定和對其監督、指導、管理的辦法由國務院另行規定。」

《英漢法律詞典》頁91

審計員；審核人；查賬人

《英漢證券期貨及財務用語匯編》頁31

審計員；會計檢查員；審計師

台灣　　**審計人員**

《審計法》第21條：

「審計機關或**審計人員**，對於各機關違背預算或有關法令之不當支出，得事前拒簽或事後剔除追繳之。」

《法律英漢辭典》頁71

審計員；審核人；查賬人

11.　Bankruptcy

香港　　**破產**

《**破產**條例》（第6章）第20(2)條：

「臨時命令在其有效期間具有以下效力──

(a)　與債務人有關的**破產**呈請不得提出或進行；及

(b)　除在法院許可下，不得針對債務人或其財產而開始或繼續進行任何其他程序、判決執行或其他法律程序以及財物扣押。」

《英漢法律大詞典》頁 35

　　破產；破產手續；債務者的破產行為；無償付能力

《英漢證券期貨及財務用語匯編》頁 42

　　破產；倒閉；破產案

內地　　破產

《公司法》第 66 條第 1 款：

「國有獨資公司不設股東會，由國有資產監督管理機構行使股東會職權。國有資產監督管理機構可以授權公司董事會行使股東會的部份職權，決定公司的重大事項，但公司的合併、分立、解散、增加或者減少註冊資本和發行公司債券，必須由國有資產監督監督機構決定；其中，重要的國有獨資公司合併、分立、解散、申請**破產**的，應當由國有資產監督管理機構審核後，報本級人民政府批准。」

《元照英美法詞典》頁 132

　　破產

《英漢法律詞典》頁 101

　　無償付能力；破產

《英漢證券期貨及財務用語匯編》頁 42

　　破產；倒閉；破產案

《新漢英法學詞典》頁 596

　　破產 (Bankruptcy; Business Failure; Insolvency; Smash)

台灣　　破產

《**破產法**》第 57 條：

「**破產**，對債務人不能清償債務者宣告之。」

《法律英漢辭典》頁 79

　　破產；無支付能力

《法律漢英辭典》頁 594

　　破產 (Bankruptcy; Insolvency; Bankrupt; Go into Liquidation; *Bonorum Venditio*)

---

12. Bearer Debenture / Bearer Bond

香港 **不記名債權證**

《高等法院規則》（第4A章）第87號命令第5(1)條：

> 「本條規則適用於就**不記名債權證**或公司已就其發行債權股證持有人證明書的債權股證作強制執行的訴訟。」

《香港英漢雙解法律詞典》頁183
　　不記名債權證 (Bearer Debenture)

《英漢證券期貨及財務用語匯編》頁44
　　不記名債券 (Bearer Bond)

內地 **無記名債券**

《公司法》第156條：

> 「公司債券，可以為記名債券，也可以為**無記名債券**。」

《元照英美法詞典》頁139
　　無記名債券 (Bearer Bond)

《英漢法律詞典》頁108
　　公司債券持有人 (Bearer Debenture)
　　無記名債券 (Bearer Bond)

《英漢證券期貨及財務用語匯編》頁44
　　不記名債券；無記名債券 (Bearer Bond)

台灣 **無記名債券**

《公司法》第255條第1項：

> 「董事會在實行前條請求前，應將全體記名債券應募人之姓名、住所或居所暨其所認金額，及已發行之**無記名債券**張數、號碼暨金額，開列清冊，連同第二百四十八條第一項各款所定之文件，送交公司債權人之受託人。」

《法律英漢辭典》頁84
　　公司債券持有人 (Bearer Debenture)
　　無記名債券 (Bearer Bond)

13. **Beneficiary**

香港   **受益人**

《公司條例》（第622章）第281(2)(d)(i)條：

「該項信託的**受益人**包括(a)、(b)或(c)段提述的人；或」

《英漢法律大詞典》頁37
受益人；信託受益人

《英漢證券期貨及財務用語匯編》頁46
受益人；受惠人；受款人

內地   **受益人**

《信託法》第2條：

「本法所稱信託，是指委託人基於對受託人的信任，將其財產權委託給受託人，由受託人按委託人的意願以自己的名義，為**受益人**的利益或者特定目的，進行管理或者處分的行為。」

《元照英美法詞典》頁142
受益人

《英漢證券期貨及財務用語匯編》頁46
受益人；受惠人；受款人

台灣   **受益者**

《公司法》第130條：

「左列各款事項，非經載明於章程者，不生效力：

一、分公司之設立。

二、分次發行股份者，定於公司設立時之發行數額。

三、解散之事由。

四、特別股之種類及其權利義務。

五、發起人所得受之特別利益及**受益者**之姓名。

前項第五款發起人所得受之特別利益，股東會得修改或撤銷之。但不得侵及發起人既得之利益。」

《法律英漢辭典》頁86
受益人；（國際匯兌的）收款人；信託受益人；享受保險賠償者

《法律漢英辭典》頁360
受益方

14.　Bill of Sale

香港　**賣據**

《公司條例》（第622章）第334(1)(b)條：

「藉一份文書設立或證明的押記，而該文書假使是由一名自然人簽立便須作為**賣據**登記的。」

《英漢法律大詞典》頁39
賣據；動產賣據；動產抵押單據；有體動產抵當權設定證書

內地　**買賣契約**

《外國企業常駐代表機構稅收管理暫行辦法》第4條第1款第3項：

「註冊地址及經營地址證明（產權證、租賃協議）原件及其影本；如為自有房產，應提供產權證或**買賣契約**等合法的產權證明原件及其影本；如為租賃的場所，應提供租賃協定原件及其影本，出租人為自然人的還應提供產權證明的原件及影本；」

《元照英美法詞典》頁152
賣據；賣契

《英漢法律詞典》頁117
（動產）抵押證券；賣據

台灣　《證券交易法》第138條第1項第6款：

> 「證券自營商或證券經紀商間進行買賣有價證券之程序，及**買賣契約**成立之方法。」

- -

《法律英漢辭典》頁91
　　買賣契約

15.　Board of Directors

香港　**董事局**

《公司 (清盤及雜項條文) 條例》(第32章) 第2(1)條：

> 「經理 (manager) 就一間公司而言，指在**董事局**的直接權限下行使管理職能的人，但不包括——
>
> (a)　該公司的財產的接管人或經理人；或
>
> (b)　根據第216條委任的該公司的產業或業務的特別經理人；⋯⋯」

董事會

《保良局條例》(第1040章) 第2條：

> 「『**董事會**』(board) 指由附表第5段設立的**董事會**；」

- -

《香港英漢雙解法律詞典》頁213
　　董事局

《英漢證券期貨及財務用語匯編》頁50
　　董事會；董事局

內地　**董事會**

《公司法》第44條：

> 「有限責任公司設**董事會**，其成員為三人至十三人；但是，本法第五十一條另有規定的除外。
>
> 兩個以上的國有企業或者兩個以上的其他國有投資主體投資設立的有限責任公司，其**董事會**成員中應當有公司職工代表；其他有限責任公司**董事會**成員中可以有公司職工代

表。**董事會**中的職工代表由公司職工通過職工代表大會、職工大會或者其他形式民主選舉產生。

董事會設董事長一人，可以設副董事長。董事長、副董事長的產生辦法由公司章程規定。」

《元照英美法詞典》頁160
　　董事會

《英漢法律詞典》頁122
　　董事會；理事會

《英漢證券期貨及財務用語匯編》頁50
　　董事會；董事局

《新漢英法學詞典》頁161
　　董事會 (Board of Directors; Board of Governors; Board of Trustees; Directory; Governing Board; Managing Board; Syndicate)

台灣　**董事會**

《公司法》第192條：

「公司**董事會**，設置董事不得少於三人，由股東會就有行為能力之人選任之。

公開發行股票之公司依前項選任之董事，其全體董事合計持股比例，證券管理機關另有規定者，從其規定。

民法第八十五條之規定，對於前項行為能力不適用之。

公司與董事間之關係，除本法另有規定外，依民法關於委任之規定。

第三十條之規定，對董事準用之。」

《法律英漢辭典》頁 95
　　董事會；理事會

《法律漢英辭典》頁899
　　董事會 (Board; Directorate; Management; Board of Directors; Board of Administration; Director Board)

16. Bond

香港　債券

《證券及期貨條例》（第571章）附表1第1條：

「證券 (securities) 指——

(a) 任何團體（不論是否屬法團）或政府或市政府當局的或由它發行的股份、股額、債權證、債權股額、基金、**債券**或票據；……」

《香港英漢雙解法律詞典》頁218
　　債券

內地　債券

《公司法》第153條：

「本法所稱公司**債券**，是指公司依照法定程式發行、約定在一定期限還本付息的有價證券。

公司發行公司**債券**應當符合《中華人民共和國證券法》規定的發行條件。」

《元照英美法詞典》頁163
　　債券

《新漢英法學詞典》頁990
　　債券 (Bond; Debenture; Debenture Certificate)

台灣　債券

《公司法》第261條：

「**債券**為無記名式者，債權人得隨時請求改為記名式。」

《法律英漢辭典》頁96
　　公債；債券；證券

《法律漢英辭典》頁73
　　公司債券 (Debenture; Bond Corporation Paper; Corporate Bonds and Debentures; Corporation Bond; Corporate Bond; Debenture Stock; Loan Stock)

17. Book Debts

香港 **賬面債項**

《公司條例》（第 622 章）第 334(1)(d) 條：

「就公司的**賬面債項**設立的押記；」

《英漢證券期貨及財務用語匯編》頁 53
賬面債項

內地 《元照英美法詞典》頁 165

賬面負債；賬面債務

《英漢證券期貨及財務用語匯編》頁 53

賬面債項

台灣 《法律英漢辭典》頁 98

賬面負債

18. Capital

香港 **資本**

《證券及期貨條例》（第 571 章）第 214(2)(e) 條：

「作出它認為適當的其他命令，不論是命令對該法團將來
的業務或事務的經營或處理作出規管，或是命令由該法
團購買其任何成員的股份或由該法團的任何成員購買其
他成員的股份（如由該法團購買該等成員的股份，則法庭
亦可命令該法團的**資本**須相應地減少），或是作出其他命
令。」

《英漢法律大詞典》頁 48
資本；資金；股本

內地   **資本**

《公司法》第 198 條：

> 「違反本法規定，虛報註冊**資本**、提交虛假材料或者採取其他欺詐手段隱瞞重要事實取得公司登記的，由公司登記機關責令改正，對虛報註冊**資本**的公司，處以虛報註冊**資本**金額百分之五以上百分之十五以下的罰款；對提交虛假材料或者採取其他欺詐手段隱瞞重要事實的公司，處以五萬元以上五十萬元以下的罰款；情節嚴重的，撤銷公司登記或者吊銷營業執照。」

- -

《元照英美法詞典》頁 190

     資本；資產；投資總額；股本總額

台灣   **資本**

《公司法》第 2 條第 1 項第 4 款：

> 「股份有限公司：指二人以上股東或政府、法人股東一人所組織，全部**資本**分為股份；股東就其所認股份，對公司負其責任之公司。」

- -

《法律英漢辭典》頁 113

     資方；資本；股本；資金

《法律漢英辭典》頁 73

     公司資本 (Company Capital; Corporate Capital)

---

19.   Chairperson / Chairman

香港   **主席**

《公司條例》（第 622 章）第 482(1) 條：

> 「按照第 481 條記錄的會議紀錄，如看來是由有關會議的**主席**簽署，或看來是由下一次董事會議的**主席**簽署，即為該有關會議議事程序的證據。」

- -

《英漢證券期貨及財務用語匯編》頁 78

     主席 (Chairman)

內地 **董事長**

《公司法》第 13 條：

> 「公司法定代表人依照公司章程的規定，由**董事長**、執行董事或者經理擔任，並依法登記。公司法定代表人變更，應當辦理變更登記。」

《元照英美法詞典》頁 210

（集會、會議的）主席；（議會、董事會、委員會等的）主席；議長；董事長；委員長；會長 (Chairman)

《英漢證券期貨及財務用語匯編》頁 78

主席 (Chairman)

《新漢英法學詞典》頁 1042

主席 (Chairman; Chairperson; Chairwoman; President; Presiding Officer)

台灣 **主席**

《公司法》第 182 條之一：

> 「股東會由董事會召集者，其**主席**依第二百零八條第三項規定辦理；由董事會以外之其他召集權人召集者，**主席**由該召集權人擔任之，召集權人有二人以上時，應互推一人擔任之。
>
> 公司應訂定議事規則。股東會開會時，**主席**違反議事規則，宣布散會者，得以出席股東表決權過半數之同意推選一人擔任**主席**，繼續開會。」

董事長

《公司法》第 108 條第 1 項：

> 「公司應至少置董事一人執行業務並代表公司，最多置董事三人，應經三分之二以上股東之同意，就有行為能力之股東中選任之。董事有數人時，得以章程特定一人為**董事長**，對外代表公司。」

《法律英漢辭典》頁 127

主席；議長；委員長；會長 (Chairman)

《法律漢英辭典》頁115

主席 (Chairman, President; Presiding Officer)

20.　Charge

香港　**押記**

《物業轉易及財產條例》（第219章）第2條：

「『**法定押記**』(legal charge) 指明訂為法定**押記**的按揭；
……」

《英漢法律大詞典》頁56

抵押；押記；負擔；抵押債務

《英漢證券期貨及財務用語匯編》頁78

押記；抵押；費用；收費

內地　**抵押**

《擔保法》第33條：

「本法所稱**抵押**，是指債務人或者第三人不轉移對本法第
三十四條所列財產的佔有，將該財產作為債權的擔保。債
務人不履行債務時，債權人有權依照本法規定以該財產折
價或者以拍賣、變賣該財產的價款優先受償。

前款規定的債務人或者第三人為**抵押**人，債權人為**抵押**權
人，提供擔保的財產為**抵押**物。」

《元照英美法詞典》頁215

（賬目的）借項；借記；暫借的；擔保；負擔

《英漢法律詞典》頁165

抵押；索價；負擔（附屬於某項財產以擔保償付債務或履
行義務的責任總稱）

《英漢證券期貨及財務用語匯編》頁78

押記；抵押；費用；收費；借記

《新漢英法學詞典》頁144

抵押 (Charge; Collateral; *Fiducia*; Hostage; Hypothecation; Mortgage; Security)

台灣　抵押

《土地稅法》第30條第1項第5款：

「經法院拍賣之土地，以拍定日當期之公告土地現值為準。但拍定價額低於公告土地現值者，以拍定價額為準；拍定價額如已先將設定**抵押**金額及其他債務予以扣除者，應以併同計算之金額為準。」

- -

《法律英漢辭典》頁129

抵押；索價；費用

《法律漢英辭典》頁388

抵押 (Charge; Hypothecation; Mortgage; Mortgaged; Pledge; *Vades*; *Vas*; *Vadium*; Bond; Pawn; Pignorative; Temporary Cession; Leave (Offer) sth. as Security for a Loan)

21.　Class

香港　類別

《公司條例》（第622章）第90(9)條：

「本條並不授權更改或廢止任何**類別**成員的特別權利。」

- -

《英漢證券期貨及財務用語匯編》頁82

種類；等級；類別；級別

內地　種類

《公司法》第126條：

「股份的發行，實行公平、公正的原則，同**種類**的每一股份應當具有同等權利。

同次發行的同**種類**股票，每股的發行條件和價格應當相同；任何單位或者個人所認購的股份，每股應當支付相同價額。」

《元照英美法詞典》頁 232
類；種類；類型

《英漢證券期貨及財務用語匯編》頁 82
種類；等級；類別；級別

台灣　　**種類**

《公司法》第 162 條第 1 項第 6 款：

「特別股票應標明其特別**種類**之字樣。」

《法律英漢辭典》頁 139
等級；種類

22.　Company

香港　　**公司**

《公司條例》（第 622 章）第 2(1) 條：

「**公司** (company) 指——

(a)　根據本條例組成及註冊的**公司**；或

(b)　原有**公司**；……」

《香港英漢雙解法律詞典》頁 357
公司

內地　　**公司**

《公司法》第 2 條：

「本條所稱**公司**是指依照本法在中國境內設立的有限責任**公司**和股份有限**公司**。」

| 台灣 | **公司** |

《公司法》第 1 條：

> 「本法所稱**公司**，謂以營利為目的，依照本法組織、登記、成立之社團法人。」

23.　Conflict of Interests

| 香港 | **利益衝突** |

《證券及期貨條例》（第 571 章）附表 8 第 5 條：

> 「行政長官可基於某上訴委員喪失履行職務能力、破產、疏於職守、有**利益衝突**或行為失當的理由，而藉書面通知將該委員免任。」

| 內地 | **利益衝突** |

《證券法》第 136 條：

> 「證券公司應當建立健全內部控制制度，採取有效隔離措施，防範公司與客戶之間、不同客戶之間的**利益衝突**。
>
> 證券公司必須將其證券經紀業務、證券承銷業務、證券自營業務和證券資產管理業務分開辦理，不得混合操作。」

- -

《元照英美法詞典》頁 283
利益衝突

台灣 **利益衝突**

《證券投資信託及顧問法》第 94 條：

「依本法或其他法律規定，經主管機關核准，證券投資信託事業或證券投資顧問事業互相兼營、兼營他事業或由他事業兼營者，其負責人與業務人員之兼任及行為規範、資訊交互運用、營業設備或營業場所之共用，或為廣告、公開說明會及其他營業促銷活動，不得與受益人或客戶**利益衝突**或有損害其權益之行為；其辦法，由主管機關定之。」

- -

《法律英漢辭典》頁 169
利益衝突（用於損害他人利益方可獲得私利或執行公務者利用執行公務而獲取私利的情況）

24. Constructive Notice / Constructive Knowledge

香港 **法律構定的知悉**

《物業轉易及財產條例》（第 219 章）第 56A (1) 條：

「任何財產上的浮動押記（不論該浮動押記是否看來是限制押記人讓與該財產的權利），不得影響任何其他人在該浮動押記具體化之前所獲取的任何屬於該財產一部分的土地的任何產業權或權益，不論該人對該浮動押記或任何此等看來是附於該土地的限制是否實際上知悉或有**法律構定的知悉**。」

- -

《英漢法律大詞典》頁 80
推定認知

《香港英漢雙解法律詞典》頁 398
法律構定的知悉

| 內地 | **應當知道** |

《合同法》第 50 條：

> 「法人或者其他組織的法定代表人、負責人超越權限訂立的合同，除相對人知道或者**應當知道**其超越權限的以外，該代表行為有效。」

《元照英美法詞典》頁 304–305

推定告知；推定知道 (Constructive Notice)

推定知道；應當知道 (Constructive Knowledge)

《英漢證券期貨及財務用語匯編》頁 101

推定的通知 (Constructive Notice)

| 台灣 | 《法律英漢辭典》頁 175 |

推定通知 (Constructive Notice)

25.　Contract

| 香港 | **合約** |

《公司條例》（第 622 章）第 240(1) 條：

> 「上市公司可並非根據第 238 或 239 條而回購本身的股份，但前提是回購股份**合約**須事先獲特別決議授權。」

《英漢法律大詞典》頁 83

合約；契約；合同；契據

| 內地 | **合同** |

《公司法》第 148 條第 1 款第 4 項：

> 「違反公司章程的規定或者未經股東會、股東大會同意，與本公司訂立**合同**或者進行交易；」

《元照英美法詞典》頁 312–313

合同；契約；合同書

《新漢英法學詞典》頁 349

合同 (Agreement; Compact; Contract; *Contractus*)

台灣	**契約**

《公司法》第31條：

「經理人之職權，除章程規定外，並得依契約之訂定。

經理人在公司章程或**契約**規定授權範圍內，有為公司管理事務及簽名之權。」

《法律英漢辭典》頁181
　契約

《法律漢英辭典》頁481

　契約 (A (Title) Deed; Agreement; Chirograph; Concordat; Contract; *Contractus*; Covenant; Indent; Obligations; Pact; Paction; Bond; Compact; Indenture; Tabula; *Apatisatio*; *Pignus*; *Pacta*; *Pactio*; Loan on Deed)

26.　**Contracts Made before Company's Incorporation**

香港	**合約看來是在公司成立為法團前，以該公司的名義訂立或代表該公司訂立的**

《公司條例》（第622章）第122(1)條：

「如**合約看來是在公司成立為法團前，以該公司的名義訂立或代表該公司訂立的**，則本條適用。」

《香港英漢雙解法律詞典》頁1440
　註冊前的合約

內地	**以設立中公司名義對外簽訂合同**

《最高人民法院關於適用〈中華人民共和國公司法〉若干問題的規定（三）》第3條：

「發起人**以設立中公司名義對外簽訂合同**，公司成立後合同相對人請求公司承擔合同責任的，人民法院應予支持。

公司成立後有證據證明發起人利用設立中公司的名義為自己的利益與相對人簽訂合同，公司以此為由主張不承

擔合同責任的，人民法院應予支持，但相對人為善意的
除外。」

台灣　《法律漢英辭典》頁 73

公司註冊前訂立的契約 (Preincorporation Contract)

27.　Corporate Finance

香港　**機構融資**

《公司條例》（第 622 章）第 238(4)(a) 條：

> 「該人是一個根據《證券及期貨條例》（第 571 章）第 V 部
> 獲發牌經營就證券提供意見或就**機構融資**提供意見的業務
> 的法團，或是根據該條例第 V 部獲註冊經營該等業務的認
> 可財務機構；而」

- -

《英漢證券期貨及財務用語匯編》頁 109
機構融資；公司財務；企業融資

内地　**公司金融**

《商業銀行資本管理辦法（試行）》第 100 條：

> 「商業銀行採用標準法，應當按照本辦法附件 12 的規定將
> 全部業務劃分為**公司金融**、交易和銷售、零售銀行、商業
> 銀行、支付和清算、代理服務、資產管理、零售經紀和其
> 他業務等 9 個業務條線。」

- -

《英漢法律辭典》頁 255
企業財務

《英漢證券期貨及財務用語匯編》頁 109
企業財務；企業融資

台灣　**公司……融通資金**

《公司法》第 15 條：

> 「公司之資金，除有左列各款情形外，不得貸與股東或任
> 何他人：

一、公司間或與行號間有業務來往者。

二、**公司**間或與行號間有短期**融通資金**之必要者。融資金額不得超過貸與企業淨值的百分之四十。

公司負責人違反前項規定時,應與借用人連帶負返還責任;如公司受有損害者,亦應由其負損害賠償責任。」

《法律漢英辭典》頁 206
    企業財務 (Business Finance)

28.　Corporate Governance

香港　　**企業管治**

《證券及期貨條例》(第 571 章) 第 307N(1)(i) 條:

「(如該人為上市法團的高級人員) 審裁處認為需要的任何命令,以確保該人員不會再作出構成違反披露規定的任何行為,包括 (但不限於) 命令該人員參加由證監會核准的關乎遵守本部、董事責任及**企業管治**的培訓計劃。」

《英漢證券期貨及財務用語匯編》頁 110
    機構管治;企業管治;公司管治

內地　　**公司治理**

《外資銀行管理條例》第 42 條:

「外商獨資銀行,中外合資銀行應當遵守國務院銀行業監督管理機構有關**公司治理**的規定。」

《英漢法律詞典》頁 255
    公司治理結構

《英漢證券期貨及財務用語匯編》頁 110
    公司治理;企業治理;企業督導;制衡機制;企業管治;公司管治

| 台灣 | **公司治理** |

《金融機構國內分支機構管理辦法》第5條第2項：

「前項營業計畫書應載明下列事項：

一、機構之發展沿革。

二、機構財務業務狀況，包括：

（一）財務業務健全性。

（二）風險管理及銀行**公司治理**能力（在信用合作社係指理、監事會運作之健全性及內部控制）。

（三）公益及服務貢獻度。

（四）業務開發及創新能力。」

29.　Corporate Rescue

| 香港 | 《英漢證券期貨及財務用語匯編》頁110 |

　　企業拯救

| 內地 | **企業重整** |

《企業破產法》第2條：

「企業法人不能清償到期債務，並且資產不足以清償全部債務或者明顯缺乏清償能力的，依照本法規定清理債務。

企業法人有前款規定情形，或者明顯喪失清償能力可能的，可以依照本法規定進行**重整**。」

- -

《英漢證券期貨及財務用語匯編》頁110
企業拯救

| 台灣 | **公司重整** |

《公司法》第282條：

「公開發行股票或公司債之公司，因財務困難，暫停營業或有停業之虞，而有重建更生之可能者，得由**公司**或左列利害關係人之一向法院聲請**重整**：

一、繼續六個月以上持有已發行股份總數百分之十以上股份之股東。

二、相當於公司已發行股份總數金額百分之十以上之公司債權人。

公司為前項聲請，應經董事會以董事三分之二以上之出席及出席董事過半數同意之決議行之。」

30. Corporate's Separate Legal Entity / Separate Legal Entity

香港　《香港英漢雙解法律詞典》頁 1739

獨立法律人格 (Separate Legal Personality)

內地　**公司法人獨立地位**

《公司法》第 20 條第 1 款：

「公司股東應當遵守法律、行政法規和公司章程，依法行使股東權利，不得濫用股東權利損害公司或者其他股東的利益；不得濫用**公司法人獨立地位**和股東有限責任損害公司債權人的利益。」

- -

《新漢英法學詞典》頁 164

獨立單位 (Separate Entity)

台灣　**公司之法人地位**

《公司法》第 154 條第 2 項：

「股東濫用**公司之法人地位**，致公司負擔特定債務且清償顯有困難，其情節重大而有必要者，該股東應負清償之責。」

- -

《法律英漢辭典》頁 452

法律實體；法人 (Legal Entity)

《法律英漢辭典》頁 722

單獨實體；獨立單位 (Separate Entity)

《法律漢英辭典》頁72
公司法律地位 (Corporate Legal Status)

31. Credit

香港　信貸

《公司條例》（第622章）第494(1)條：

「就本分部而言，某人如作出以下作為，即屬以債權人身分為某董事或與董事有關連的實體訂立**信貸**交易——

(a) 根據租購協議，提供貨物予該董事或實體；

(b) 根據有條件售賣協議，售賣貨物或土地予該董事或實體；

(c) 將貨物出租或租賃予或將土地出租予該董事或實體，以交換定期付款；或

(d) 基於下述理解而以其他方式提供貨物或服務予或將土地處置而轉予該董事或實體：有關付款（不論是整筆支付、分期支付、定期支付或以其他方式支付）是會延後的。」

《英漢法律大詞典》頁92
信貸；信用；信用貸款；貸方

《英漢證券期貨及財務用語匯編》頁115
信貸；信用；貸項；信貸管制；信用證

內地　債權

《公司法》第174條：

「公司合併時，合併各方的**債權**、債務，應當由合併後存續的公司或者新設的公司承繼。」

《元照英美法詞典》頁349
信貸

《英漢法律詞典》頁 271

信用；信託；信任；信貸；信用貸款；賒欠；貸方；（銀行中的）存款；債權

《英漢證券期貨及財務用語匯編》頁 115

信貸；信用；貸項；貸方；貸記；資信

台灣　**債權**

《公司法》第 156 條第 7 項：

「股東之出資除現金外，得以對公司所有之貨幣**債權**，或公司所需之技術抵充之；其抵充之數額需經董事會通過，不受第二百七十二條之限制。」

- -

《法律英漢辭典》頁 200

債權；信貸；貸款；貸方

《法律漢英辭典》頁 464

信貸

《法律漢英辭典》頁 72

公司信貸 (Company Credit)

32.　Damages

香港　**損害賠償**

《公司條例》（第 622 章）第 725(4) 條：

「為施行第 724(3) 條，凡有關公司在關鍵時間的成員的權益曾受到該公司的事務的處理方式或有關作為或不作為不公平地損害，原訟法庭可命令該公司或任何其他人向該成員支付原訟法庭認為合適的**損害賠償**，以及原訟法庭認為合適的該等**損害賠償**的利息。」

- -

《英漢證券期貨及財務用語匯編》頁 125

損害；損失；賠償金；賠償損失；損害賠償；損失賠償

| 內地 | 損害賠償 |

《證券法》第75條第6項：

「公司的董事、監事、高級管理人員的行為可能依法承擔重大**損害賠償**責任。」

《英漢法律詞典》頁286–287

損害賠償；損害賠償金（額）；費用；（合同預定的）違約金

《英漢證券期貨及財務用語匯編》頁125

損害；損失；賠償金；賠償損失；損害賠償；損失賠償

《新漢英法學詞典》頁756–757

損害賠償 (Compensation for Damage; Compensation for Injury; Damages; Reparation of Injury)

| 台灣 | 賠償 |

《公司法》第16條：

「公司除依其他法律或公司章程規定得為保證者外，不得為任何保證人。

公司負責人違反前項規定時，應自負保證責任，如公司受有損害時，亦應負**賠償**責任。」

《法律英漢辭典》頁212

損害賠償；損害賠償金；損害賠償額

《法律漢英辭典》頁874

損害賠償 (Damages; *Noxa*; Compensation for Damage; Damages Compensation; Reparations for Damage; Indemnity for Damage; Indemnity for Loss)

33.　Debenture

| 香港 | 債權證 |

《公司條例》（第622章）第2(1)條：

「**債權證** (debenture) 就公司而言，包括該公司的債權股證、債券及任何其他債務證券（不論該等債權股證、債券及債務證券是否構成對該公司資產的押記）；……」

《香港英漢雙解法律詞典》頁 505
　　債權證

《英漢證券期貨及財務用語匯編》頁 128
　　債權證；信用債券；債券；公司債券

內地　　**債券**

《公司法》第 153 條：

「本法所稱公司**債券**，是指公司依照法定程序發行、約定在一定期限還本付息的有價證券。

公司發行公司**債券**應當符合《中華人民共和國證券法》規定的發行條件。」

《元照英美法詞典》頁 371
　　公司債券；信用債券；無擔保債券

《英漢法律詞典》頁 293
　　債券；無抵押品的債券

《英漢證券期貨及財務用語匯編》頁 128
　　債權證；信用債券；債券；公司債券

《新漢英法學詞典》頁 990
　　債券 (Bond; Debenture; Debenture Certificate)

台灣　　**債券**

《公司法》第 261 條：

「**債券**為無記名式者，債權人得隨時請求改為記名式。」

《法律英漢辭典》頁 216
　　債券；（海關）退稅憑單（證書）；無抵押品的債券

《法律漢英辭典》頁 864
　　債券 (Bond; Debenture; Certificate of Indebtedness; Bond Certificate; Debenture Certificate)

34.　Debt

香港　**債項**

《公司條例》（第622章）第345(1)(a)條：

「藉已登記押記保證的**債項**，已全部或部份償付或清償；
或」

《英漢法律大詞典》頁98
債務；債項；錢債；債；欠款；金錢債務

內地　**債務**

《公司法》第176條：

「公司分立前的**債務**由分立後的公司承擔連帶責任。但
是，公司在分立前與債權人就**債務**清償達成的書面協議另
有約定的除外。」

《英漢法律詞典》頁293
債；債務；欠款

《新漢英法學詞典》頁991
債務 (Debt; Engagements; Liabilities; Obligation)

台灣　**債務**

《公司法》第378條：

「外國公司經認許後，無意在中華民國境內繼續營業者，
應向主管機關申請撤回認許。但不得免除申請撤回以前所
負之責任或**債務**。」

《法律英漢辭典》頁216
債；債務；欠款

《法律漢英辭典》頁864
債務 (*Debet*; *Debita*; Debt; Engagement; Indebtedness;
Liabilities; Obligation; Financial Obligations)

35. Debt Financing

香港　　**信貸通融**

《銀行業條例》（第155章）第80(1)條：

> 「認可機構不得以本身的股份所作的保證而批給任何放款、貸款或**信貸通融**（包括信用證），或給予任何財務擔保，或招致任何其他債務。」

- -

《英漢民商事法律詞彙》頁79
　　債務融資

《英漢證券期貨及財務用語匯編》頁129
　　債務融資；舉債籌資

內地　　**債務融資**

《保險資金運用管理暫行辦法》第8條：

> 「保險資金投資的債券，應當達到中國保監會認可的信用評級機構評定的、且符合規定要求的信用級別，主要包括政府債券、金融債券、企業（公司）債券、非金融企業**債務融資**工具以及符合規定的其他債券。」

- -

《元照英美法詞典》頁373
　　舉債籌資；負債融資

台灣　　**舉借債務**

《流域綜合治理特別條例》第5條第2項：

> 「前項所需經費來源，得以**舉借債務**或出售政府所持有事業股份方式辦理，不受公共債務法第五條第七項有關每年度舉債額度規定之限制；其預算編製不受財政收支劃分法第三十條、第三十七條補助地方事項及經費負擔規定之限制；其經費使用得在各該機關原列預算範圍內調整支應，不受預算法第六十二條及第六十三條規定之限制。」

36.　Deed

香港　**契據**

《公司條例》（第622章）第125(3)條：

「備有正式印章供在某地方使用的公司，可藉蓋上其法團
印章的書面文件，授權任何為此而獲委派的人，在該地方
於該公司屬其中一方的**契據**或任何其他文件上，蓋上該正
式印章。」

- -

《英漢法律大詞典》頁99

契據；契；契約；文契；蓋印證書；文據；證書

內地　《元照英美法詞典》頁382

契據

《英漢法律詞典》頁300

文據；契據；證書；立據出讓（財產）

《新漢英法學詞典》頁613

**契據 (Charter; Contract; Contract by Deed; Deed; Deed
of Covenant; *Fait*; Receipt)**

台灣　**契據**

《中央銀行法》第36條：

「本行經理國庫業務，經管國庫及中央政府各機關現金、
票據、證券之出納、保管、轉移及財產**契據**之保管事務。

前項業務，在本行未設分支機構地點，必要時得委託其他
金融機構辦理。」

- -

《法律英漢辭典》頁221

文據；契據；證書

《法律漢英辭典》頁485

契據 (Charter; Deed; Contract by Deed; Title Deed; Deed
of Covenant)

37. **Derivative Action**

香港　**衍生訴訟**

《公司條例》（第622章）第734條標題：

「有關行為獲批准或追認並不禁止提出**衍生訴訟**」

- -

《英漢法律大詞典》頁104

別出訴訟；股東為公司權利提起的訴訟；派生訴訟

《英漢證券期貨及財務用語匯編》頁139

衍生訴訟

內地　《元照英美法詞典》頁404

股東代位訴訟 ； 派生訴訟

《英漢證券期貨及財務用語匯編》頁139

衍生訴訟 ； 派生訴訟

台灣　《法律英漢辭典》頁232

派生訴訟

---

38. **Derivatives / Derivative Products**

香港　**衍生工具**

《證券及期貨條例》（第571章）第245條：

「**衍生工具** (derivatives) 就上市證券而言，指——

(a) 在該等證券中的或關乎該等證券的權利、期權或權益（不論以單位或其他方式描述）；

(b) 任何合約，而該等合約的目的或伴稱目的是藉完全或部份參照以下項目的價格或價值，或該價格或價值的變動，以獲得或增加利潤或避免或減少損失——

(i) 該等證券；或

(ii) (a) 段提述的任何權利、期權或權益；

……

不論該等**衍生工具**是否上市的，亦不論是由何人發行或訂立的；……」

《英漢證券期貨及財務用語匯編》頁139
衍生工具；衍生產品；衍生金融工具 (Derivatives)
衍生產品 (Derivative Product)

內地　　**衍生產品**

《銀行業金融機構**衍生產品**交易業務管理辦法》第1條：

「為規範銀行業金融機構**衍生產品**業務，有效控制銀行業金融機構**衍生產品**業務風險，根據《中華人民共和國銀行業監督管理法》、《中華人民共和國商業銀行法》及其他有關法律法規，制定本辦法。」

《元照英美法詞典》頁404
衍生物；派生物 (Derivative)

《英漢證券期貨及財務用語匯編》頁139
派生工具；衍生品；衍生工具；衍生產品；衍生金融工具 (Derivatives)
派生產品；衍生產品 (Derivative Product)

台灣　　**衍生性商品**

《證券交易法》第14條之三第2款：

「依第三十六條之一規定訂定或修正取得或處分資產、從事**衍生性商品**交易、資金貸與他人、為他人背書或提供保證之重大財務業務行為之處理程序。」

39.　Director

香港　　**董事**

《公司條例》（第622章）第117(1)條：

「除第119條另有規定外，為惠及真誠地與公司交易的人，如該公司的**董事**有權使該公司受約束，或有權授權其

他人使該公司受約束，該權力須視為不受該公司的任何有
關文件下的任何限制所規限。」

《英漢法律大詞典》頁 107
　　董事

內地　　**董事**

《公司法》第 150 條第 1 款：

「股東會或者股東大會要求**董事**、監事、高級管理人員列
席會議的，**董事**、監事、高級管理人員應當列席並接受股
東的質詢。」

《元照英美法詞典》頁 417
　　董事；經理

《新漢英法學詞典》頁 161
　　董事 (Director; Executive; Regent; Syndic; Trustee)

台灣　　**董事**

《公司法》第 8 條第 1 項：

「本法所稱公司負責人：在無限公司、兩合公司為執行業務
或代表公司之股東；在有限公司、股份有限公司為**董事**。」

《法律英漢辭典》頁 240
　　董事；主任；理事；總監

《法律漢英辭典》頁 899
　　董事 (Director; Executive)

40.　Disclosure / Disclose

香港　　**披露**

《證券及期貨條例》(第 571 章) 第 308(1) 條：

「**披露**責任 (duty of disclosure) ──

(a)　為施行第 2 至 6 分部及就在其他方面與該等分部有關

的情況而言，指根據第310條產生並須按照第324條履行的責任；或

(b) 為施行第7至10分部及就在其他方面與該等分部有關的情況而言，指根據第341條產生並須按照第347條履行的責任；……」

《英漢法律大詞典》頁107
披露資料

《香港英漢雙解法律詞典》頁581
披露

內地　披露

《公司法》第123條：

「上市公司設董事會秘書，負責公司股東大會和董事會會議的籌備、文件保管以及公司股東資料的管理，辦理信息**披露**事務等事宜。」

《元照英美法詞典》頁419
披露；告知；信息披露

台灣　揭露

《證券交易法》第138條第1項第10款：

「買賣有價證券之委託數量、價格、撮合成交情形等交易資訊之即時**揭露**。」

《法律英漢辭典》頁242
揭發；披露；洩露；告知；通知；洩露之事

41.　Dishonest

香港　不誠實

《公司條例》（第622章）第448(3)(b)條：

「第(2)(b)款而言，除非董事知道有關遺漏屬**不誠實**地隱瞞屬事關重要的事實，否則該董事無需負上法律責任。」

《英漢法律大詞典》頁109
　　不誠實

內地　　失信

《最高人民法院關於公布**失信**被執行人名單信息的若干規定》第3條：

> 「被執行人認為將其納入**失信**被執行人名單錯誤的，可以向人民法院申請糾正。被執行人是自然人的，一般應由被執行人本人到人民法院提出並說明理由；被執行人是法人或者其他組織的，一般應由被執行人的法定代表人或者負責人本人到人民法院提出並說明理由。人民法院經審查認為理由成立的，應當作出決定予以糾正。」

《英漢法律詞典》頁330
　　不忠實的；不誠實的；不正直的；欺詐的

台灣　　不誠實

《保險法》第95條之一：

> 「保證保險人於被保險人因其受僱人之**不誠實**行為或其債務人之不履行債務所致損失，負賠償之責。」

《法律英漢辭典》頁244
　　不忠實的；不誠實的；欺詐的

42.　Disqualification

香港　　取消資格

《公司條例》（第622章）第45(1)(a)(iii)條：

> 「與法院作出的**取消資格**令所針對的人往來；」

《英漢法律大詞典》頁110
　　取消資格

內地 **撤銷資格**

《證券法》第108條第1款第2項：

> 「因違法行為或者違紀行為被**撤銷資格**的律師、註冊會計師或者投資諮詢機構、財務顧問機構、資信評級機構、資產評估機構、驗證機構的專業人員，自被**撤銷資格**之日起未逾五年。」

- -

《英漢法律詞典》頁333

　　無資格；不合格；取消資格

台灣 **喪失資格**

《期貨經理事業管理規則》第52條：

> 「本規則所稱取得期貨交易分析人員資格者，指經同業公會或其委託財團法人中華民國證券暨期貨市場發展基金會舉辦之期貨交易分析人員測驗合格之人。
>
> 前項取得期貨交易分析人員資格者，自資格證書所載核發日起五年內未辦理登記或離職滿五年者，**喪失資格**。」

- -

《法律英漢辭典》頁247

　　無資格；不合格；取消資格

43.　Dividend

香港 **股息**

《公司條例》（第622章）第200條：

> 「如公司的章程細則批准，該公司可 ——
>
> (a) 就股份的發行作出安排，讓股東按不同款額及按不同付款時間，繳付就其股份而催繳的股款；
>
> (b) 接受成員就其所持有的任何股份而繳付的尚未繳付股款的全部或部分，即使該公司未曾催繳該等股款的任何部分亦然；及
>
> (c) 在某些股份的已繳付股款額大於其他股份的情況下，按每股股份的已繳付股款額的比例繳付**股息**。」

《英漢法律大詞典》頁 111
> 股息；股利；股份的利息分配；紅利

內地　**股利**

《公司法》第 139 條：

> 「記名股票，由股東以背書方式或者法律、行政法規規定
> 的其他方式轉讓；轉讓後由公司將受讓人的姓名或者名稱
> 及住所記載于股東名冊。
>
> 股東大會召開前二十日內或者公司決定分配**股利**的基準日
> 前五日內，不得進行前款規定的股東名冊的變更登記。但
> 是，法律對上市公司股東名冊變更登記另有規定的，從其
> 規定。」

股息；紅利

《企業所得稅法》第 10 條：

> 「在計算應納稅所得額時，下列支出不得扣除：
>
> （一）向投資者支付的**股息**、**紅利**等權益性投資收益款
> 　　　項；
>
> （二）企業所得稅稅款；
>
> （三）稅收滯納金；
>
> （四）罰金、罰款和被沒收財物的損失；
>
> （五）本法第九條規定以外的捐贈支出；
>
> （六）贊助支出；
>
> （七）未經核定的準備金支出；
>
> （八）與取得收入無關的其他支出。」

《元照英美法詞典》頁 427
> 股息；紅利；股利

《新漢英法學詞典》頁 359
> 紅利 (Bonus; Extra Dividend; Premium)

台灣	**股利**

《所得稅法》第3條之一：

> 「營利事業繳納屬八十七年度或以後年度之營利事業所得稅，除本法另有規定外，得於盈餘分配時，由其股東或社員將獲配**股利**總額或盈餘總額所含之稅額，自當年度綜合所得稅結算申報應納稅額中扣抵。」

股息；紅利

《公司法》第157條第1款：

> 「特別股分派**股息**及**紅利**之順序、定額或定率。」

- -

《法律英漢辭典》頁250

　　公債利息；股息；盈餘；紅利；破產債權人的償金

《法律漢英辭典》頁431

　　股份分紅 (Share Dividend; Stock Dividends)

《法律漢英辭典》頁432

　　股利 (Dividend; Capital Bonus; Stock Dividend)

　　股息 (Dividend; Stock Dividend)

《法律漢英辭典》頁433

　　股票紅利 (Share Bonus; Stock Dividend; Dividend; Capital Bonus)

44.　Endorsement

香港	**背書**

《證券及期貨條例》（第571章）附表1：

> 「存款證 (certificate of deposit) 指存放在發證人或其他人而與金錢（不論屬何種貨幣）有關的文件，而該文件承認有將一筆指定數額的款項（不論是否連同利息）付給持證人或文件上的指定人的義務，亦不論該文件有無**背書**，均可憑該文件的交付而將收取該筆款項（不論是否連同利息）的權利轉讓；任何該等文件如憑藉《銀行業條例》（第155章）第137B(1)條中訂明票據 的定義的(a)段而屬訂明票據，則該文件包括在該定義的(b)段就該文件而提述的任何權利或權益；……」

《英漢證券期貨及財務用語匯編》頁 166

背書；加簽；批註

內地 **背書**

《公司法》第 139 條第 1 款：

「記名股票，由股東以**背書**方式或者法律、行政法規規定
的其他方式轉讓；轉讓後由公司將受讓人的姓名或者名稱
及住所記載於股東名冊。」

《元照英美法詞典》頁 471

背書；簽名；（票據等的）簽署；（文書等的）批註

《英漢證券期貨及財務用語匯編》頁 166

背書

台灣 **背書**

《公司法》第 162 條之一：

「公開發行股票之公司發行新股時，其股票得就該次發行
總數合併印製。

依前項規定發行之股票，應洽證券集中保管事業機構保管。

依第一項規定發行新股時，不適用前條第一項股票應編號
及第一百六十四條**背書**轉讓之規定。」

《法律英漢辭典》頁 270

背書（尤指支票、票據背面的簽字）；批註；簽名；認
可；保證

《法律漢英辭典》頁 527

背書 (Back; Backing; Endorse; Endorsement; Indorsement)

45. **Equity Financing**

香港 《英漢證券期貨及財務用語匯編》頁 169

股本融資；集資；發行股票籌措資金

內地　**增加註冊資本**

《公司法》第 178 條第 1 款：

> 「有限責任公司**增加註冊資本**時，股東認繳新增資本的出資，依照本法設立有限責任公司繳納出資的有關規定執行。」

股權融資

《非上市公眾公司監督管理辦法》第 5 條第 1 款：

> 「公眾公司可以依法進行**股權融資**、債券融資、資產重組等。」

- -

《元照英美法詞典》頁 484
募股融資；募股融資資本

《英漢證券期貨及財務用語匯編》頁 169
股本融資；集資；股權融資；股票融資；增股融資；權益籌資；產權理財

台灣　**增資**

《公司法》第 106 條第 1 項：

> 「公司**增資**，應經股東過半數之同意。但股東雖同意**增資**，仍無按原出資數比例出資之義務。」

募集、發行或私募具有股權性質之有價證券

《證券交易法》第 14 條之三：

> 「已依前條第一項規定選任獨立董事之公司，除經主管機關核准者外，下列事項應提董事會決議通過；獨立董事如有反對意見或保留意見，應於董事會議事錄載明：
>
> 一、依第十四條之一規定訂定或修正內部控制制度。
>
> 二、依第三十六條之一規定訂定或修正取得或處分資產、從事衍生性商品交易、資金貸與他人、為他人背書或提供保證之重大財務業務行為之處理程序。
>
> 三、涉及董事或監察人自身利害關係之事項。
>
> 四、重大之資產或衍生性商品交易。

五、重大之資金貸與、背書或提供保證。

六、募集、發行或私募具有股權性質之有價證券。

......」

- -

《法律漢英辭典》頁979

增加資本 (Increase of Capital)

46.　**Executive Officer / Executive**

香港　**主管人員**

《證券及期貨條例》（第571章）附表1：

「**主管人員** (executive officer) ——

(a)　就某持牌法團而言，指該法團的負責人員；

(b)　就某註冊機構而言，指根據《銀行業條例》（第155章）屬該機構的主管人員的人；或

(c)　就中介人的有聯繫實體而言，指負責直接監管該實體收取或持有該中介人的客戶資產的該實體的董事；......」

- -

《英漢證券期貨及財務用語匯編》頁177

主管人員 (Executive Officer)

執行人員 (Executive)

內地　**高級管理人員**

《公司法》第146條：

「有下列情形之一的，不得擔任公司的董事、監事、**高級管理人員**：

（一）　無民事行為能力或者限制民事行為能力；

（二）　因貪污、賄賂、侵佔財產、挪用財產或者破壞社會主義市場經濟秩序，被判處刑罰，執行期滿未逾五年，或者因犯罪被剝奪政治權利，執行期滿未逾五年；

(三) 擔任破產清算的公司、企業的董事或者廠長、經理，對該公司、企業的破產負有個人責任的，自該公司、企業破產清算完結之日起未逾三年；

(四) 擔任因違法被吊銷營業執照、責令關閉的公司、企業的法定代表人，並負有個人責任的，自該公司、企業被吊銷營業執照之日起未逾三年；

(五) 個人所負數額較大的債務到期未清償。

公司違反前款規定選舉、委派董事、監事或者聘任**高級管理人員**的，該選舉、委派或者聘任無效。

董事、監事、**高級管理人員**在任職期間出現本條第一款所列情形的，公司應當解除其職務。」

《元照英美法詞典》頁 509

（工商業）管理人員 (Executive Officer)

《英漢證券期貨及財務用語匯編》頁 177

主管人員 (Executive Officer)

《新漢英法學詞典》頁 297

管理人員 (Managerial Personnel; Managerial Staff)

《新漢英法學詞典》頁 1041

主管人員 (Executive; Personnel in Charge)

台灣　《法律英漢辭典》頁 289

行政人員；執行者；高級官員；董事；總經理；社長；行政部門 (Executive)

47.　Financial Assistance / Financial Aid

香港　**資助**

《公司條例》（第 622 章）第 274(1) 條：

「**資助** (financial assistance) 指——

(a) 藉饋贈而提供的**資助**；

(b) 以下述方式而提供的**資助**──

    (i) 擔保、保證或彌償（就彌償人本身的疏忽或失責而作出的彌償除外）；或

    (ii) 責任解除或寬免；

(c) 以下述方式而提供的**資助**──

    (i) 貸款協議或任何其他協議，而根據該等協議，當於協議另一方的責任按照協議仍未履行時，提供**資助**的人的責任須予履行；或

    (ii) 第(i)節提述的貸款協議或其他協議的約務更替，或根據第(i)節提述的貸款協議或其他協議而產生的權利轉讓；或

(d) 任何公司在以下情況下提供的任何其他**資助**──

    (i) 公司淨資產會因提供該項資助而出現相當程度的減少；或

    (ii) 該公司沒有淨資產。」

《英漢證券期貨及財務用語匯編》頁190

經濟援助；財政資助；財務資助；財政援助 (Financial Assistance)

內地　財務資助

《上市公司收購管理辦法》第8條：

「被收購公司的董事、監事、高級管理人員對公司負有忠實義務和勤勉義務，應當公平對待收購本公司的所有收購人。被收購公司董事會針對收購所做出的決策及採取的措施，應當有利於維護公司及其股東的利益，不得濫用職權對收購設置不適當的障礙，不得利用公司資源向收購人提供任何形式的**財務資助**，不得損害公司及其股東的合法權益。」

《英漢法律詞典》頁430

經濟援助；財政資助 (Financial Aid)

《英漢證券期貨及財務用語匯編》頁190

經濟援助；財政資助 (Financial Assistance)

台灣　**財務協助**

《存款保險條例》第8條：

> 「存保公司之資金，除備供經常費用開支，及依本條例規定履行保險責任、提供**財務協助**、成立過渡銀行及辦理墊付等用途外，應投資於政府債券、存放中央銀行或以經該公司董事會同意之方式運用。」

- -

《法律英漢辭典》頁 314
　　經濟援助；財務資助 (Financial Aid）

48.　Financial Statement

香港　**財務報表**

《證券及期貨條例》（第571章）第240(3)(a) 條：

> 「關於賠償基金的賬目，且以該年度最後一日狀況為準的**財務報表**；及」

- -

《香港英漢雙解法律詞典》頁761
　　財務報表

《英漢證券期貨及財務用語匯編》頁194
　　財務報表；財政帳目；帳目

內地　**財務會計報告**

《公司法》第170條：

> 「公司應當向聘用的會計師事務所提供真實、完整的會計憑證、會計賬簿、**財務會計報告**及其他會計資料，不得拒絕、隱匿、謊報。」

- -

《元照英美法詞典》頁 554
　　財務報表；會計報表

《英漢法律辭典》頁 431
　　財政報告；財務報表；決算表；資產負債表；借貸對照表

| 台灣 | **財務報表** |

《公司法》第20條第1項：

> 「公司每屆會計年度終了，應將營業報告書、**財務報表**及盈餘分派或虧損撥補之議案，提請股東同意或股東常會承認。」

《法律英漢辭典》頁315

　　財政報告；財務報表；決算表；資產負債表；借貸對照表

49. Financial Year / Fiscal Year

| 香港 | **財政年度** |

《公司條例》（第622章）第2條：

> 「**財政年度** (financial year) 就公司而言，指按照第9部第3分部斷定的該公司的**財政年度**；……」

《英漢法律大詞典》頁138

　　財政年度；會計年度 (Financial Year)

| 內地 | **會計年度 (Fiscal Year)** |

《公司法》第62條：

> 「一人有限責任公司應當在每一**會計年度**終了時編制財務會計報告，並經會計師事務所審計。」

《元照英美法詞典》頁554

　　財政年度；會計年度 (Financial Year)

| 台灣 | **會計年度 (Fiscal Year)** |

《公司法》第20條第1項：

> 「公司每屆**會計年度**終了，應將營業報告書、財務報表及盈餘分派或虧損撥補之議案，提請股東同意或股東常會承認。」

《法律英漢辭典》頁 315

財政年度 (Financial Year)

《法律英漢辭典》頁 317

財政年度；會計年度；營業年度 (Fiscal Year)

50. Fixed Charge

香港 **固定押記**

《土地註冊條例》（第 128 章）第 2A(2) 條：

「達成在 1984 年 11 月 1 日當日或之前或之後設定的浮動押記的文件，於該押記在 1984 年 11 月 1 日之後具體化 (由承押記人簽署或代其簽署的證明書證明) 時 ——

(a) 對擬受影響的土地，即變成一項**固定押記**；及

(b) 就第 2 條而言，是一份會影響在香港的任何一幅地、物業單位或處所的契據、轉易契或其他書面形式的文書。」

《英漢法律大詞典》頁 139

固定抵押；固定負擔責任；固定押記；固定擔保

《英漢證券期貨及財務用語匯編》頁 197

固定費用；固定抵押

內地 《英漢法律詞典》頁 436

固定支出；固定負擔 (責任)；固定擔保

《英漢證券期貨及財務用語匯編》頁 197

固定費用；固定抵押

台灣 《法律英漢辭典》頁 318

固定支出；固定負擔責任

51. Floating Charge

香港 **浮動押記**

《物業轉易及財產條例》（第219章）第56A(1)條：

> 「任何財產上的**浮動押記**（不論該**浮動押記**是否看來是限制押記人讓與該財產的權利），不得影響任何其他人在該**浮動押記**具體化之前所獲取的任何屬於該財產一部份的土地的任何產業權或權益，不論該人對該**浮動押記**或任何此等看來是附於該土地的限制是否實際上知悉或有法律構定的知悉。」

《英漢法律大詞典》頁140
　　浮動抵押；浮動押記；浮動擔保

《英漢證券期貨及財務用語匯編》頁199
　　流動費用；浮動抵押；浮動押記

內地 《英漢法律詞典》頁437

　　浮動抵押；浮動擔保

《英漢證券期貨及財務用語匯編》頁199

　　流動費用；浮動抵押

台灣 《法律漢英辭典》頁584

　　浮動抵押；浮動負擔；浮動設押

---

52. Foreclosure

香港 **止贖權**

《物業轉易及財產條例》（第219章）第44(2)條：

> 「除本條例另有規定外，根據以法定押記方式作出的按揭，按揭人及承按人所享有的保障、權力及補救方法（包括而不限於與**止贖權**及衡平法贖回權有關的保障、權利及補救方法，但不包括承按人在按揭人不履行責任之前行使財產管有權的權力），猶如該按揭是在本條生效日期前以轉讓法定產業權方式作出者一樣。」

《英漢法律大詞典》頁 141

止贖；止贖權；取消贖權；取消抵當品贖回權；抵押品贖回權的取消

內地 《元照英美法詞典》頁 566

終止回贖權

《英漢法律詞典》頁 440

取消（抵押）回贖權（手續）

台灣 《法律英漢辭典》頁 321

抵押品回贖權的取消 ； 取消回贖權的手續

53. Forgery / Forge

香港 **偽造**

《公司條例》（第 622 章）第 157(1)(a) 條：

「在公司股份根據一份**偽造**轉讓書或**偽造**授權書而轉讓的情況下，可就該項轉讓造成的損失，向某人支付賠償；」

《英漢證券期貨及財務用語匯編》頁 204
偽造

內地 **偽造**

《個人獨資企業法》第 35 條：

「塗改、出租、轉讓營業執照的，責令改正，沒收違法所得，處以三千元以下的罰款；情節嚴重的，吊銷營業執照。

偽造營業執照的，責令停業，沒收違法所得，處以五千元以下的罰款。構成犯罪的，依法追究刑事責任。」

《元照英美法詞典》頁 570
偽造；仿造；假冒

《英漢證券期貨及財務用語匯編》頁204

　　偽造

《新漢英法學詞典》頁818

　　偽造 (Counterfeit; Falsify; Forge; Imitate; Tamper)

台灣　　**偽造**

《公司法》第9條第4項：

> 「公司之設立或其他登記事項有**偽造**、變造文書，經裁判
> 確定後，由檢察機關通知中央主管機關撤銷或廢止其登
> 記。」

- -

《法律英漢辭典》頁324

　　偽造；偽造罪；偽造品 (Forgery)

　　偽造；犯偽造罪；編造（謊言等）(Forge)

54.　Fraud / Fraudulent

香港　　**欺詐**

《公司條例》（第622章）第731條：

> 「在本分部中──不當行為 (misconduct) 指**欺詐**、疏忽或
> 違反責任，亦指在遵從任何條例或法律規則方面的錯失；
> ……」

- -

《英漢法律大詞典》頁144

　　欺詐；欺詐行為；欺詐手段；詐騙；訛詐

內地　　**欺詐**

《公司法》第198條：

> 「違反本法規定，虛報註冊資本、提交虛假材料或者採取
> 其他**欺詐**手段隱瞞重要事實取得公司登記的，由公司登記
> 機關責令改正，對虛報註冊資本的公司，處以虛報註冊資
> 本金額百分之五以上百分之十五以下的罰款；對提交虛假
> 材料或者採取其他**欺詐**手段隱瞞重要事實的公司，處以五

萬元以上五十萬元以下的罰款；情節嚴重的，撤銷公司登記或者吊銷營業執照。」

《元照英美法詞典》頁 579

　　欺詐；詐騙

《英漢證券期貨及財務用語匯編》頁 206

　　詐騙；舞弊；欺詐

《新漢英法學詞典》頁 605

　　欺詐 (Deceit; Deception; Duplicity; Fakery; False Pretense; Fraud; Fraudulence; Knavery; Imposture; Rig; Swindling)

台灣　　**詐欺**

《公司法》第 30 條：

「有左列情事之一者，不得充經理人，其已充任者，當然解任：

一、曾犯組織犯罪防制條例規定之罪，經有罪判決確定，服刑期滿尚未逾五年者。

二、曾犯**詐欺**、背信、侵占罪經受有期徒刑一年以上宣告，服刑期滿尚未逾二年者。

三、曾服公務虧空公款，經判決確定，服刑期滿尚未逾二年者。

四、受破產之宣告，尚未復權者。

五、使用票據經拒絕往來尚未期滿者。

六、無行為能力或限制行為能力者。」

《法律英漢辭典》頁 329

　　詐欺，欺騙；欺詐行為；行騙的人；騙人的事；詭計 (Fraud)

　　欺詐的；欺騙的；騙取的；藉以欺騙的 (Fraudulent)

55. Incorporation

香港 **成立為法團**

《公司條例》（第622章）第80(1)條：

> 「在有限公司**成立為法團**時，為該公司所屬的公司類別而訂明並在當其時有效的章程細則範本，在適用範圍內，即構成該公司的章程細則的部分，適用的方式及範圍猶如該範本已註冊成為該公司的章程細則一樣。」

- -

《英漢法律大詞典》頁166

> 組立；公司組織；組成公司；法人設立；立案團體；法人社團；法人公司

《英漢證券期貨及財務用語匯編》頁240

> 成立；成立為法團 (Incorporated)

內地 **設立的……公司**

《公司法》第2條：

> 「本法所稱公司是指依照本法在中國境內**設立的**有限責任**公司**和股份有限**公司**。」

- -

《元照英美法詞典》頁679

> 法人設立；法人；公司；併合

《英漢證券期貨及財務用語匯編》頁240

> 成立；成立為法團 (Incorporated)

台灣 **公司之設立**

《公司法》第9條第4項：

> 「**公司之設立**或其他登記事項有偽造、變造文書，經裁判確定後，由檢察機關通知中央主管機關撤銷或廢止其登記。」

- -

《法律英漢辭典》頁386

> 法人；社團；公司；結合；合併

56. Indemnification

香港 **彌償**

《公司條例》（第622章）第738(3)條：

> 「原訟法庭須信納有關成員提起或介入有關法律程序或提
> 出有關申請是真誠行事並有合理理由，方可根據本條，就
> 訟費（包括關於**彌償**的規定）作出有利於該成員的命令。」

《英漢法律大詞典》頁167
　　彌償；償付；賠償；賠款；補償

《英漢證券期貨及財務用語匯編》頁240
　　賠償；彌償；彌償保證 (Indemnify)

內地 **補償金**

《公司法》第186條第2款：

> 「公司財產在分別支付清算費用、職工的工資、社會保險
> 費用和法定**補償金**，繳納所欠稅款，清償公司債務後的剩
> 餘財產，有限責任公司按照股東的出資比例分配，股份有
> 限公司按照股東持有的股份比例分配。」

《元照英美法詞典》頁681
　　補償；損失補償；補償金

《英漢證券期貨及財務用語匯編》頁240
　　賠償；保賠 (Indemnify)

《新漢英法學詞典》頁45
　　補償 (Compensation; Indemnification; Indemnify;
　　Recompense; Recoupment)

台灣 **補償**

《公司法》第369條之四第1項：

> 「控制公司直接或間接使從屬公司為不合營業常規或其他
> 不利益之經營，而未於會計年度終了時為適當**補償**，致從
> 屬公司受有損害者，應負賠償責任。」

《法律英漢辭典》頁387

賠償；補償；賠償物；賠償金

57. Initial Public Offerings (IPO)

香港 **首次公開發售**

《銀行業（資本）規則》（第155L章）附表15第(1)(d)(ix)條：

「**首次公開發售**；……」

《香港英漢雙解法律詞典》頁965

初次公開招股

《英漢證券期貨及財務用語匯編》頁247

首次公開招股；初次公開招股；首次公開發行新股；初

次發行；首次公開發售

內地 **首次公開發行股票**

《證券法》第21條：

「發行人申請**首次公開發行股票**的，在提交申請文件後，

應當按照國務院證券監督管理機構的規定預先披露有關申

請文件。」

《英漢證券期貨及財務用語匯編》頁247

首次公開招股；初次公開招股；首次公開發行新股；初

次發行

台灣 **公開招募股份**

《公司法》第133條第1項：

「發起人**公開招募股份**時，應先具備左列事項，申請證券

管理機關審核：

一、營業計畫書。

二、發起人姓名、經歷、認股數目及出資種類。

三、招股章程。

四、代收股款之銀行或郵局名稱及地址。

五、有承銷或代銷機構者，其名稱及約定事項。

六、證券管理機關規定之其他事項。」

首次公開募集

《保險業辦理國外投資管理辦法》第7條第1項：

「第五條第一項第五款所稱外國證券集中交易市場或店頭市場交易之股權或債券憑證種類如下：

一、股票。

二、**首次公開募集**之股票。

三、公司債。

四、非本國企業發行之存託憑證、可轉換公司債及附認股權公司債。

58.　Insider Dealing

香港　　**內幕交易**

《證券及期貨條例》（第571章）第245(1)條：

「在本部中，除文意另有所指外 ——
內幕交易 (insider dealing) 指第270條所指的**內幕交易**；
……」

- -

《香港英漢雙解法律詞典》頁974
　　內幕交易

內地　　**內幕交易**

《證券法》第5條：

「證券的發行、交易活動，必須遵守法律、行政法規；禁止欺詐、**內幕交易**和操縱證券市場的行為。」

- -

《英漢法律詞典》頁547
　　內幕交易；秘密交易

《新漢英法學詞典》頁 570
內幕人交易；秘密交易 (Insider Dealing; Insider Trading)

台灣 **內線交易**

《商業銀行轉投資應遵守事項準則》第 2 條：

「商業銀行轉投資應遵守下列規定：

......

六、商業銀行與轉投資事業應訂定符合防止**內線交易**之
規範。」

《法律英漢辭典》頁 398
秘密交易

《法律漢英辭典》頁 71
內線交易 (Insider Dealing; Insider Trading)

59.　Insolvency

香港 **無力償債**

《公司（清盤及雜項）條例》（第 32 章）328(2) 條：

「如任何分擔人去世、破產或**無力償債**，則本條例中有關
已故分擔人的遺產代理人以及破產人的受託人或**無力償債**
分擔人的受託人的條文，即告適用。」

《英漢民商事法律詞彙》頁 152
無力償債

內地 **缺乏清償能力；喪失清償能力**

《企業破產法》第 2 條：

「企業法人不能清償到期債務，並且資產不足以清償全部
債務或者明顯**缺乏清償能力**的，依照本法規定清理債務。

企業法人有前款規定情形，或者有明顯**喪失清償能力**可能
的，可以依照本法規定進行重整。」

《元照英美法詞典》頁 705

　　無力償付債務；無力償債

《英漢法律詞典》頁 547

　　破產；無力清償債務；不足抵償債務；瀕臨破產

台灣　　**無支付能力**

《民法》第 931 條：

> 「債務人**無支付能力**時，債權人縱於其債權未屆清償期前，亦有留置權。
>
> 債務人於動產交付後，成為**無支付能力**，或其**無支付能力**於交付後始 為債權人所知者，其動產之留置， 縱有前條所定之牴觸情形，債權人 仍得行使留置權。」

《法律英漢辭典》頁 398–399

　　破產；無力清償債務；不足抵償債務

60.　Insurance / Insure

香港　　**保險**

《公司條例》（第 622 章）第 157(1)(b) 條：

> 「可藉**保險**、資本儲備或累積收入而提供一項基金，以應付賠償申索；」

《英漢法律大詞典》頁 171

　　保險；保險計劃；保險契約；保險單

《英漢證券期貨及財務用語匯編》頁 250

　　保險；保額；保費

內地　　**保險**

《公司法》第 18 條第 1 款：

> 「公司職工依照《中華人民共和國工會法》組織工會，開展工會活動，維護職工合法權益。公司應當為本公司工會

提供必要的活動條件。公司工會代表職工就職工的勞動報酬、工作時間、福利、**保險**和勞動安全衛生等事項依法與公司簽訂集體合同。」

《元照英美法詞典》頁708
　保險

《英漢法律詞典》頁550
　保險；保險業；安全保障；保險金額；保險額；保險費；保證

《英漢證券期貨及財務用語匯編》頁250
　保險；保額；保費

台灣　**保險**

《保險法》第1條：

「本法所稱**保險**，謂當事人約定，一方交付**保險**費於他方，他方對於因不可預料，或不可抗力之事故所致之損害，負擔賠償財物之行為。

根據前項所訂之契約，稱為**保險**契約。」

《法律英漢辭典》頁401
　保險；保險業；安全保障；保險金額；保險額；保險費；保證

61.　Investment / Invest

香港　**投資**

《公司條例》（第622章）第300(3)條：

「在本條中 ──

投資公司 (investment company) 指符合以下說明的上市公司：其主要業務，是將其資金**投資**於證券、土地或其他資產上，而目的是 ──

(a)　分散**投資**風險；及

(b)　將管理該等資產所得成果的利益給予其成員。」

《英漢證券期貨及財務用語匯編》頁261

投資；投資項目

內地 **投資**

《公司法》第16條第1項：

「公司向其他企業**投資**或者為他人提供擔保，依照公司章程的規定，由董事會或者股東會、股東大會決議；公司章程對**投資**或者擔保的總額及單項**投資**或者擔保的數額有限額規定的，不得超過規定的限額。」

《元照英美法詞典》頁728

投資；投資資本；投資金額

《英漢證券期貨及財務用語匯編》頁261

投資；投資項目

台灣 **投資**

《公司法》第369條之九：

「公司與他公司相互**投資**各達對方有表決權之股份總數或資本總額三分之一以上者，為相互**投資**公司。

相互**投資**公司各持有對方已發行有表決權之股份總數或資本總額超過半數者，或互可直接或間接控制對方之人事、財務或業務經營者，互為控制公司與從屬公司。」

《法律英漢辭典》頁415

投資；投入資本

《法律漢英辭典》頁324

投資 (Investment; Capitalize; Invest; Place Money In)

62.　Issuer

香港　**發行人**

《證券及期貨條例》(第571章) 第322(8) 條:

「任何股本衍生工具的持有人、賣方或**發行人**如憑藉持有、售賣或發行 (視屬何情況而定) 該等工具而 ——

(a) 有權要求另一人在某日期或之前或某期間內,向他交付該等工具的相關股份;

(b) 有義務在某日期或之前或某期間內,提取該等相關股份;

(c) 在該等相關股份的價格在某日期或之前或某期間內上升的情況下,有權從另一人收取一筆款項;或

(d) 在該等相關股份的價格在某日期或之前或某期間內上升的情況下,有權避免或減少損失,

則不論上述權利或義務是否在任何情況下附有條件,他均須視為擁有屬該等相關股份的有投票權股份的權益。」

《英漢證券期貨及財務用語匯編》頁266
　　發行人;發行機構;發行公司;發行證券者

內地　**發行人**

《證券法》第11條第1款:

「**發行人**申請公開發行股票、可轉換為股票的公司債券,依法採取承銷方式的,或者公開發行法律、行政法規規定實行保薦制度的其他證券的,應當聘請具有保薦資格的機構擔任保薦人。」

《元照英美法詞典》頁734
　　證券發行人;信用證開證人;權利憑證簽發人

《英漢法律詞典》頁574
　　發行人;發布人 (機關)

《英漢證券期貨及財務用語匯編》頁266
　　發行人;發行機構;發行商

台灣　發行股票人

《公司法》第 161 條：

> 「公司非經設立登記或發行新股變更登記後，不得發行股票。但公開發行股票之公司，證券管理機關另有規定者，不在此限。
>
> 違反前項規定發行股票者，其股票無效。但持有人得向**發行股票人**請求損害賠償。」

《法律英漢辭典》頁 419
　　發行人；發布人（機關）

《法律漢英辭典》頁 810
　　發行人 (Issuer; Publisher / Publr.)

63.　Legal Personality / Legal Person

香港　法人資格

《外地法團條例》（第 437 章）第 2(1)(a) 條：

> 「有任何機構宣稱在香港以外某個地區的法律下具法團地位，或有任何機構在香港以外某個地區的法律下看似已失去法團地位，但由於該地區並非獲承認國家，因而出現該機構在香港的法律下應否被視為具**法人資格**的法團的問題；而」

《英漢法律大詞典》頁 191
　　法人 (Legal Person)

內地　法人 (Legal Person)

《公司法》第 3 條：

> 「公司是企業**法人**，有獨立的**法人**財產，享有**法人**財產權。公司以其全部財產對公司的債務承擔責任。
>
> 有限責任公司的股東以其認繳的出資額為限對公司承擔責任；股份有限公司的股東以其認購的股份為限對公司承擔責任。」

‥‥‥‥‥‥‥‥‥‥‥‥‥‥‥‥‥‥‥‥‥‥‥‥‥‥

《英漢法律詞典》頁 627

法人資格；法律上的人格；權利能力；權利主體的資格
(Legal Personality)

法人 (Legal Person)

台灣 **法人 (Juristic Person)**

《公司法》第 1 條：

「本法所稱公司，謂以營利為目的，依照本法組織、登
記、成立之社團**法人**。」

‥‥‥‥‥‥‥‥‥‥‥‥‥‥‥‥‥‥‥‥‥‥‥‥‥‥

《法律英漢辭典》頁 454

法人資格；法律上的人格 (Legal Personality)

法人 (Legal Person)

《法律英漢辭典》頁 432

法人 (Jurist(al) Person)

法人人格；法人資格 (Jurisdic(al) Personality)

---

64. Liability

香港 **法律責任**

《公司條例》（第 622 章）第 83(1) 條：

「有限公司的章程細則須述明，該公司的成員的**法律責任**
是有限的。」

‥‥‥‥‥‥‥‥‥‥‥‥‥‥‥‥‥‥‥‥‥‥‥‥‥‥

《英漢法律大詞典》頁 195

法律責任；責任；義務；負擔；負債；賠償責任

內地 **責任**

《公司法》第 14 條：

「公司可以設立分公司。設立分公司，應當向公司登記機
關申請登記，領取營業執照。分公司不具有法人資格，其
民事**責任**由公司承擔。

公司可以設立子公司，子公司具有法人資格，依法獨立承擔民事**責任**。」

《元照英美法詞典》頁841

（民事或刑事）責任；法律責任；義務；賠償責任；（財會中的）債務；負債

《新漢英法學詞典》頁986

責任 (Accountability; Duty; Liability; Responsibility)

台灣　責任

《公司法》第19條：

「未經設立登記，不得以公司名義經營業務或為其他法律行為。

違反前項規定者，行為人處一年以下有期徒刑、拘役或科或併科新台幣十五萬元以下罰金，並自負民事**責任**；行為人有二人以上者，連帶負民事**責任**，並由主管機關禁止其使用公司名稱。」

《法律英漢辭典》頁462

責任；義務；負擔

《法律漢英辭典》頁748

責任 (Burden; Duty; Liability; Responsibility; Obligation)

65.　Lien

香港　留置權

《公司條例》(第622章) 第889條：

「如任何人管有根據第2分部第4次分部或第869或873條被要求交出的任何紀錄或文件，而該人聲稱對該紀錄或文件有**留置權**，則——

(a)　該**留置權**並不影響交出該紀錄或文件的要求；

(b) 無需為交出該紀錄或文件或就交出該紀錄或文件而支付任何費用；及

(c) 交出該紀錄或文件並不影響該**留置權**。」

《英漢證券期貨及財務用語匯編》頁282
　　留置權；扣押權

內地　　**留置權**

《稅收徵收管理法》第45條第1款：

「稅務機關徵收稅款，稅收優先於無擔保債權，法律另有規定的除外；納稅人欠繳的稅款發生在納稅人以其財產設定抵押、質押或者納稅人的財產被留置之前的，稅收應當先於抵押權、質權、**留置權**執行。」

《元照英美法詞典》頁847
　　留置權；優先權

《英漢法律詞典》頁644
　　留置權；質權；抵押權；優先權

《英漢證券期貨及財務用語匯編》頁282
　　留置權；扣押權

台灣　　**質權**

《民法》第145條：

「以抵押權、**質權**或留置權擔保之請求權，雖經時效消滅，債權人仍得就其抵押物、質物或留置物取償。

前項規定，於利息及其他定期給付之各期給付請求權，經時效消滅者，不適用之。」

《法律英漢辭典》頁465
　　留置權；抵押權；質權

66. Limited Company / Limited Liability Company

香港 **有限公司**

《公司條例》（第622章）第7條：

> 「就本條例而言，如某公司屬股份**有限公司**或擔保**有限公司**，該公司即屬**有限公司**。」

《英漢法律大詞典》頁196

有限公司；有限責任公司；股份有限公司 (Limited Company)

內地 **有限責任公司**

《公司法》第3條第2款：

> 「**有限責任公司**的股東以其認繳的出資額為限對公司承擔責任；股份有限公司的股東以其認購的股份為限對公司承擔責任。」

《元照英美法詞典》頁852

有限公司；有限責任公司 (Limited Company)

有限責任 (Limited Liability)

台灣 **有限公司**

《公司法》第2條第1項第2款：

> 「**有限公司**：由一人以上股東所組織，就其出資額為限，對公司負其責任之公司。」

《法律英漢辭典》頁466

有限公司 (Limited Company)

---

67. Liquidation

香港 **清盤**

《業務轉讓（債權人保障）條例》（第49章）第10(b)條：

> 「由公司清盤人在公司**清盤**（不包括自動**清盤**）時達成的轉讓；」

《英漢法律大詞典》頁197

　　結束；結算；了結；清償；清盤；清算；清理

內地　清算

《公司法》第188條：

　　「公司**清算**結束後，清算組應當製作**清算**報告，報股東會、股東大會或者人民法院確認，並報送公司登記機關，申請註銷公司登記，公告公司終止。」

《元照英美法詞典》頁854

　　（債務等的）確定；清償；（公司、企業）清算；停業清理；變賣；（將資產等）變現

《新漢英法學詞典》頁631

　　清算 (Clearing; Liquidation; Reckoning; Settlement)

台灣　清算

《公司法》第25條：

　　「解散之公司，於**清算**範圍內，視為尚未解散。」

《法律英漢辭典》頁468

　　清理；清算；清償；了結；（資產的）變現

《法律漢英辭典》頁72

　　公司清算 (Liquidation of Company; Liquidation of Corporation)
　　公司清盤 (Winding Up of Company; Company Liquidation; Liquidation of Company)

《法律漢英辭典》頁594

　　破產清算 (Bankruptcy Liquidation)

68. Listed Company

香港　**上市公司**

《公司條例》（第622章）第238(1)條：

> 「**上市公司**可根據一項公開要約回購本身的股份，但該要約須事先獲該公司的決議授權。」

《英漢法律大詞典》頁197
　　上市公司

內地　**上市公司**

《公司法》第120條：

> 「本法所稱**上市公司**，是指其股票在證券交易所上市交易的股份有限公司。」

《元照英美法詞典》頁855
　　上市公司；掛牌公司

《英漢法律詞典》頁649
　　登記合格公司；註冊公司；上市公司

《新漢英法學詞典》頁676
　　上市公司 (Listed Company; Public Company)

台灣　**股票已上市之公司**

《證券交易法》第139條：

> 「依本法發行之有價證券，得由發行人向證券交易所申請上市。
>
> **股票已上市之公司**，再發行新股者，其新股股票於向股東交付之日起上市買賣。但公司有第一百五十六條第一項各款情事之一時，主管機關得限制其上市買賣。
>
> 前項發行新股上市買賣之公司，應於新股上市後十日內，將有關文件送達證券交易所。」

《法律英漢辭典》頁468
　　登記合格公司；註冊公司

69. Listing

香港 **上市**

《公司條例》（第622章）第2(1)條：

> 「《**上市**規則》(listing rules) 指認可交易所根據《證券及期貨條例》（第571章）第23條訂立的、管限證券在該交易所營辦的證券市場**上市**事宜的規章；……」

《英漢法律大詞典》頁197
　　上市

內地 **上市**

《公司法》第120條：

> 「本法所稱**上市**公司，是指其股票在證券交易所**上市**交易的股份有限公司。」

《元照英美法詞典》頁855
　　上市；掛牌

《英漢法律詞典》頁649
　　上市；上市股票登記；（證券交易所）掛牌

台灣 **上市**

《公司法》第248條第2項：

> 「公司債之私募不受第二百四十九條第二款及第二百五十條第二款之限制，並於發行後十五日內檢附發行相關資料，向證券管理機關報備；私募之發行公司不以**上市**、上櫃、公開發行股票之公司為限。」

《法律漢英辭典》頁19
　　上市 (List; Come Into The Market)

70.　Loan

香港　**貸款**

《公司條例》(第622章) 第281(1)條：

「在第282條的規限下，本部分並不禁止公司為使其合資格的僱員能購入並以實益擁有權的方式持有該公司或其控權公司的繳足股款的股份，而向該等僱員借出**貸款**。」

- -

《英漢證券期貨及財務用語匯編》頁286
借貸；貸款；借款；放款

內地　**借貸**

《公司法》第148條第3項：

「違反公司章程的規定，未經股東會、股東大會或者董事會同意，將公司資金**借貸**給他人或者以公司財產為他人提供擔保；」

- -

《元照英美法詞典》頁859
借貸；信貸；貸款；放款；借款；借貸物；出借物；借貸款項

《英漢證券期貨及財務用語匯編》頁286
借貸；貸款；借款；放款

台灣　**借貸**

《證券交易法》第60條第1項：

「證券商非經主管機關核准，不得為下列之業務：

一、有價證券買賣之融資或融券。

二、有價證券買賣融資融券之代理。

三、有價證券之**借貸**或為有價證券**借貸**之代理或居間。

四、因證券業務**借貸**款項或為**借貸**款項之代理或居間。

五、因證券業務受客戶委託保管及運用其款項。」

- -

《法律英漢辭典》頁470
貸款；貸金；公債

71. **Majority**

香港　**佔……多數者**

《公司條例》（第622章）第311(3)條：

「就任何一年而言，第(1)款所述的30日期間，可藉以下方法延長：在該年為有關目的而召開的會議上，在親自出席或由代表出席（如准許代表出席會議）的債權證持有人中**佔**該等債權證價值**多數者**所通過的決議；或按照保證該等債權證的發行的信託契據或任何其他文件。」

《英漢法律大詞典》頁202

多數；過半數；多數意見；大多數

內地　**半數以上**

《公司法》第47條：

「董事會會議由董事長召集和主持；董事長不能履行職務或者不履行職務的，由副董事長召集和主持；副董事長不能履行職務或者不履行職務的，由**半數以上**董事共同推舉一名董事召集和主持。」

過半數

《公司法》第111條：

「董事會會議應有**過半數**的董事出席方可舉行。董事會作出決議，必須經全體董事的**過半數**通過。

董事會決議的表決，實行一人一票。」

《元照英美法詞典》頁885–886

過半數；多數

台灣　**過半數**

《商業會計法》第5條第2項：

「公司組織之商業，其主辦會計人員之任免，在股份有限公司，應由董事會以董事**過半數**之出席，及出席董事**過半數**之同意；在有限公司，應有全體股東**過半數**之同意；在無限公司、兩合公司，應有全體無限責任股東**過半數**之同意。」

多數；大多數；半數以上

72.　Merger

香港　**合併**

《德意志銀行（**合併**）條例》（第1142章）第2(1)條：

「『指定日期』(appointed day) 指依據**合併**協議而實行的**合併**在法蘭克福地方法院商業登記處登記的日期；……」

《英漢法律大詞典》頁210
　　　　合併；吞併；兼併；合併者；權利混合

《香港英漢雙解法律詞典》頁1198
　　　　合併

內地　**合併**

《公司法》第172條：

「公司**合併**可以採取吸收**合併**或者新設**合併**。

一個公司吸收其他公司為吸收**合併**，被吸收的公司解散。兩個以上公司**合併**設立一個新的公司為新設**合併**，**合併**各方解散。」

《元照英美法詞典》頁911
　　　　（公司的）吸收合併；兼併

台灣　**合併**

《公司法》第73條：

「公司決議**合併**時，應即編造資產負債表及財產目錄。

公司為**合併**之決議後，應即向各債權人分別通知及公告，並指定三十日以上期限，聲明債權人得於期限內提出異議。」

《法律英漢辭典》頁496
　　　　（企業等的）吞併；合併；合併者；權利混合

《法律漢英辭典》頁 232

合併

《法律漢英辭典》頁 71

公司合併 (Amalgamation of Companies; Corporate Combination)

---

73. Minutes

香港　**會議議事記錄**

《公司條例》（第 622 章）594(1) 條：

「就某項在公司成員大會上以投票方式表決而定案的決議而言，該公司須在該成員大會的**會議議事記錄**中，記錄以下事宜──

(a) 投票結果；

(b) 可就該決議所投的票的總數；

(c) 對該決議的贊成票的數目；及

(d) 對該決議的反對票的數目。」

- -

《英漢法律大詞典》頁 211

會議紀錄；紀要；備忘錄

內地　**會議記錄**

《公司法》第 33 條第 1 款：

「股東有權查閱、複製公司章程、股東會**會議記錄**、董事會會議決議、監事會會議決議和財務會計報告。」

- -

《英漢法律詞典》頁 696

備忘錄；會議記錄

台灣　**議事錄**

《公司法》第 183 條：

「股東會之議決事項，應作成**議事錄**，由主席簽名或蓋章，並於會後二十日內，將**議事錄**分發各股東。

前項**議事錄**之製作及分發，得以電子方式為之。

第一項**議事錄**之分發，公開發行股票之公司，得以公告方式為之。

議事錄應記載會議之年、月、日、場所、主席姓名、決議方法、議事經過之要領及其結果，在公司存續期間，應永久保存。

……」

《法律英漢辭典》頁500
    備忘錄；會議記錄

74.　Misfeasance

香港　**失當行為**

《公司條例》（第622章）第841(2)條：

「財政司司長如覺得 ——

……

(c)　有情況顯示關涉該公司的組成或其事務的管理的人，在該公司的組成或管理方面，對該公司、其成員或其債權人作出欺詐行為、**失當行為**或其他不當行為，

可委任一人調查該公司的事務。」

《英漢法律大詞典》頁212
    失當行為；不當行為；錯誤行為；不法行為；濫用職權
《英漢證券期貨及財務用語匯編》頁311
    不當行為；不法行為

內地　**不當行為**

《首次公開發行股票配售細則》第11條：

「首次公開發行股票時，主承銷商不得向下列對像配售股票：

……

（六）通過配售可能導致**不當行為**或不正當利益的其他自然人、法人和組織。

（七）主承銷商或發行人就配售對像資格設定的其他條件。

本條第（二）、（三）項規定的禁止配售對像管理的公募基金不受前款規定的限制，但應當符合證監會的有關規定。」

《元照英美法詞典》頁919

　　不當行為；失職行為

《英漢法律詞典》頁697

　　錯誤行為；不法行為；濫用職權（尤指以不法手段做合法的事）；違法；過失；犯罪

《英漢證券期貨及財務用語匯編》頁311

　　不當行為；不法行為

台灣　**不法行為**

《公司法》第92條：

「清算人應於清算完結後十五日內，造具結算表冊，送交各股東，請求其承認，如股東不於一個月內提出異議，即視為承認。但清算人有**不法行為**時，不在此限。」

不當行為

《貿易法》第16條：

「出進口人輸出入受配額限制之貨品，不得有下列行為：

一、偽造、變造配額有關文件或使用該文件。

二、違規轉口。

三、規避稽查或未依規定保存相關生產資料或文件。

四、不當利用配額，致破壞貿易秩序或違反對外協定或協議。

五、逃避配額管制。

六、未依海外加工核准事項辦理。

七、利用配額有申報不實情事。

八、其他妨害配額管理之**不當行為**。」

《法律英漢辭典》頁 501

　　錯誤行為；不法行為；濫用職權（尤指以不法手段做合法的事）；違法；過失；犯罪

75.　**Misrepresentation**

香港　　**失實陳述**

《公司條例》（第 622 章）第 228(1) 條：

　「公司的高級人員不得 ——

　(a)　蓄意或罔顧實情地 ——

　　(i)　隱匿有權反對股本減少的債權人的姓名或名稱；或

　　(ii)　就債項的性質或款額或對債權人的申索，作出**失實陳述**；或

　(b)　明知而參與任何上述隱匿或**失實陳述**的作出。」

《英漢法律大詞典》頁 212

　　失實表陳；不確詞態；失實陳述；錯誤陳述；虛偽陳述

《英漢證券期貨及財務用語匯編》頁 311

　　失實陳述；虛報

內地　　**虛假陳述**

《證券法》第 207 條：

　「違反本法第七十八條第二款的規定，在證券交易活動中作出**虛假陳述**或者信息誤導的，責令改正，處以三萬元以上二十萬元以下的罰款；屬於國家工作人員的，還應當依法給予行政處分。」

《元照英美法詞典》頁 920

　　虛假陳述

《英漢證券期貨及財務用語匯編》頁 311
　　　失實陳述；失實描述

《新漢英法學詞典》頁 895
　　　虛假陳述 (False Statement; Misrepresentation)

台灣　　**虛偽**

《期貨交易法》第 108 條第 1 項：

> 「從事期貨交易，不得有對作、**虛偽**、詐欺、隱匿或其他足生期貨交易人或第三人誤信之行為。」

- -

《法律英漢辭典》頁 502
　　　訛傳；誤言；虛偽陳述；與事實不符的陳述

76.　Mortgage

香港　　**按揭**

《物業轉易及財產條例》（第 219 章）第 2 條：

> 「『**按揭**』(mortgage) 指作為金錢或金錢等值的償還保證的土地抵押；……」

- -

《英漢法律大詞典》頁 214
　　　按揭；抵押；質押

內地　　**抵押；抵押權**

《物權法》第 179 條第 1 款：

> 「為擔保債務的履行，債務人或者第三人不轉移財產的佔有，將該財產**抵押**給債權人的，債務人不履行到期債務或者發生當事人約定的實現**抵押權**的情形，債權人有權就該財產優先受償。」

- -

《元照英美法詞典》頁 929
　　　抵押；抵押權

《英漢法律詞典》頁 707
　　　抵押；抵押權；質；質權；抵押品；義務

| 台灣 | 抵押權 |

《民法》第145條：

「以**抵押權**、質權或留置權擔保之請求權，雖經時效消滅，債權人仍得就其抵押物、質物或留置物取償。

前項規定，於利息及其他定期給付之各期給付請求權，經時效消滅者，不適用之。」

《法律英漢辭典》頁507

抵押；抵押權；質；質權；抵押品；義務

---

77. Negligence

| 香港 | 疏忽 |

《公司條例》（第622章）第473(1)條：

「本條適用於公司追認涉及關乎該公司的**疏忽**、失責、失職或違反信託的董事行為。」

《英漢法律大詞典》頁217

疏忽；疏忽行為；過失行為；玩忽；怠慢；不留心

| 內地 | 過失 |

《公司法》第94條：

「股份有限公司的發起人應當承擔下列責任：

（一）公司不能成立時，對設立行為所產生的債務和費用負連帶責任；

（二）公司不能成立時，對認股人已繳納的股款，負返還股款並加算銀行同期存款利息的連帶責任；

（三）在公司設立過程中，由於發起人的**過失**致使公司利益受到損害的，應當對公司承擔賠償責任。」

《元照英美法詞典》頁955

過失；過失行為；疏忽

《新漢英法學詞典》頁331

過失 (*Culpa*; Delinquency; Demerit; Fault; Negligence; Misconduct; Misfeasance; Mistake)

台灣　**過失**

《公司法》第95條：

「清算人應以善良管理人之注意處理職務，倘有怠忽而致公司發生損害時，應對公司負連帶賠償之責任；其有故意或重大**過失**時，並應對第三人負連帶賠償責任。」

- -

《法律英漢辭典》頁520–521

過失；疏忽；玩忽；怠慢

《法律漢英辭典》頁921

過失 (*Culpa*; Fault; Negligence)

78.　Notary Public / Notary

香港　**公證人**

《公司條例》（第622章）第4(3)(a)條：

「在香港執業的**公證人**；」

- -

《英漢法律大詞典》頁220

公證人；公證律師；公證員

《英漢證券期貨及財務用語匯編》頁331

公證人

內地　**公證員**

《公證法》第1條：

「為規範公證活動，保障公證機構和**公證員**依法履行職責，預防糾紛，保障自然人、法人或者其他組織的合法權益，制定本法。」

《元照英美法詞典》頁 980

公證人

《英漢證券期貨及財務用語匯編》頁 331

公證人

台灣 **公證人**

《公證法》第 1 條：

「公證事務，由法院或民間之**公證人**辦理之。

地方法院及其分院應設公證處；必要時，並得於管轄區域內適當處所設公證分處。

民間之**公證人**應於所屬之地方法院或其分院管轄區域內，司法院指定之地設事務所。」

《法律英漢辭典》頁 534

公證人；公證員；公證

---

79. Notice of Meeting

香港 **關於會議的通知**

《公司條例》（第 622 章）第 12 部第 1 分部第 5 次分部標題：

「**關於會議的通知**」

《英漢法律大詞典》頁 221

通知；通告 (Notice)

內地 **會議……通知 (Notice)**

《公司法》第 110 條第 1 款：

「董事會每年度至少召開兩次會議，每次會議應當於**會議**召開十日前**通知**全體董事和監事。」

《元照英美法詞典》頁 981

通知；告知 (Notice)

會議通知

《工會法》第 22 條：

「工會召開會議時，其**會議通知**之記載事項如下：

一、事由。

二、時間。

三、地點。

四、其他事項。」

《法律英漢辭典》頁 535

通知；通告；布告；告示 (Notice)

80. Obligation

香港 **責任**

《公司條例》（第 622 章）第 103(6) 條：

「為免生疑問，以根據本條批予的特許證所指的名稱註冊的公司 ——

(a) 享有有限公司的特權；及

(b) 在符合第 105(1) 條的規定下，負有有限公司的**責任**。」

義務

《商船（油類污染的法律責任及補償）條例》（第 414 章）第 16(2) 條：

「如處長認為不能確定提供保險或其他保證的人，能否按保險或保證履行法律**義務**，或不能確定該項保險或其他保證，是否在任何情況下均足以涵蓋船東在第 6 條下的法律責任，他可拒絕發出該證明書。」

《英漢證券期貨及財務用語匯編》頁 334

債項；責任；義務

| 內地 | 義務 |

《公司法》第79條：

「股份有限公司發起人承擔公司籌辦事務。

發起人應當簽訂發起人協議，明確各自在公司設立過程中的權利和**義務**。」

《元照英美法詞典》頁992
債；債權債務關係；債務；義務；責任

《英漢證券期貨及財務用語匯編》頁334
債項；責任；義務

| 台灣 | 義務 |

《公司法》第106條：

「公司增資，應經股東過半數之同意。但股東雖同意增資，仍無按原出資數比例出資之**義務**。

前項不同意增資之股東，對章程因增資修正部分，視為同意。

有第一項但書情形時，得經全體股東同意，由新股東參加。

公司得經全體股東同意減資或變更其組織為股份有限公司。」

《法律英漢辭典》頁540
責任；債，債權關係；契約，證券；（法令、承諾、義務等的）束縛

---

81. Option

| 香港 | 選擇權 |

《合夥條例》（第38章）第44條：

「但如藉合夥合約尚存的或繼續經營的合夥人獲得**選擇權**，可購買已故或退出的合夥人的權益，而該**選擇權**已妥為行使，已故合夥人的遺產或已退出的合夥人或其產業或

遺產（視屬何情況而定）即無權享有任何更大或其他利潤份額；但如假定會就行使該**選擇權**而行事的合夥人在所有要項上均不遵從合夥合約的條款，則他須根據本條前述條文而作出交代。」

《英漢證券期貨及財務用語匯編》頁344
　　期權；認購權；選擇權；選購權；購股權

| 內地 | **選擇權** |

《公司法》第173條：

「發行可轉換為股票的公司債券的，公司應當按照其轉換辦法向債券持有人換發股票，但債券持有人對轉換股票或者不轉換股票有**選擇權**。」

《元照英美法詞典》頁1007
　　選擇權

《英漢法律詞典》頁775
　　選擇權；自由選擇；選擇的事物；買賣的特權（指在合同或契約期內按規定價格買賣指定的股票、貨物等的權利）；（在規定時間內要求履行合同的）優先權；特權

《英漢證券期貨及財務用語匯編》頁344
　　期權；約定買賣權

| 台灣 | **選擇權** |

《公司法》第262條：

「公司債約定得轉換股份者，公司有依其轉換辦法核給股份之義務。但公司債債權人有**選擇權**。

公司債附認股權者，公司有依其認購辦法核給股份之義務。但認股權憑證持有人有**選擇權**。」

《法律英漢辭典》頁554
　　選擇權；自由選擇；選擇的事物；買賣的特權（指在契約期內按價格買賣指定的股票、貨物等的權利）；（在規定時間內要求履行契約的）優先權；特權

82. Partnership

香港　**合夥**

《**合夥**條例》（第 38 章）第 33(1) 條：

> 「如任何合夥人將其在**合夥**中的份額轉讓予他人，則該項轉讓（不論是絕對轉讓或是以按揭或可贖回的押記形式作出的轉讓），並不使承讓人在**合夥**持續期內，相對其他合夥人而言，有權干涉**合夥**業務或事務的管理或行政，或要求取得**合夥**交易的任何賬目，或查閱**合夥**的簿冊，而僅使承讓人有權收取作出轉讓的合夥人如並無作出轉讓則會有權享有的利潤份額，承讓人並必須接受經各合夥人同意的利潤項目。」

《英漢法律大詞典》頁 234

　　合夥；合夥經營；合夥商號；合夥商行；合夥人身份

內地　**合夥**

《**合夥**企業法》第 1 條：

> 「為了規範**合夥**企業的行為，保護**合夥**企業及其合夥人、債權人的合法權益，維護社會經濟秩序，促進社會市場主義經濟的發展，制定本法。」

《元照英美法詞典》頁 1030

　　合夥；合夥關係；合作關係；合夥人身分；全體合夥人

《英漢法律詞典》頁 799

　　合夥；合股；合夥企業；夥伴關係；合夥關係；合股關係

《新漢英法學詞典》頁 348

　　合夥 (Copartnership; Partnership; *Societas*)

台灣　**合夥事業**

《公司法》第 13 條第 1 項：

> 「公司不得為他公司無限責任股東或**合夥事業**之合夥人；如為他公司有限責任股東時，其所有投資總額，除以投資為專業或公司章程另有規定或經依左列各款規定，取得股

東同意或股東會決議者外，不得超過本公司實收股本百分之四十：

一、無限公司、兩合公司經全體無限責任股東同意。

二、有限公司經全體股東同意。

三、股份有限公司經代表已發行股份總數三分之二以上股東出席，以出席股東表決權過半數同意之股東會決議。」

《法律英漢辭典》頁570

　　合夥；合股；合夥企業；夥伴關係；合股關係

《法律漢英辭典》頁237

　　合夥 (Copartnership; Partnership; *Sociedad*)

83.　Preference Shares / Preferred Shares

香港　　**優先股**

《公司條例》（第622章）第179(3)條：

「如股份被稱為**優先股**或具優先權的股份，第(2)款不適用於該等股份。」

《英漢證券期貨及財務用語匯編》頁370

　　優先股；有優先權的股份 (Preferred Share; Preferred Stock)

內地　　**優先股**

《國務院關於開展**優先股**試點的指導意見【2013】46號》第1段第1點：

「**優先股**的含義。**優先股**是指依照公司法，在一般規定的普通種類股份之外，另行規定的其他種類股份，其股份持有人優先于普通股股東分配公司利潤和剩餘財產，但參與公司決策管理等權利受到限制。

除本指導意見另有規定以外，**優先股**股東的權利、義務以及**優先**股股份的管理應當符合公司法的規定。試點期間不允許發行在股息分配和剩餘財產分配上具有不同優先順序的**優先股**，但允許發行在其他條款上具有不同設置的**優先股** 。」

《英漢法律詞典》頁845

　　有優先權的股份；優先股 (Preference Shares; Preference Stock)

《英漢證券期貨及財務用語匯編》頁370

　　優先股；有優先權的股份 (Preferred Share; Preferred Stock)

《新漢英法學詞典》頁 951

　　優先股 (Preference Share; Preference Stock; Preferred Stock)

台灣　　特別股

《公司法》第157條：

「公司發行**特別股**時，應就左列各款於章程中定之：

一、**特別股**分派股息及紅利之順序、定額或定率。

二、**特別股**分派公司賸餘財產之順序、定額或定率。

三、**特別股**之股東行使表決權之順序、限制或無表決權。

四、**特別股**權利、義務之其他事項。」

《法律英漢辭典》頁607

　　有優先權的股份；優先股 (Preference Share)

《法律漢英辭典》頁586

　　特別股 (Specialties)

《法律漢英辭典》頁1047

　　優先股 (Preferred Stock; Preemptive Share; Preferred Share; Preference Share: Preference Capital Stock; Prior Stock; Preference Stock; Preferred Ordinary Share)

84. Premium

香港　溢價

《公司條例》（第 622 章）第 359(4)(c)(ii) 條：

「以經營銀行業務以外的行業或業務的方式，接受有息貸款或須連同**溢價**償還的貸款，但按涉及發行債權證或其他證券的條款而接受的貸款除外。」

《英漢證券期貨及財務用語匯編》頁 371
　　溢價；期權金；期權價；保險金；保費；保險費；地價；土地補償；入股金

內地　溢價款

《公司法》第 167 條：

「股份有限公司以超過股票票面金額的發行價格發行股份所得的**溢價款**以及國務院財政部門規定列入資本公積金的其他收入，應當列為公司資本公積金。」

《元照英美法詞典》頁 1080
　　保險費；溢價；期權費

《英漢證券期貨及財務用語匯編》頁 371
　　溢價；期權金；期權價；保險金；保費；保險費；權利金；溢價率；保險費率

台灣　溢額

《公司法》第 241 條：

「公司無虧損者，得依前條規定股東會決議之方法，將法定盈餘公積及下列資本公積之全部或一部，按股東原有股份之比例發給新股或現金：

一、超過票面金額發行股票所得之**溢額**。

二、受領贈與之所得。

前條第五項、第六項規定，於前項準用之。

以法定盈餘公積發給新股或現金者，以該項公積超過實收資本額百分之二十五之部分為限。」

《法律英漢辭典》頁609

　　額外費用；補付地價；保險費

《法律漢英辭典》頁431

　　股本溢價 (Premium on Capital Stock)

85.　Price

香港　　**價格**

《公司條例》（第622章）第148(2)(b)條：

> 「所支付或同意支付的佣金，不超過以下兩個款額中的較小者——
>
> 發行股份**價格**的10%；
>
> 章程細則所批准的款額或佣金率；及」

《英漢法律大詞典》頁248

　　價格；貨價；價值；代價；物價；市價；價金

內地　　**價格**

《公司法》第127條：

> 「股票發行**價格**可以按票面金額，也可以超過票面金額，但不得低於票面金額。」

《元照英美法詞典》頁1087

　　價格

《英漢法律詞典》頁853

　　價值；價格；代價

台灣　　**價格**

《公司法》第140條：

> 「股票之發行**價格**，不得低於票面金額。但公開發行股票之公司，證券管理機關另有規定者，不在此限。」

《法律英漢辭典》頁613

價值；價格；代價

86.　Priority

香港　優先

《公司條例》（第622章）第272(5)條：

「相對於公司根據第(2)款有法律責任就任何股份支付的款額，以下項目須**優先**支付——

(a)　公司的所有其他債項及債務（成員以成員身分被拖欠的債項及債務除外）；及

(b)　（如其他股份附有權利（不論是關於資本或關於收入方面的權利），而該等權利較該等股份所附帶的關於資本的權利**優先**）為履行該等**優先**權利而須繳付的款額。」

《英漢法律大詞典》頁250

優先（權）；優先次序；先取權；優先順序

內地　優先

《公司法》第71條第3款：

「經股東同意轉讓的股權，在同等條件下，其他股東有**優先**購買權。兩個以上股東主張行使**優先**購買權的，協商確定各自的購買比例；協商不成的，按照轉讓時各自的出資比例行使**優先**購買權。」

《元照英美法詞典》頁1091

在先；居前；優先權

《英漢法律詞典》頁859

優先順序；優先；優先權；重點；優先配給

《新漢英法學詞典》頁950

優先 (Precedence; Preference; Priority)

台灣　**優先**

《公司法》第111條第2項：

「前項轉讓，不同意之股東有**優先**受讓權；如不承受，視為同意轉讓，並同意修改章程有關股東及其出資額事項。」

《法律英漢辭典》頁617

優先順序；優先；優先權；重點；優先配給

87. Private Company

香港　**私人公司**

《公司條例》（第622章）第5(1)條：

「如合資格**私人公司**通過第(2)款指明的特別決議，而該決議亦已交付處長登記，則就第9、10及12部而言，自第(2)(a)款所述的該決議宣布的日期起，該公司即屬不活動公司。」

《英漢證券期貨及財務用語匯編》頁377

私營公司；私人公司

內地　**私營公司**

《有限責任公司規範意見》（失效）第19條第2款：

「自然人、私營企業法人出資組成的**私營公司**，還應遵守國家關於私營企業的規定。」

私有公司

《最高人民檢察院關於廢止1997年7月1日至2012年6月30日期間制發的部分司法解釋性質文件的決定》：

「最高人民檢察院關於挪用公款給**私有公司**、私有企業使用行為的法律適用問題的批覆。」

《元照英美法詞典》頁1093

私人公司；封閉型公司

《英漢法律詞典》頁860

　　私營公司；股份不公開發行的公司

《英漢證券期貨及財務用語匯編》頁377

　　私營公司；私人公司；不公開公司

| 台灣 | 《法律英漢辭典》頁618 |

私營公司；不公開的公司

88.　Privilege

| 香港 | **特權** |

《公司條例》（第622章）第103(6)條：

「為免生疑問，以根據本條批予的特許證所指的名稱註冊的公司 ——

(a)　享有有限公司的**特權**；及

(b)　在符合第105(1)條的規定下，負有有限公司的責任。」

- -

《英漢法律大詞典》頁250

　　特權；特惠；特殊利益；特典；優惠；特免

| 內地 | **優待** |

《企業所得稅暫行條例實施細則》（失效）第16條：

「保險公司給予納稅人的無賠款**優待**，應計入當年應納稅所得額。

納稅人按國家規定為特殊工種職工支付的法定人身安全保險費，准予在計算應納稅所得額時按實扣除。」

- -

《元照英美法詞典》頁1095

　　特權；特惠；特免

《英漢法律詞典》頁861

　　特權；特惠；特殊利益；免責特權

《新漢英法學詞典》頁 767

特權 (Prerogative Power; Privilege)

台灣 **特別權利**

《公開收購公開發行公司有價證券管理辦法》第 7 條之一第 3 項：

「公開收購人與被收購公司之特定股東不得藉由協議或約定，使該股東於參與應賣後得取得特別權利，致生股東間實質收購條件不一致之情事。」

- -

《法律英漢辭典》頁 619

特權；特惠；特殊利益

---

89. Profit

香港 **利潤**

《公司條例》（第 622 章）第 290(1) 條：

「財務項目 (financial items) 指以下所有項目 ——

(a) **利潤**、虧損、資產及負債；

(b) 準備金；

(c) 股本及儲備（包括不可分派的儲備）；……」

- -

《英漢法律大詞典》頁 254

盈利；利潤；收益；利益；營業利潤；盈餘；紅利

《英漢證券期貨及財務用語匯編》頁 380

溢利；利潤；盈利

內地 **利潤；盈利**

《公司法》第 74 條：

「有下列情形之一的，對股東會該項決議投反對票的股東可以請求公司按照合理的價格收購其股權：

（一）公司連續五年不向股東分配**利潤**，而公司該五年連續**盈利**，並且符合本法規定的分配**利潤**條件的；

（二）公司合並、分立、轉讓主要財產的；

（三）公司章程規定的營業期限屆滿或者章程規定的其他解散事由出現，股東會會議通過決議修改章程使公司存續的。

自股東會會議決議通過之日起六十日內，股東與公司不能達成股權收購協議的，股東可以自股東會會議決議通過之日起九十日內向人民法院提起訴訟。」

《元照英美法詞典》頁1103
　　利潤；盈利；紅利；收益；利益

《英漢證券期貨及財務用語匯編》頁380
　　溢利；利潤；盈利

台灣　利潤

《審計法》第60條：

「各機關營繕工程及定製財物，其價格之議訂，係根據特定條件，按所需實際成本加**利潤**計算者，應於合約內訂明；審計機關得派員就承攬廠商實際成本之有關賬目，加以查核，並將結果通知主辦機關。」

《法律英漢辭典》頁625
　　益處；收益；受益權；盈餘；利潤；紅利；利潤率

90.　Promotor

香港　發起人

《公司條例》（第622章）第148(3)條：

「向公司售賣任何東西的人、該公司的**發起人**或其他收取該公司以款項或股份形式作出的付款的人，均可運用如此收取的款項或股份的任何部分，以支付如由該公司直接支付便會獲本條准許支付的佣金。」

《英漢證券期貨及財務用語匯編》頁382
　　發起人；創辦人

內地 　**發起人**

《公司法》第200條：

> 「公司的**發起人**、股東在公司成立後，抽逃其出資的，由公司登記機關責令改正，處以所抽逃出資金額百分之五以上百分之十五以下的罰款。」

《英漢法律詞典》頁871

（企業）發起人；創辦人

《英漢證券期貨及財務用語匯編》頁382

發起人；創辦人

台灣 　**發起人**

《公司法》第150條：

> 「公司不能成立時，**發起人**關於公司設立所為之行為，及設立所需之費用，均應負連帶責任，其因冒濫經裁減者亦同。」

《法律英漢辭典》頁627

（企業）發起人；創辦人

91.　Prospectus

香港 　**招股章程**

《公司（清盤及雜項條文）條例》（第32章）第2(1)條：

> **招股章程** (prospectus) ——
>
> (a) 除(b)段另有規定外，指任何具有以下性質的**招股章程**、公告、啟事、通知、通告、冊子、廣告或其他文件——
>
> (i) 向公眾作出要約，要約提供某公司（包括在香港以外成立為法團的公司而不論它已否在香港設立營業地點）的股份或債權證，供公眾以現金或其他代價認購或購買；或

(ii) 旨在邀請公眾作出要約，提出以現金或其他代價認購或購買某公司（包括在香港以外成立為法團的公司而不論它已否在香港設立營業地點）的股份或債權證；」

《英漢法律大詞典》頁257

　　集資章程；招股書；招股章程；招股説明書；發行章程

《英漢證券期貨及財務用語匯編》頁385

　　招股章程；發行章程；招股書；發售章程；集資章程；售股章程

內地　　**招股説明書**

《公司法》第85條：

「發起人向社會公開募集股份，必須公告**招股説明書**，並製作認股書。認股書應當載明本法第八十六條所列事項，由認股人填寫認購股數、金額、住所，並簽名、蓋章。認股人按照所認購股數繳納股款。」

《元照英美法詞典》頁1110

　　募股説明書；招股説明書；招股章程；證券銷售書

《英漢證券期貨及財務用語匯編》頁385

　　招股章程；發行章程；招股書；招股説明書；基金招募説明書；募集説明書；公開説明書；募股章程

台灣　　**招股章程**

《公司法》第137條：

「**招股章程**，應載明左列各款事項：

一、第一百二十九條及第一百三十條所列各款事項。

二、各發起人所認之股數。

三、股票超過票面金額發行者，其金額。

四、招募股份總數募足之期限，及逾期未募足時，得由認股人撤回所認股份之聲明。

五、發行特別股者，其總額及第一百五十七條各款之規定。

六、發行無記名股者，其總額。」

《法律英漢辭典》頁631

招股章程；（募債）説明書；意見書；計劃書；發起書

92.　Proxy

香港　**代表**

《公司條例》（第622章）第217(3)(c)條：

「由成員的投票**代表**表決或提出要求以投票方式表決，等同由該成員親自表決或親自提出要求。」

《英漢法律大詞典》頁258

代表出席授權書；委託書；委託代理

《英漢證券期貨及財務用語匯編》頁386

代表人；委託書；投票授權書；授權代表人；代表；委任代表書；投票代表

內地　**代理人**

《公司法》第106條：

「股東可以委託**代理人**出席股東大會會議，**代理人**應當向公司提交股東授權委託書，並在授權範圍內行使表決權。」

《元照英美法詞典》頁1113

代理人；代表；授權；授權委託書；代理委託書

《英漢證券期貨及財務用語匯編》頁386

代表人；委託書；投票授權書；授權代表人；委託代理人；投票委任書

| 台灣 | **代理人**

《公司法》第177條第1項：

「股東得於每次股東會，出具公司印發之委託書，載明授權範圍，委託**代理人**，出席股東會。」

《法律英漢辭典》頁634

代理；代理（權）；代表（權）；代理人；代表人；（對代理人的）委託書；委託代表；代理投票

93. Public Company

| 香港 | **公眾公司**

《公司條例》（第622章）第12條：

「就本條例而言，如某公司符合以下說明，該公司即屬**公眾公司**——

(a) 該公司不屬私人公司；及

(b) 該公司不屬擔保有限公司。」

《英漢法律大詞典》頁259

公開公司；公營公司；公益公司；公共公司；股份公開發行並可轉讓的公司

《英漢證券期貨及財務用語匯編》頁387

公眾公司；上市公司；公營公司；公營團體

| 內地 | **公眾公司**

《非上市**公眾公司**監督管理辦法》第2條：

「本法所稱非上市**公眾公司**（以下簡稱**公眾公司**）是指下列情形之一且其股票未在證券交易所上市交易的股份有限公司：

（一）股票向特定對象發行或者轉讓導致股東累計超過200人；

（二）股票公開轉讓。」

《元照英美法詞典》頁1115

　　公眾公司；公開公司；（股份）上市公司

《英漢法律詞典》頁880

　　公營公司；（英、美、法等國）公益公司；公公司

《英漢證券期貨及財務用語匯編》頁387

　　公眾公司；上市公司；公營公司

台灣　**公開發行股票公司**

《證券交易法》第22條之一：

> 「已依本法發行股票之公司，於增資發行新股時，主管機關得規定其股權分散標準。
>
> **公開發行股票公司**股務處理準則，由主管機關定之。」

《法律英漢辭典》頁635

　　公營公司；（美、英、法等國）公益公司；公公司

94.　Purchase

香港　**購買**

《公司條例》（第622章）第6(5)(a)條：

> 「並非旨在直接或間接導致有關股份或債權證可供收到該項要約或邀請的人以外的人士認購或**購買**；或」

《英漢證券期貨及財務用語匯編》頁389

　　買；購買；買入；購入

內地　**購買**

《公司法》第71條第2款：

> 「股東向股東以外的人轉讓股權，應當經其他股東過半數同意。股東應就其股權轉讓事項書面通知其他股東征求同意，其他股東自接到書面通知之日起滿三十日未答覆的，視為同意轉讓。其他股東半數以上不同意轉讓的，不同意

的股東應當**購買**該轉讓的股權;不**購買**的,視為同意轉讓。」

《元照英美法詞典》頁1120

    買;購買;購置

《英漢證券期貨及財務用語匯編》頁389

    買;購買;買進

台灣　**購買**

《證券交易法施行細則》第2條:

「本法第二十二條之二第三項所定利用他人名義持有股票,指具備下列要件:

一、直接或間接提供股票與他人或提供資金與他人**購買**股票。

二、對該他人所持有之股票,具有管理、使用或處分之權益。

三、該他人所持有股票之利益或損失全部或一部歸屬於本人。」

《法律英漢辭典》頁638

    買;購買;所購物

95.　Quorum

香港　**法定人數**

《公司條例》(第622章) 第453(5) 條:

「如根據公司的章程細則,在董事人數減至少於所訂定的董事最低**法定人數**的情況下,一名董事可行使第(6)款指明的權力,則在董事人數減至於第(2)款所規定的人數的情況下,該權力亦可予行使。」

《英漢證券期貨及財務用語匯編》頁393

    法定人數;會議法定人數

| 內地 | 法定人數 |

《公司法》第23條：

> 「設立有限責任公司，應當具備下列條件：
>
> （一）股東符合**法定人數**；
>
> （二）有符合公司章程規定的全體股東認繳的出資額；
>
> （三）股東共同制定公司章程；
>
> （四）有公司名稱，建立符合有限責任公司要求的組織機構；
>
> （五）有公司住所。」

《元照英美法詞典》頁1141
　　法定人數

《英漢證券期貨及財務用語匯編》頁393
　　法定人數；會議法定人數

| 台灣 | 定額 |

《公司法》第175條第1項：

> 「出席股東不足前條**定額**，而有代表已發行股份總數三分之一以上股東出席時，得以出席股東表決權過半數之同意，為假決議，並將假決議通知各股東，於一個月內再行召集股東會，其發有無記名股票者，並應將假決議公告之。」

《法律英漢辭典》頁648
　　法定人數

96. Ratification / Ratify

| 香港 | 追認 |

《公司條例》（第622章）第473(1)條：

> 「本條適用於公司**追認**涉及關乎該公司的疏忽、失責、失職或違反信託的董事行為。」

《英漢法律大詞典》頁 268
追認；批准；承認；認可；確認

內地 **追認**

《合同法》第 51 條：

「無處分權的人處分他人財產，經權利人**追認**或者無處分
權的人訂立合同後取得處分權的，該合同有效。」

《元照英美法詞典》頁 1146
批准；追認；認可

台灣 **追認**

《公司法》第 196 條第 1 項 ：

「董事之報酬，未經章程訂明者，應由股東會議定，不得
事後**追認**。」

《法律英漢辭典》頁 651
承認；批准；追認

---

97. Receiver

香港 **接管人**

《公司（清盤及雜項條文）條例》（第 32 章）第 297 條：

「(1) 法人團體並無資格獲委任為公司財產的**接管人**。

(2) 任何法人團體如充任前述的**接管人**，均可處罰款。」

《英漢法律大詞典》頁 270
接管人；收管人；財產管理人；收益管理人；破產管理
人；財產接收人

《英漢證券期貨及財務用語匯編》頁 398
破產管理官；接管人；破產管理人

| 內地 | **管理人 (Administrator)** |

《企業破產法》第 22 條第 1 款：

「**管理人**由人民法院指定。」

《元照英美法詞典》頁 1154
　　涉訟財產管理人；破產財產管理人

《英漢證券期貨及財務用語匯編》頁 398
　　破產管理官；清算人；破產財產接管人

| 台灣 | **破產管理人** |

《公司法》第 89 條：

「公司財產不足清償其債務時，清算人應即聲請宣告破產。

清算人移交其事務於**破產管理人**時，職務即為終了。

清算人違反第一項規定，不即聲請宣告破產者，各處新台幣二萬元以上十萬元以下罰鍰。」

《法律英漢辭典》頁 656
　　接管官（指法院委派來接收財產和利益然後向法庭報告的人）；破產事務官（亦稱破產管理人，指破產訴訟中臨時接收破產人的財產的法院官員）

《法律漢英辭典》頁 704
　　接管人 (Receiver)

《法律漢英辭典》頁 594
　　破產產業管理人 (Receiver; Official Receiver)

《法律漢英辭典》頁 595
　　破產管理人 (Receiver; Liquidator; Bankruptcy Administrator; Bankruptcy Assignee; Trustee in Bankruptcy; *Curator Adlites*; *Curator Massae*)

98. Receivership / Receive

香港　　**接管**

《公司（清盤及雜項條文）條例》（第32章）第168E(1)條：

> 「凡任何人被裁定犯了一項與下述事宜有關的可公訴罪行
> （不論是循公訴程序定罪或是循簡易程序定罪），或被裁定
> 犯了任何其他可公訴罪行而該項定罪判決必然涉及裁斷該
> 人曾欺詐地或不誠實地行事，則法院可針對該人作出一項
> 取消資格令 ——
>
> (a)　公司的發起、組成、管理或清盤；或
>
> (b)　公司財產的**接管**或管理。」

《香港英漢雙解法律詞典》頁1582
　　接管 (Receivership)

內地　　**接管**

《企業破產法》第134條：

> 「商業銀行、證券公司、保險公司等金融機構有本法第二
> 條規定情形的，國務院金融監督管理機構可以向人民法院
> 提出對該金融機構進行重整或者破產清算的申請。國務院
> 金融監督管理機構依法對出現重大經營風險的金融機構採
> 取**接管**、託管等措施的，可以向人民法院申請中止以該金
> 融機構為被告或者被執行人的民事訴訟程式或者執行程
> 式。
>
> 金融機構實施破產的，國務院可以依據本法和其他有關法
> 律的規定制定實施辦法。」

《元照英美法詞典》頁1154
　　破產財產接管 (Receivership)

| 台灣 | **接管** |

《保險法》第142條第3項：

> 「**接管**人得依前項第二款規定報請主管機關核准發還保
> 證金者，以於**接管**期間讓與受**接管**保險業全部營業者為
> 限。」

《法律英漢辭典》頁656
　　接到；收到；接受 (Receive)

《法律漢英辭典》頁595
　　破產管理制度 (Receiver System)

99. Redemption / Redeem

| 香港 | **股份贖回** |

《公司條例》（第622章）第235(1)條：

> 「公司董事如——
>
> (a) 獲公司的章程細則授權；或
>
> (b) 獲公司決議授權，
>
> 可決定**股份贖回**的條款、條件及方式。」

《英漢法律大詞典》頁271
　　贖回；回贖；買回；贖回轉賣掉的抵押品；購買；還清

《英漢證券期貨及財務用語匯編》頁400
　　贖回；兌付；還本付息

| 內地 | **贖回** |

《證券投資基金法》第66條：

> 「開放式基金的基金份額的申購、**贖回**、登記，由基金管
> 理人或者其委託的基金服務機構辦理。」

《元照英美法詞典》頁1162
　　回贖；買回

《英漢證券期貨及財務用語匯編》頁 400

贖回；償還；購回

台灣 **收買……股份**

《公司法》第 316 條之二第 2 項：

「從屬公司董事會為前項決議後，應即通知其股東，並指定三十日以上期限，聲明其股東得於期限內提出書面異議，請求從屬公司按當時公平價格，**收買**其持有之**股份**。」

― ― ― ― ― ― ― ― ― ― ― ― ― ― ― ― ― ― ―

《法律英漢辭典》頁 660

買回；贖回；回贖權；償還；還清

100. Register / Registry

香港 **登記**

《公司條例》(第 622 章) 第 27(1) 條：

「處長須備存以下資料的記錄 ――

(a) 向處長交付**登記**而處長決定根據本部將之**登記**的每份文件所載的資料；

(b) 處長根據本條例發出的每份證明書所載的資料；及

(c) 處長根據《公司 (清盤及雜項條文) 條例》(第 32 章) 第 38D 或 342C 條**登記**的每份招股章程所載的資料。」

― ― ― ― ― ― ― ― ― ― ― ― ― ― ― ― ― ― ―

《英漢法律大詞典》頁 273

登記冊；名冊；註冊記錄冊；名簿；花名冊；註冊

《英漢證券期貨及財務用語》頁 402

註冊；登記；紀錄；登記冊；註冊紀錄冊；名冊；紀錄冊；持有人名冊

| 內地 | 登記 |

《公司法》第208條：

> 「公司**登記**機關對不符合本法規定條件的**登記**申請予以**登記**，或者對符合本法規定條件的**登記**申請不予**登記**的，對直接負責的主管人員和其他直接責任人員，依法給予行政處分。」

《元照英美法詞典》頁1167
　　（在公共註冊處）登記 (Register)

《元照英美法詞典》頁1170
　　註冊；登記；登記處；註冊處；登記簿；記錄簿 (Registry)

《英漢法律詞典》頁918
　　名單；名簿；註冊；登記；登記冊 (Register)

| 台灣 | 登記 |

《公司法》第12條：

> 「公司設立**登記**後，有應**登記**之事項而不登記，或已**登記**之事項有變更而不為變更之**登記**者，不得以其事項對抗第三人。」

《法律英漢辭典》頁665
　　名單；名簿；註冊；登記；登記冊；記錄冊 (Register)

《法律英漢辭典》頁666
　　登記；註冊；登記處；註冊處；登記簿；記錄簿 (Registry)

---

101. Resolution

| 香港 | 決議 |

《公司條例》（第622章）第88(2)條：

> 「除第(3)款及本條例任何其他條文另有規定外，公司只可藉特別**決議**，修改其章程細則。」

《英漢法律大詞典》頁281
　　決議；議決案；決議案；議案；決定

內地　　**決議**

《公司法》第16條第2款：

> 「公司為公司股東或者實際控制人提供擔保的，必須經股東會或者股東大會**決議**。」

《元照英美法詞典》頁1189
　　決定；決議；議案

《新漢英法學詞典》頁466
　　決議 (Decision; Resolution; Result)

台灣　　**決議**

《公司法》第23條第3項：

> 「公司負責人對於違反第一項之規定，為自己或他人為該行為時，股東會得以**決議**，將該行為之所得視為公司之所得。但自所得產生後逾一年者，不在此限。」

《法律英漢辭典》頁683
　　決議；議案；決定

《法律漢英辭典》頁72
　　公司決議案 (Corporate Resolution)

102.　Revocation / Revoke

香港　　**撤銷**

《公司條例》（第622章）第106(1)條：

> 「處長如信納——
>
> (a) 有關公司沒有遵守規限根據第103條批予的特許證的任何條款或條件；或

(b) 第103(1)或(3)條（視屬何情況而定）指明的任何一項或多於一項的規定不再獲符合，

可隨時**撤銷**該特許證。」

《英漢證券期貨及財務用語匯編》頁420
撤銷；撤回

內地　　吊銷

《公司法》第146條第4項：

「擔任因違法被**吊銷**營業執照、責令關閉的公司、企業的法定代表人，並負有個人責任的，自該公司、企業被**吊銷**營業執照之日起未逾三年；」

《元照英美法詞典》頁1198
撤銷；撤回；取消；無效

《英漢證券期貨及財務用語匯編》頁420
撤銷；撤回

台灣　　撤銷

《公司法》第17條：

「公司業務，依法律或基於法律授權所定之命令，須經政府許可者，於領得許可文件後，方得申請公司登記。

前項業務之許可，經目的事業主管機關**撤銷**或廢止確定者，應由各該目的事業主管機關，通知中央主管機關，**撤銷**或廢止其公司登記或部分登記事項。」

《法律英漢辭典》頁691
撤回；廢除；取消；失效；取消或撤銷（要約等）

103. Right

香港　　權利

《公司條例》（第622章）第11(1)(a)(i)條：
「限制成員轉讓股份的**權利**；」

《英漢法律大詞典》頁284
    權利；權；認股權；購買新股的特權

內地   **權利**

《公司法》第20條：

> 「公司股東應當遵守法律、行政法規和公司章程，依法行使股東**權利**，不得濫用股東**權利**損害公司或者其他股東的利益；不得濫用公司法人獨立地位和股東有限責任損害公司債權人的利益。
>
> 公司股東濫用股東**權利**給公司或者其他股東造成損失的，應當依法承擔賠償責任。
>
> 公司股東濫用公司法人獨立地位和股東有限責任，逃避債務，嚴重損害公司債權人利益的，應當對公司債務承擔連帶責任。」

《元照英美法詞典》頁1200
    權利

《英漢法律詞典》頁951
    權利；權；認股權；購買新股的特權

台灣   **權利**

《公司法》第43條：

> 「股東得以信用、勞務或其他**權利**為出資。但須依照第四十一條第一項第五款之規定辦理。」

《法律英漢辭典》頁692
    權利；權；認股權；購買新股的特權

《法律漢英辭典》頁1122
    權利 (Right; Interest; Entitlement)

104. Seal

香港 **蓋上印章**

《公司條例》（第622章）第86(1)條：

> 「在符合本條例的規定下，公司的章程細則一經根據本條例或某《舊有公司條例》註冊，即 ——
>
> (a) 在 ——
>
>   (i) 該公司與每名成員之間；及
>
>   (ii) 任何成員與每名其他成員之間，
>
>   作為**蓋上印章**的合約而具有效力；及
>
> (b) 須視為載有該公司及每名成員均會遵守該等章程細則的所有條文的契諾。」

《英漢證券期貨及財務用語匯編》頁430
    印章

內地 **蓋章**

《公司法》第25條第2款：

> 「股東應當在公司章程上簽名、**蓋章**。」

《元照英美法詞典》頁1229
    印章；印記

《英漢證券期貨及財務用語匯編》頁430
    印章

《新漢英法學詞典》頁944
    印章 (Seal; Signet; Stamp)

台灣 **蓋章**

《公司法》第40條 ：

> 「無限公司之股東，應有二人以上，其中半數，應在國內有住所。
>
> 股東應以全體之同意，訂立章程，簽名或**蓋章**，置於本公司，並每人各執一份。」

《法律英漢辭典》頁713

蓋印；印章；火漆；封條；封鉛；密封；保證

《法律漢英辭典》頁71

公司印章 (Corporate Seal)

---

105. Securities

香港　**證券**

《**證券**及期貨條例》（第571章）附表1第1條：

「上市 (listed) 作為名詞使用時，就任何**證券**而言，指該等**證券**上市的程序；」

《英漢法律大詞典》頁295

證券；有價證券；債券

《英漢證券期貨及財務用語匯編》頁432

證券；有價證券

內地　**證券**

《**證券**法》第1條：

「為了規範**證券**發行和交易行為，保護投資者的合法權益，維護社會經濟秩序和社會公共利益，促進社會主義市場經濟的發展，制定本法。」

《元照英美法詞典》頁1235

證券；有價證券

《英漢證券期貨及財務用語匯編》頁432

證券；有價證券

《新漢英法學詞典》頁1006

證券 (Equity; Negotiable Securities; Securities)

台灣　**證券；有價證券**

《證券交易法》第2條：

「**有價證券**之募集、發行、買賣，其管理、監督依本法之規定；本法未規定者，適用公司法及其他有關法律之規定。」

- -

《法律英漢辭典》頁716

證券；債券；產權證明；有價證券

《法律漢英辭典》頁73

公司證券 (Corporate Securities)

106.　Security

香港　**保證**

《公司條例》（第622章）第113(3)條：

「就第(2)(b)款而言，如某公司或附屬公司僅為了在通常業務運作（包括貸款）中達成某項交易，而以**保證**方式根據有關信託享有權益，則該公司或附屬公司並無根據該信託享有實益權益。」

- -

《英漢法律大詞典》頁295

保障；保證金；保證；保證單；抵押品；押品；擔保品；抵押；擔保

《英漢證券期貨及財務用語匯編》頁435

證券；抵押品；抵押；保證；保證金

內地　**保證**

《擔保法》第6條：

「本法所稱**保證**，是指保證人和債權人約定，當債務人不履行債務時，保證人按照約定履行債務或者承擔責任的行為。」

《元照英美法詞典》頁 1236

　　擔保；擔保物；擔保人；擔保書；證券

《英漢證券期貨及財務用語匯編》頁 435

　　證券；抵押品；擔保物

台灣　　**保證**

《公司法》第 16 條：

> 「公司除依其他法律或公司章程規定得為**保證**者外，不得為任何保證人。
>
> 公司負責人違反前項規定時，應自負**保證**責任，如公司受有損害時，亦應負賠償責任。」

- -

《法律英漢辭典》頁 716

　　保證；擔保；抵押；擔保品；抵押物；保證金；保人

107.　Set-off

香港　　**抵銷**

《公司條例》（第 622 章）附表 3 第 2(2)(b) 條：

> 「計算須建基於就該集團內的公司之間進行的交易而作的**抵銷**及其他調整已經作出。」

- -

《英漢證券期貨及財務用語匯編》頁 438

　　抵銷；對銷

內地　　**抵銷**

《企業破產法》第 40 條：

> 「債權人在破產申請受理前對債務人負有債務的，可以向管理人主張**抵銷**。但是，有下列情形之一的，不得**抵銷**：
>
> （一）債務人的債務人在破產申請受理後取得他人對債務人的債權的；

（二）債權人已知債務人有不能清償到期債務或者破產申請的事實，對債務人負擔債務的；但是，債權人因為法律規定或者有破產申請一年前所發生的原因而負擔債務的除外；

（三）債務人的債務人已知債務人有不能清償到期債務或者破產申請的事實，對債務人取得債權的；但是，債務人的債務人因為法律規定或者有破產申請一年前所發生的原因而取得債權的除外。」

《英漢法律詞典》頁997
　　抵消；債務抵消；相抵

《英漢證券期貨及財務用語匯編》頁438
　　抵銷；對銷

台灣　　抵銷

《公司法》第64條：

「公司之債務人，不得以其債務與其對於股東之債權**抵銷**。」

《法律英漢辭典》頁726
　　抵銷；債務抵銷；相抵

---

108. Share

香港　　股份

《證券及期貨條例》（第571章）附表1第1條：

「**股份**(share) 指法團股本中的**股份**，而除非股額與**股份**之間有明示或隱含的分別，否則亦包括股額；……」

《英漢法律大詞典》頁299
　　股份；股票

《英漢證券期貨及財務用語匯編》頁440
　　股份；股票；份額

內地	股份

《公司法》第125條：

> 「**股份**有限公司的資本劃分為**股份**，每一股的金額相等。
>
> 公司的**股份**採取股票的形式。股票是公司簽發的證明股東所持**股份**的憑證。」

《元照英美法詞典》頁1252
　　股份

《英漢證券期貨及財務用語匯編》頁440
　　股份；股票；份額

台灣	股份

《公司法》第13條第2項：

> 「公開發行股票之公司，出席股東之**股份**總數不足前項第三款定額者，得以有代表已發行**股份**總數過半數股東之出席，出席股東表決權三分之二以上之同意行之。」

《法律英漢辭典》頁728
　　股份；股票

《法律漢英辭典》頁431
　　股份 (Share; Stock; Share of Stock)

109.　Share Capital

香港	股本

《公司條例》（第622章）第195(2)條：

> 「在將上述發行公司發行其股份的代價的款額記錄作為該發行公司的**股本**時，任何被轉讓的資產的價值超出該等資產的淨底值的款額，可不予理會。因此，就該項轉讓所涉及的已發行股份而須記錄作為該發行公司的**股本**的代價的最低款額，是被轉讓資產的淨底值。」

《英漢法律大詞典》頁 299

股本；股份資本

《香港英漢雙解詞典》頁 1759

股本

內地　股本

《公司法》第 91 條：

「發起人、認股人繳納股款或者交付抵作股款的出資後，除未按期募足股份、發起人未按期召開創立大會或者創立大會決議不設立公司的情形外，不得抽回其**股本**。」

《英漢法律詞典》頁 1001

股本；股份資本

《新漢英法學詞典》頁 287

股本 (Capital Stock; Equity Capital; Share Capital)

台灣　股本

《公司法》第 44 條：

「股東以債權抵作**股本**，而其債權到期不得受清償者，應由該股東補繳；如公司因之受有損害，並應負賠償之責。」

《法律英漢辭典》頁 728

股本；股份資本

《法律漢英辭典》頁 431

股本 (Equity; Stock; Capital Stock; Stock of Capital / CS; Equity Capital; Share Capital)

110. Share Certificate

香港 **股份證明書**

《公司條例》（第 622 章）第 698(3)(a) 條：

「該人交出有關股份的**股份證明書**，或交出證明對該等股份的所有權的其他證據；或」

《英漢法律大詞典》頁 300
　　股票；股份證券

《英漢證券期貨及財務用語匯編》頁 441
　　股票；股證；股票證明書；股票證書；股份證明書

內地 **股票**

《公司法》第 125 條 ：

「股份有限公司的資本劃分為股份，每一股的金額相等。

公司的股份採取**股票**的形式。**股票**是公司簽發的證明股東所持股份的憑證。」

《元照英美法詞典》頁 1253
　　股票；股份證書

《英漢法律詞典》頁 1001
　　股票；股票證券

《英漢證券期貨及財務用語匯編》頁 441
　　股票；股證；股票證明書；股票證書；股份證明書

台灣 **股單**

《公司法》第 103 條 ：

「公司應在本公司備置股東名簿，記載左列事項：

一、各股東出資額及**股單**號數。

二、各股東姓名或名稱、住所或居所。

三、繳納股款之年、月、日。

代表公司之董事，不備置前項股東名簿於本公司者，處新台幣一萬元以上五萬元以下罰鍰。連續拒不備置者，並按次連續處新台幣二萬元以上十萬元以下罰鍰。」

《法律英漢辭典》頁 728
　　股票；股票證券

111.　Shareholder

香港　**股東**

《公司條例》（第 622 章）第 200 條：

「如公司的章程細則批准，該公司可 ——

(a)　就股份的發行作出安排，讓**股東**按不同款項及按不同付款時間，繳付就其股份而催繳的股款；

(b)　接受成員就其所持有的任何股份而繳付的尚未繳付股款的全部或部分，即使該公司未曾催繳該等股款的任何部分亦然；及

(c)　在某些股份的已繳付股款額大於其他股份的情況下，按每股股份的已繳付股款額的比例繳付股息。」

《英漢法律大詞典》頁 300
　　持股人；股票持有人；股東

《英漢證券期貨及財務用語匯編》頁 441
　　股東

內地　**股東**

《公司法》第 36 條：

「有限責任公司股東會由全體**股東**組成。股東會是公司的權力機構，依照本法行使職權。」

《英漢法律詞典》頁 1001
　　股東；股票持有人

《英漢證券期貨及財務用語匯編》頁441
股東

《新漢英法學詞典》頁287
股東 (Partner; Shareholder; Stockholder)

台灣 **股東**

《公司法》第9條第1項：

「公司應收之股款，**股東**並未實際繳納，而以申請文件表明收足，或**股東**雖已繳納而於登記後將股款發還**股東**，或任由**股東**收回者，公司負責人各處五年以下有期徒刑、拘役或科或併科新台幣五十萬元以上二百五十萬元以下罰金。」

- -

《法律英漢辭典》頁728
股東；股票持有人

《法律漢英辭典》頁72
公司的股東 (Corporator; Shareholders of A Company)

《法律漢英辭典》頁432
股東 (Shareholder; Stockholder; Share Holder)

---

112. Sole Proprietorship

香港 **獨資經營**

《香港科技園公司條例》（第565章）第8(4)(b)(ii)條：

「認購、投資於或以其他方式取得或處置任何**獨資經營**、公司、合夥或信託的股份、單位或其他權益；」

- -

《英漢證券期貨及財務用語匯編》頁449
獨資經營

內地　　**個人獨資企業**

《企業所得稅法》第 1 條：

「在中華人民共和國境內，企業和其他取得收入的組織（以下統稱企業）為企業所得稅的納稅人，依照本法的規定繳納企業所得稅。

個人獨資企業、合夥企業不適用本法。」

《英漢法律詞典》頁 1023
　　獨資經營；獨資企業

《英漢證券期貨及財務用語匯編》頁 449
　　獨資經營

台灣　　**獨資營業**

《民法》第 15 條之二：

「受輔助宣告之人為下列行為時，應經輔助人同意。但純獲法律上利益，或依其年齡及身分、日常生活所必需者，不在此限：

一、為**獨資**、合夥**營業**或為法人之負責人。

……」

《法律漢英辭典》頁 1031
　　獨佔公司 (Proprietary Company)

《法律漢英辭典》頁 1032
　　獨資企業 (Individual Proprietorship; Single-Investor Enterprise; Enterprises through One's Own Exclusive Investment; Sole Proprietorship; Firms under Their Exclusive Ownerhsip; Enterprise Financed Entirely by Foreign Capital; Sole Proprietorship Enterprise; Ventures Exclusively with One's Own Investment)

　　獨資經營 (Proprietorship; Sole Proprietorship; Single Proprietorship; Individual Proprietorship)

113. Solvency

香港 償付能力

《公司條例》（第 622 章）第 206(1) 條：

「就某事宜而言，**償付能力**陳述是內容如下的陳述：作出該陳述的每名董事已得出意見，認為有關公司就該事宜而言通過**償付能力**測試。」

《英漢證券期貨及財務用語匯編》頁 449
償付能力；償債能力；有償債能力

內地 償付能力

《保險法》第 86 條：

「保險公司應當按照保險監督管理機構的規定，報送有關報告、報表、文件和資料。

保險公司的**償付能力**報告、財務會計報告、精算報告、合規報告及其他有關報告、報表、文件和資料必須如實記錄保險業務事項，不得有虛假記載、誤導性陳述和重大遺漏。」

《元照英美法詞典》頁 1272
償債能力

《英漢證券期貨及財務用語匯編》頁 449
償付能力；清償能力

台灣 支付能力

《民法》第 352 條：

「債權之出賣人，對於債務人之**支付能力**，除契約另有訂定外，不負擔保責任，出賣人就債務人之**支付能力**，負擔保責任者，推定其擔保債權移轉時債務人之**支付能力**。」

- 《法律英漢辭典》頁 743
有清償能力；償付能力；支付能力

114. Stay

香港　**擱置**

《公司條例》（第622章）第905(2)條：

「在不局限法院在任何其他條例下的權力的原則下，法院可 ──

(a)　要求就上述訟費給予充足保證；及

(b)　在給予該保證之前，**擱置**所有法律程序。」

- -

《英漢法律大詞典》頁309
　　暫緩；停止；延緩；延期；中止；休止；暫停

內地　**中止**

《民事訴訟法》第239條：

「申請執行的期間為二年。申請執行時效的**中止**、中斷，適用法律有關訴訟時效**中止**、中斷的規定。

前款規定的期間，從法律文書規定履行期間的最後一日起計算；法律文書規定分期履行的，從規定的每次履行期間的最後一日起計算；法律文書未規定履行期間的，從法律文書生效之日起計算。」

- -

《元照英美法詞典》頁1293
　　中止；延遲；暫緩；停留；訴訟中止

台灣　**停止**

《民事訴訟法施行法》第7條：

「修正民事訴訟法施行前訴訟程序中斷、中止、休止，即本法所定當然**停止**、裁定**停止**、合意**停止**。」

- -

《法律英漢辭典》頁760
　　停留；停止；逗留；耽擱；阻止；制止；抑制；延緩；延期

115. Stock

香港 　**股票**

《證券及期貨條例》（第571章）第308(1)條：

> 「**股票**期貨合約(stock futures contract)指屬於獲證監會批准在認可期貨市場以**股票**期貨合約形式進行買賣的類別的合約；⋯⋯」

《英漢法律大詞典》頁309
　　證券；股票；股額；股本；股份；總額；公債；公債券

《英漢證券期貨及財務用語匯編》頁460
　　股票；股份

內地 　**股票**

《證券法》第2條第1款：

> 「在中華人民共和國境內，**股票**、公司債券和國務院依法認定的其他證券的發行和交易，適用本法；本法未規定的，適用《中華人民共和國公司法》和其他法律、行政法規的規定。」

《元照英美法詞典》頁1295
　　資本；股本；股份；股票

《英漢證券期貨及財務用語匯編》頁460
　　股票；股份

《新漢英法學詞典》頁288
　　股票 (Equity; Share; Share Certificate; Stock; Stock Certificate)

台灣 　**股票**

《期貨交易法》第37條：

> 「公司制期貨交易不得發行無記名**股票**。

> 公司制期貨交易所依第三十五條第一項第一款規定，於章程中設有股東資格之限制者，其**股票**轉讓、出質之對象以章程所定之資格者為限。」

《法律英漢辭典》頁761

　　證券；股本；股票（股份）總額

《法律漢英辭典》頁72

　　公司股票 (Corporation Stock; Corporate Stock)

---

116. Surety

香港　　**擔保**

《證券及期貨條例》（第571章）第82條：

「在不局限認可投資者賠償公司訂立規章的其他權力的原則下，該公司可為以下目的而就有需要或可取的事宜訂立規章——

(a) 該公司的妥善和有效率的管理及運作；

(b) 就該公司為其運作的目的取得所需或適當的保險、**擔保**、保證或其他保證物，或訂立所需或適當的財務安排；

(c) 該公司的妥善和有效率執行根據第80條轉移予該公司的職能。」

《英漢法律大詞典》頁317

　　具保人；保證人；擔保人

《英漢證券期貨及財務用語匯編》頁470

　　擔保人；擔保；保證

內地　　**擔保；保證**

《擔保法》第6條：

「本法所稱**保證**，是指保證人和債權人約定，當債務人不履行債務時，保證人按照約定履行債務或者承擔責任的行為。」

擔保人

《擔保法》第 5 條：

> 「擔保合同是主合同的從合同，主合同無效，擔保合同無效。擔保合同另有約定的，按照約定。
>
> 擔保合同被確認無效後，債務人、**擔保人**、債權人有過錯的，應當根據其過錯各自承擔相應的民事責任。」

《元照英美法詞典》頁 1316
　　保證；保證人

《英漢證券期貨及財務用語匯編》頁 470
　　擔保人；擔保；保證

台灣　**擔保**

《公司法》第 74 條：

> 「公司不為前條之通知及公告，或對於在指定期限內提出異議之債權人不為清償，或不提供相當**擔保**者，不得以其合併對抗債權人。」

《法律英漢辭典》頁 779
　　保證人；擔保人；保證；擔保

《法律漢英辭典》頁 473
　　保證；保證人

《法律漢英辭典》頁 73
　　公司擔保 (Corporate Surety)

117.　Takeover

香港　**收購**

《公司條例》（第 622 章）第 523(1) 條：

> 「任何人未獲受影響成員的訂明批准，不得在與**收購**要約所導致的公司股份轉讓或公司的附屬公司股份轉讓有關連的情況下，就失去職位而向該公司的董事或前董事作出付款。」

《英漢法律大詞典》頁 319
　　收購；接收；接管；接任

《英漢證券期貨及財務用語匯編》頁 475
　　收購；接管

內地　　**收購**

《證券法》第 85 條：

　　「投資者可以採取要約**收購**、協議**收購**及其他合法方式**收購**上市公司。」

《元照英美法詞典》頁 1326
　　接收；接管

《英漢法律詞典》頁 1087
　　接管；接收；讓受；收購；兼併；公司收購

《英漢證券期貨及財務用語匯編》頁 475
　　收購；接管；接管收購

台灣　　**收購**

《企業併購法》第 4 條第 4 款：

　　「**收購**：指公司依本法、公司法、證券交易法、金融機構合併法或金融控股公司法規定取得他公司之股份、營業或財產，並以股份、現金或其他財產作為對價之行為。」

《法律英漢辭典》頁 786
　　接管；接收；讓受

《法律漢英辭典》頁 266
　　收購 (Acquire; Acquisition; Take-over; Purchase Buy Up; Take Over)

118. Transfer

香港 **轉讓**

《公司條例》（第622章）第116(5)條：

「公司的作為（包括向該公司或由該公司作出的財產**轉讓**）不會僅因該公司是在違反第(1)或(2)款的情況下作出該作為，而屬無效。」

《英漢法律大詞典》頁326
讓渡；轉讓；移轉；讓與；自願轉讓；交付；轉歸；轉撥；轉移；過戶

內地 **轉讓**

《公司法》第137條：

「股東持有的股份可以依法**轉讓**。」

《元照英美法詞典》頁1353
轉換；轉移；流通；轉讓

《英漢證券期貨及財務用語》頁490
轉讓；轉帳；過戶；轉移；調撥；轉歸；移交；匯劃；劃轉

《新漢英法學詞典》頁1052
轉讓 (Assign; Convey; Make Over; Transfer; Assignment; Conveyance; Grant; Negotiation; Release; Resignation; Transfer; Tranference)

台灣 **轉讓**

《公司法》第55條：

「股東非經其他股東全體之同意，不得以自己出資之全部或一部，**轉讓**於他人。」

《法律英漢辭典》頁813
讓與；轉讓（指把一個人的權利轉讓給另一個人）；讓渡證書；匯兌；轉帳（股票等的）過戶；過戶憑單

《法律漢英辭典》頁 432

股份轉讓 (Transfer of Shares; Share Transfer)

股份移轉 (Transmission of Shares)

119. Trust

香港　**信託**

《公司條例》（第 622 章）第 113(2)(b) 條：

「該法人團體是以受託人身分作為該公司的成員，而有關控權公司或其任何附屬公司並無根據有關**信託**享有實益權益。」

《英漢法律大詞典》頁 329

信託；託管；委託；照管

《英漢證券期貨及財務用語匯編》頁 493

信託

內地　**信託**

《信託法》第 1 條：

「為了調整**信託**關係，規範**信託**行為，保護**信託**當事人的合法權益，促進**信託**事業的健康發展，制定本法。」

《元照英美法詞典》頁 1360

信託；信託受益權；信託關係；信託財產；信託物；托拉斯

《英漢證券期貨及財務用語匯編》頁 493

信託；託拉斯

《新漢英法學詞典》頁 874

信託 (Credit; Trust)

| 台灣 | **信託** |

《公司法》第248條第6項：

> 「第一項第十二款之受託人，以金融或**信託**事業為限，由公司於申請發行時約定之，並負擔其報酬。」

《法律英漢辭典》頁821
　　托拉斯；信託財產；信託物；信託

《法律漢英辭典》頁72
　　公司信託 (Corporate Trust)

120. Underwriter

| 香港 | **包銷商** |

《強制性公積金計劃（一般）規例》（第485A章）附表2第(2)(k)條：

> 「述明該計劃的資金是否可運用作以下用途，如可運用，則述明所須符合的條件——
>
> (i) 向**包銷商**或分包銷商認購債務證券；或
>
> (ii) 購買或認購藉招股章程向公眾要約發行的證券；及」

《英漢證券期貨及財務用語匯編》頁499
　　承銷商；包銷商；包銷機構；承包人；承保人

| 內地 | **承銷機構** |

《公司法》第154條第2款：

> 「公司債券募集辦法中應當載明下列主要事項：
>
> （一）公司名稱；
>
> （二）債券募集資金的用途；
>
> （三）債券總額和債券的票面金額；
>
> （四）債券利率的確定方式；
>
> （五）還本付息的期限和方式；

（六）債券擔保情況；

（七）債券的發行價格、發行的起止日期；

（八）公司淨資產額；

（九）已發行的尚未到期的公司債券總額；

（十）公司債券的**承銷機構**。」

《元照英美法詞典》頁1371

　　證券包銷人；證券包銷商

《英漢證券期貨及財務用語匯編》頁499

　　承銷商；包銷商；包銷機構；承包人；證券包銷保證人

台灣　　**承銷或代銷機構**

《公司法》第133條第1項：

「發起人公開招募股份時，應先具備左列事項，申請證券管理機關審核：

一、營業計畫書。

二、發起人姓名、經歷、認股數目及出資種類。

三、招股章程。

四、代收股款之銀行或郵局名稱及地址。

五、有**承銷或代銷機構**者，其名稱及約定事項。

六、證券管理機關規定之其他事項。」

《法律英漢辭典》頁835

　　承保人；保險人；（水上）保險商；（股票、債券等的）承購人；承包人；承諾支付者

---

121. Unlimited Company

香港　　**無限公司**

《公司（清盤及雜項條文）條例》（第32章）第2(1)條：

「**無限公司**（unlimited company）具有《公司條例》（第622章）第10條為施行該條例而給予該詞的涵義；……」

《英漢法律大詞典》頁 334

　　無限公司；無限責任公司

《英漢證券期貨及財務用語匯編》頁 502

　　無限公司

內地　《英漢法律詞典》頁 1161

　　無限公司

《英漢證券期貨及財務用語匯編》頁 502

　　無限公司

台灣　**無限公司**

《公司法》第 2 條第 1 項第 1 款：

　　「**無限公司**：指二人以上股東所組織，對公司債務負連帶無限清償責任之公司。」

《法律英漢辭典》頁 845

　　無限公司

122.　Unsecured Loan

香港　**無保證貸款**

《銀行業條例》（第 155 章）第 83(3)(a) 條：

　　「批給或容許有尚欠的無保證放款、**無保證貸款**或無保證信貸融通，包括無保證的信用證；」

《英漢證券期貨及財務用語匯編》頁 504

　　無擔保貸款；無抵押貸款

內地　**無擔保貸款**

《金融資產管理公司監管辦法》第 81 條第 1 項：

　　「附屬銀行類機構不得對集團母公司及其他附屬法人機構提供無擔保授信，或發放**無擔保貸款**。不得對集團母公司

及其他附屬法人機構的融資行為提供擔保，但關聯方以銀行存單、國債提供足額反擔保的除外；」

《英漢法律詞典》頁 1164

沒有抵押的貸款

《英漢證券期貨及財務用語匯編》頁 504

無擔保貸款；無抵押貸款；信用放款；信用貸款

台灣 **無擔保貸款**

《金融機構辦理受災居民債務展延利息補貼辦法》第 3 條：

「金融機構辦理受災居民各項貸款之展延期間如下：

……

五、發起人姓名、經歷保險單借款、信用卡與現金卡應繳款項及其他**無擔保貸款**，展延六個月。」

《法律英漢辭典》頁 848

沒有抵押的貸款

---

123. Venture Capital

香港 《英漢證券期貨及財務用語匯編》頁 509

創業基金 ； 風險資本 ； 風險基金 ； 創業資金

內地 **創業投資基金**

《中國保監會關於設立保險私募基金有關事項的通知》第 1 段：

「保險資金可以設立私募基金，範圍包括成長基金、並購基金、新興戰略產業基金、夾層基金、不動產基金、**創業投資基金**和以上述基金為主要投資對象的母基金。」

《英漢證券期貨及財務用語匯編》頁 509

創業基金；風險資本；風險基金；冒險資金；風險投資基金

《英漢法律詞典》頁 1174

投機資本；（股票）冒險資本；企業資本；風險投資

台灣	《法律英漢辭典》頁 857

投機資本；（股票）冒險資本；企業資本

124. Veto

香港	**否決**

《證券及期貨條例》（第 571 章）第 317 條第 7(c) 項：

> 「擁有該法團的股份權益，而該等股份帶有在該法團的成員大會上 ──
>
> (i) **否決**任何決議的權利；或
>
> (ii) 對任何決議作出修訂、修改、限制或施加條件的權利。」

《中華基督教青年會條例》（第 1013 章）附表第 20 段：

> 「任何獲會員大會通過的措施或決議如被董事會認為不切實可行或需要修改，則可交回會員大會再行考慮，但出席會員大會的與會者，可以過半數票推翻董事會的**否決**。」

《英漢法律大詞典》頁 338
否決權

內地	**否決**

《全民所有制工業企業法》第 52 條第 2 項：

> 「審查同意或者**否決**企業的工資調整方案、獎金分配方案、勞動保護措施、獎懲辦法以及其他重要的規章制度。」

《英漢法律詞典》頁 1178
否決；禁止；拒絕；否決權；禁止權

台灣	**否決權**

《公司法》第 356 條之七第 3 款：

> 「特別股之股東行使表決權之順序、限制、無表決權、複數表決權或對於特定事項之**否決權**。」

《法律英漢辭典》頁 860
否決；禁止；拒絕；否決權；禁止權

125. Vote

香港　**表決**

《公司條例》（第 622 章）第 113(9) 條：

「即使某法人團體是其控權公司的成員，該法人團體無權在以下會議上**表決** ——

(a) 該控權公司的會議；或

(b) 該控權公司的任何類別成員的會議。」

《英漢法律大詞典》頁 341
表達；投票；投票決定；投票通過；投票選舉

《英漢證券期貨及財務用語匯編》頁 511
投票；表決；撥款

內地　**表決；表決權**

《公司法》第 16 條第 3 款：

「前款規定的股東或者受前款規定的實際控制人支配的股東，不得參加前款規定事項的**表決**。該項**表決**由出席會議的其他股東所持**表決權**的過半數通過。」

《元照英美法詞典》頁 1409
表決；選票總數

《英漢法律詞典》頁 1188
投票；表決；選舉；票；選票；選票數；投票權；表決權；選舉權

《英漢證券期貨及財務用語匯編》頁 511
投票；表決；撥款

《新漢英法學詞典》頁 787
投票 (Cast a Vote; Poll; Vote)

台灣	**表決權**

《公司法》第 13 條第 1 項第 3 款：

> 「股份有限公司經代表已發行股份總數三分之二以上股東出席，以出席股東**表決權**過半數同意之股東會決議。」

《法律英漢辭典》頁 868
> 投票；表決；選舉；票；選票；選票數；投票權；表決權；選舉權

126. Voucher

香港	**憑單**

《公司條例》（第 622 章）第 838(1) 條：

> 「紀錄 (record) 指不論以何種方式編纂或貯存的任何資料紀錄，並包括 ——
>
> (a) 任何簿冊、契據、合約、協議、**憑單**及收據；
>
> ……」

《英漢證券期貨及財務用語匯編》頁 512
> 憑單；憑證；付款憑證；付款憑單；支款憑證

內地	**憑證**

《公司法》第 170 條：

> 「公司應當向聘用的會計師事務所提供真實、完整的會計**憑證**、會計賬簿、財務會計報告及其他會計資料，不得拒絕、隱匿、謊報。」

《英漢法律詞典》頁 1189
> 證件；證書；傳票；憑單；憑證；收據

《英漢證券期貨及財務用語匯編》頁 512
> 憑單；憑證；付款憑證；付款憑單

單據

《公司法》第22條：

> 「主管機關查核第二十條所定各項書表，或依前條檢查公
> 司業務及財務狀況時，得令公司提出證明文件、**單據**、表
> 冊及有關資料，除法律另有規定外，應保守秘密，並於收
> 受後十五日內，查閱發還。
>
> 公司負責人違反前項規定，拒絕提出時，各處新台幣二萬
> 元以上十萬元以下罰鍰。連續拒絕者，並按次連續各處新
> 台幣四萬元以上二十萬元以下罰鍰。」

《法律英漢辭典》頁869

　　證件；證書；傳票；憑單；憑證；收據

---

127. Warrant

香港　**權證**

《證券及期貨（槓桿式外匯交易 — 豁免）規則》（第571E章）
第2條：

> 「在本規則中，『上市貨幣**權證**』(listed currency warrant) 指
> 符合以下說明的**權證**——
>
> (a) 該**權證**給予其持有人一項權利，如某指明貨幣在某指
> 　　明日期的價值是多於或少於（視屬何情況而定）另一
> 　　指明貨幣的價值，則該持有人於行使該**權證**時有權向
> 　　該**權證**的發行人收取一筆現金付款；及
>
> (b) 該**權證**——
>
> 　　(i) 已上市；或
>
> 　　(ii) 沒有上市，但可合理預見會在該**權證**首次要約售
> 　　　　賣後14日內上市。」

《英漢證券期貨及財務用語匯編》頁513

　　認股權證；認股證；權證；認購證

內地 **權證**

《金融資產管理公司並表監管指引（試行）》第8條第3項：

「在確定能否控制被投資機構時，應考慮集團持有的該機構當期可轉換公司債券、當期可執行的認股**權證**等潛在表決權因素，確定是否符合上述並表標準。對於當期可以實現的潛在表決權，應當計入資產公司對被投資機構的表決權。」

《元照英美法詞典》頁1413
授權書；保證；擔保

《英漢法律詞典》頁1194
授權；批准；許可證；授權令；（公司發出的）認股證書／保證

《英漢證券期貨及財務用語匯編》頁513
認股權證；認股證；權證；認購證；認股證書；認購權證

台灣 **認股權憑證**

《公司法》第262條第2項：

「公司債附認股權者，公司有依其認購辦法核給股份之義務。但**認股權憑證**持有人有選擇權。」

《法律英漢辭典》頁874：
（公司發出的）認股證書

---

128. Warranty

香港 **擔保**

《銀行業（資本）規則》（第155L章）第2(1)條：

「『交易關聯或有項目』(transaction-related contingency) 就認可機構而言——

(a) 指一項或有負債，而該項負債是涉及在客戶沒有履行某項有合約約束及非財務上的義務時，由該機構向受益人作出付款的不可撤銷義務的；及

(b) 包括履約保證、投標保證、**擔保**及關乎某特定交易的備用信用證；

……」

《英漢法律大詞典》頁343

保用證；保證書；保單；擔保合同

《英漢證券期貨及財務用語匯編》頁514

保證；擔保

內地　**保證**

《證券法》第89條：

「依照前條規定發出收購要約，收購人必須公告上市公司收購報告書，並載明下列事項：

（一）收購人的名稱、住所；

（二）收購人關於收購的決定；

（三）被收購的上市公司名稱；

（四）收購目的；

（五）收購股份的詳細名稱和預定收購的股份數額；

（六）收購期限、收購價格；

（七）收購所需資金額及資金**保證**；

（八）公告上市公司收購報告書時持有被收購公司股份數佔該公司已發行的股份總數的比例。」

《元照英美法詞典》頁1413

擔保；保證；瑕疵擔保

《英漢證券期貨及財務用語匯編》頁514

保證；擔保；擔保書；證明保單

台灣　**擔保**

《證券交易法》第29條：

「公司債之發行如由金融機構擔任保證人者，得視為有**擔保**之發行。」

《法律英漢辭典》頁875
保証；擔保；保單；擔保契約

129.　Winding Up

香港　**清盤**

《公司（**清盤**及雜項條文）條例》（第32章）詳題：

「本條例旨在就公司**清盤**、接管人及經理人、股份及債權證的要約、招股章程、董事資格的取消、防止規避《社團條例》的管制、以及就附帶及相關的事宜訂定條文。」

《英漢法律大詞典》頁345
清盤；結束；停業；了結；結束營業；解散公司

《英漢證券期貨及財務用語匯編》頁515
清盤；結束

內地　**破產清算；清算**

《企業破產法》第7條：

「債務人有本法第二條規定的情形，可以向人民法院提出重整、和解或者**破產清算**申請。

債務人不能清償到期債務，債權人可以向人民法院提出對債務人進行重整或者**破產清算**的申請。

企業法人已解散但未**清算**或者未**清算**完畢，資產不足以清償債務的，依法負有**清算**責任的人應當向人民法院申請**破產清算**。」

《元照英美法詞典》頁1420
停業清理

《英漢證券期貨及財務用語匯編》頁515
清算

《新漢英法學詞典》頁631
清算 (Clearing; Liquidation; Reckoning; Settlement)

台灣 **清算**

《公司法》第92條：

> 「清算人應於**清算**完結後十五日內，造具結算表冊，送交
> 各股東，請求其承認，如股東不於一個月內提出異議，即
> 視為承認。但清算人有不法行為時，不在此限。」

- -

《法律英漢辭典》頁883
　　清理；結束業務；結束 (Winding Up)
　　解散（公司）；結束營業 (Wind Up)

《法律漢英辭典》頁72
　　公司清盤 (Winding Up of Company; Company Liquidation;
　　Liquidation of Company)

《法律漢英辭典》頁73
　　公司歇業 (Winding Up of Company)
　　公司解散 (Dissolution of Company; Winding Up of Company)

130. Yield

香港 **收益率**

《無遺囑者繼承（資本價值的計算）公告》（第73A章）第2(1)
(a)條：

> 「在選擇日期屬一個交易日的情況下，指金融管理專員為
> 供政府新聞處公布而報的債券在選擇日期的**收益率**；」

- -

《英漢證券期貨及財務用語匯編》頁520
　　收益率；回報率；債券孳息

內地 **收益**

《公司法》第4條：

> 「公司股東依法享有資產**收益**、參與重大決策和選擇管理
> 者等權利。」

- -

《元照英美法詞典》頁1433
　　利潤；收益；紅利；收益率；盈利率

《英漢證券期貨及財務用語匯編》頁520
　　收益率；收益

台灣　　**收益**

《保險法》第146條之二：

　　「保險業對不動產之投資，以所投資不動產即時利用並有**收益**者為限；其投資總額，除自用不動產外，不得超過其資金百分之三十。但購買自用不動產總額不得超過其業主權益之總額。

　　保險業不動產之取得及處分，應經合法之不動產鑑價機構評價。

　　保險業依住宅法興辦社會住宅且僅供租賃者，得不受第一項即時利用並有**收益**者之限制。」

收益率

《金融資產證券化條例》第10條第3款：

　　「信託財產之種類、名稱、數量、價額、平均**收益率**、期限及信託時期。」

- -

《法律英漢辭典》頁896
　　出產；出產量；收益

參考文獻

五南編輯部編（2011）。《法律英漢辭典》。台北：五南圖書出版股份有限公司。

余叔通、文嘉、班文戰及成衛星編（1998）。《新漢英法學詞典》*(New Chinese-English Law Dictionary)*。北京：法律出版社。

李宗鍔、何冠驥、呂哲盈及潘慧儀編（2015）。《英漢法律大詞典》*(English-Chinese Dictionary of Law)*（修訂版）。香港：商務印書館。

《英漢民商事法律詞彙》*(English-Chinese Glossary of Civil and Commercial Law Terms)*（2010）（第三版）。香港：律政司。

《英漢證券期貨及財務用語匯編》*(English-Chinese Glossary of Securities, Futures and Financial Terms)*（2006）（第四版）。香港：證券及期貨事務監察委員會。

陳兆愷、何美歡、吳靄儀、Michael Wilkinson、梁云生、冼景炬及嚴元浩編（2005）。《香港英漢雙解法律詞典》*(Hong Kong English-Chinese Legal Dictionary)*。香港：LexisNexis Butterworths。

夏登峻編（2012）。《英漢法律詞典》*(English-Chinese Dictionary of Law)*（第四版）。北京：法律出版社。

薛波、徐兆宏、牛風國及沈泓編（2009）。《法律漢英辭典》。台北：五南圖書出版股份有限公司。

薛波編（2003）。《元照英美法詞典》*(English-Chinese Dictionary of Anglo-American Law)*。北京：法律出版社。

詞彙索引——筆劃序

英文詞彙索引

詞彙索引——漢語拼音序

公司法案例索引

K

Kelner v Baxter (1866) LR 2 CP 174, **44**

L

Lee v Lee's Air Farming Ltd [1961] AC 12, **30**

M

Macaura v Northern Assurance Co Ltd [1925] AC 619, **30**

Man Luen Corp v Sun King Electronic Printed Circuit Board Factory Ltd [1981] HKC 407, **57**

P

Parsons v Sovereign Bank of Canada [1913] AC 160, **133**

Poon Yee Kan v New Paradigm E-Technology Ltd (unrep., CACV 325 and 326/2004, [2006] HKEC 2222), **45**

Primlake Ltd v Matthews Associates [2007] 1 BCLC 666, **57**

R

Re Alabama, New Orleans, Texas and Pacific Junction Railway Co [1891] 1 Ch 213, **144**

Re Benjamin Cope & Sons Ltd [1914] 1 Ch 800, **87**

Re China Light and Power Co Ltd [1998] 1 HKLRD 158, **143**

Re Cimex Tissues Ltd [1994] BCC 626, **86**

Re Hong Kong Pharmaceutical Holdings Ltd [2005] HKEC 1593, **143–144**

Re Keview Technology (BVI) Ltd [2002] 2 HKLRD 290, **145**

Re Legend International Resorts Ltd [2006] 2 HKLRD 192, **141, 145**

Re Monolithic Building Co [1915] 1 Ch 643, **86**

Re Plus Holdings Ltd [2007] 2 HKLRD 725, **145**

Re Slogger Automatic Feeder Co Ltd [1915] 1 Ch 478, **133**

Re Spectrum Plus Ltd (in Liquidation) [2005] 2 AC 680, **85**

Re UDL Holdings Ltd [1999] 2 HKLRD 817, **144**

Re Weniger's Policy [1910] 2 Ch 291, **87**

Re Yorkshire Woolcombers Association Ltd [1903] 2 Ch 284, **85**

S

Salomon v Salomon & Co [1897] AC 22, **31**

Secretary for Justice v Lee Chau Ping & Anor [2000] 1 HKLRD 49, **32**

T

W